PRESENT IT!
프리젠팃

PRESENT IT!

프리젠팃

ⓒ 이지윤(줄리아나 리), 2022

초판 1쇄 발행 2022년 4월 29일

지은이   이지윤(줄리아나 리)
펴낸이   이기봉
편집   좋은땅 편집팀
펴낸곳   도서출판 좋은땅
주소   서울특별시 마포구 양화로12길 26 지월드빌딩 (서교동 395-7)
전화   02)374-8616~7
팩스   02)374-8614
이메일   gworldbook@naver.com
홈페이지   www.g-world.co.kr

ISBN   979-11-388-0887-3 (03740)

PRESENT IT!
프리젠팃

| 뭐 든 지　　발 표 해 라 |

이지윤(줄리아나 리) 지음

18년 경력 글로벌 프리젠터가 전하는
어떤 영어 발표도 준비가능한 비법서

글로벌
**프레젠테이션
마스터**가 되기
위한 책!

성공적인
프레젠테이션을
위한
브레인스토밍

영어와
프레젠테이션
능력 향상을
위한 책!

바로 바로
응용하는 **영어**
프레젠테이션
예시

좋은땅

서문

글로벌 시대에 필수인 영어와 프레젠테이션 능력 향상을 위한 Present It!

올해로 제가 영어 프레젠테이션과 비즈니스 커뮤니케이션 컨설팅과 강의를 한 지 18년째 되네요.

한국에서 태어나 교육을 받은 제가 고등학교 때 캐나다에서 유학을 하면서 깜짝 놀란 기억이 납니다. 듣고 받아 적는 한국식 암기식 교육에 익숙했던 저는 대부분의 수업에서 학생들의 발표와 토론을 포함하는 교육 방식에 신선한 충격을 받았고, 그때부터 효율적으로 말하기, 논리적으로 설득하기, 청중을 사로잡는 프레젠테이션 하기에 관심을 갖게 되었지요.

이후 캐나다, 영국, 미국, 호주 등에서 컨설팅 업무, 대학원과 로스쿨 경험을 통해, 항상 상대방의 스피치, 프레젠테이션, 토론 스킬에 관심을 갖고, 발표를 잘하는 사람들의 특징을 파악하게 되었답니다. 제가 만난 멋진 연사들은 언어(영어) 실력뿐만 아니라 공통적인 특징이 있었는데요. 바로 발표, 스피치를 정말 즐기면서 열정적으로 한다는 것입니다. 그래서 그냥 말을 잘하는 사람인가 보다 했는데, 세밀하게 지켜보니 그게 아니었습니다. 프레젠테이션 하나를 하는 데 있어서 많은 노력과 시간을 투자하고 전략적으로 세심하게 준비하는 것이었죠.

발표의 구조를 잡기 전에 청중을 분석하고, 논리적인 구조를 잡고, 발표에 어울리는 표현과, 청중에 관심을 살 수 있는 콘텐츠, 그리고 멋진 목소리, 발음, 발성, 톤, 스피드, 억양뿐만 아니라 청중과 이야기하듯 자연스럽게 아이 콘택트와 제스처를 취하는 공통점이 있었어요.

영어로도 프레젠테이션을 잘하고 싶은데 이 많은 것을 다 알아야 한다니 어디서부터 어떻게 시작해야 할지 막막하다고요? 그래서 준비했습니다. 글로벌한 이 시대에 세계 누구를 만나도 설득, 감동시킬 수 있는 영어 프레젠테이션 마스터가 되기 위한 모든 준비 단계를 이 책으로 간단하게 해결해 보세요. 특히 회사에서, 혹은 면접을 위해 단기간에 준비해야 할 영어 프레젠테이션의 경우, 이 책에서 소개하는 기획 방법, 핵심 표현과 샘플 예시를 참고하여 바로 대본 작성과 리허설까지 해 볼 수 있습니다.

이 책의 파트 1에서는 '상위 5%의 성공적인 영어 프레젠테이션을 위한 브레인스토밍'을 통해 발표의 청중, 시간, 목적에 따른 효과적인 발표 구조를 준비할 수 있습니다. 상황에 따른 발표 구조 양식을 참고하여, 영어 프레젠테이션 구조를 시작부터 탄탄하게 준비해 보실 수 있어요.

파트 2에서는 '프리젠터를 보다 돋보이게 이끄는 글로비쉬 전략매너'로 꾸며 보았는데요. 특히 모국어가 아닌 영어로 발표를 하다 보니 스피치가 신경 쓰일 겁니다. 명확한 영어 스피치에 필요한 발음, 발성, 엑센트, 끊어 읽기 등을 제대로 하여 스피치 실력과 발표 전달력을 향상시킬 수 있는 노하우를 알려 드려요. 또한 프리젠터가 지녀야 할 다섯 가지 이미지메이킹 기법을 통해 발표자가 여유롭고 자신만만한 표정과 눈빛, 몸짓 언어를 구사하는 방법을 안내해 드립니다.

영어 프레젠테이션을 준비하고 혼자 리허설할 때 스스로를 평가해 볼 수 있는 평가표를 포함해 드렸으니 리허설 시에 꼭 체크해 보세요.

파트 3에서는 '바로 바로 사용하는 영어 프레젠테이션 실전 연습 표현'을 참고하여 여러분의 영어 발표 대본을 직접 만들어 볼 수 있습니다. 영어 프레젠테이션의 서론, 본론, 결론에 자주 쓰이는 유용한 표현을 패턴과 예문을 통해 배워 보시고, 본인 발표에 맞는 표현을 즉시 쉽게 골라 사용해 보세요.

파트 4 '바로 바로 응용하는 영어 프레젠테이션 예시'에서는 그간 영어 프레젠테이션 전문가로 많은 기업과 대학, 개인 고객을 교육, 컨설팅한 현장 경험을 기반으로 현업에서 많이 사용되는 대표적인 7개의 영어 프레젠테이션 샘플을 소개해 드립니다. 바쁘게 발표를 준비해야 할 때 발표 주제와 전문을 참고하고, 샘플의 패턴 표현을 그대로 사용하여, 여러분의 발표 내용으로 간단하게 바꿀 수 있도록 핵심 표현을 하이라이트해 드렸습니다.

어느 한 분야의 전문가가 되려면 최소 만 시간을 투자하고 지속적으로 학습해야 한다는 '만 시간의 법칙'을 발표에도 적용해 볼 수 있습니다. 문자 그대로 '만시간'까지는 아니더라도, 어느 주제에 관해 자연스럽고, 자신 있게 프레젠테이션을 하여, 상대방을 설득시키려면, 특히 모국어가 아닌 영어로 해야 하는 경우라면, 결국 시간 투자와 준비만이 정답입니다. 하지만 무한대로 있는 시간이 아니기에 바쁜 여러분의 일상에서 주어진 시간을 제대로 활용하여 올바른 방향으로 준비하고 학습하실 수 있도록 프리젠팃을 정성을 다해 집필하였습니다. 물론 영어 스피치, 프레젠테이션 전문가의 컨설팅, 코칭을 받는 것이 가장 좋은 방법이지만, 독학으로 준비해야 하는 상황이라면 이 책이 여러분의 코치가 되어 줄 겁니다.

열심히 하는 사람이 못 이기는 사람이 있는데, 바로 즐기는 사람이라고 하죠? 영어 프레젠테이션이 어렵고 두려워서 열심히 노력하는 것도 좋지만, 그 준비 과정, 리허설 그리고 프레젠테이션 자체를 즐기셨으면 좋겠습니다. 정성을 다해 열정적으로 말하는 태도 자체가 발표자를 빛나게 할 것입니다. 이 책을 통한 여러분만의 영어 프레젠테이션 성공담을 기대합니다.

Best wishes,

2022년 1월

Juliana (이지윤) 드림

목차

Part 1
상위 5%의 성공적인 영어 프레젠테이션을 위한 브레인스토밍

Part 2
프리젠터를 보다 돋보이게 이끄는 글로비쉬 전략매너

Part 3
바로바로 사용하는 영어 프레젠테이션 실전 연습 표현

Part 4
바로바로 응용하는
영어 프레젠테이션 예시

PART 1

상위 5%의
성공적인
영어 프레젠테이션을
위한 브레인스토밍

직장인 대상의 영어 프레젠테이션 워크숍을 진행해 보면, 전체 발표자의 약 80%는 평균 이하의, 10%는 평균의, 5%는 평균 이상의, 그리고 나머지 5%는 아주 탁월한 실력을 보입니다. 그렇다면, 이 마지막 5%에 속한 발표자들은 어떤 남다른 특징을 지닌 걸까요? 이들에겐 영어 실력뿐 아니라 무대를 장악하는 훌륭한 대본이 있었습니다. 제가 영어 프레젠테이션 워크숍 과정 중 콘텐츠 정리법에 대한 교육을 영어 교육만큼이나 강조하는 이유가 바로 그 때문이에요.

　모든 청중이 고개를 끄덕이는 영어 발표를 위해서는 내가 가진 생각과 아이디어, 정보 등을 좋은 구조물과 적절한 영어로 짜임새 있게 정리하는 작업이 반드시 필요합니다. 지금부터 공개하는 치밀한 시나리오 작성 노하우와 스피치 전달 향상력을 통해 모두가 훌륭한 프리젠터로 환골탈태해 봅시다!

Chapter 1
프레젠테이션 청중에 따른 전략

라면 한 봉지를 팔 때도 상대방이 싱글족인지, 4인 가족인지, 젊은 여성인지 노년층인지를 먼저 알아야 하죠? 프레젠테이션을 준비할 때도 마찬가지입니다. 프레젠테이션의 목적을 정했으면 다음에 생각해야 할 것은 '누구'에게 프레젠테이션을 하는가입니다. 사전에 청중의 문화적인 배경이나 전문 분야, 직종 등 전반적인 성격을 분석하는 것은 대단히 중요합니다. 청중이 어떤 사람들인지 알아야 거기에 맞춰 프레젠테이션의 수준과 방향을 결정할 수 있기 때문입니다.

그리고 발표자는 프레젠테이션을 시작하기에 앞서 내가 설득해야 할 사람이 누구인지, 그들이 무엇을 기대하는지, 무엇을 알고 무엇을 모르는지, 어떤 커뮤니케이션 스타일을 선호하는지를 사전 조사할 필요가 있습니다. 이런 기본적인 내용도 모른 채 성공적인 발표를 기대할 수는 없습니다. 자신의 발표 대상인 청중의 특성을 미리 파악하여 그에 걸맞는 방법으로 그들의 관심을 오프닝에 장악한다면 나머지 파트는 쉽게 따라올 것입니다. 따라서 여기에서는 다섯 가지로 청중을 분류하여 그 각각의 유형이 가지고 있는 특성을 토대로 각자의 프레젠테이션의 청중 층을 분석해 보도록 합시다.

1. 내향적인 스타일

가장 많은 부류의 청중으로 수줍음을 많이 타고 조용한 그룹입니다. 비전문가층이기도 하여 발표자보다 발표 내용에 관한 지식이 적은 사람이 대부분입니다. 조용히 앉아 발표를 수동적으로 듣기를 선호하지요. 이런 부류의 청중에게는 초반부터 너무 부담을 주어서는 안 됩니다. 쉬운 질문으로 시작하여 점차 가까워지도록 합니다. 발표자가 알고 있는 내용에 대해 잘 모르거나, 또 생각 외로 관련 분야의 지식이 있는 경우도 있기 때문에 발표자가 초반에 이들의 이해 능력을 잘 파악하여 진행하는 것이 좋습니다. 일반 사람들을 대상으로 제품을 소개하거나, 부서 회의에서 상사가 부하직원들이나 동료들을 대상으로 발표를 하는 경우의 청중이 이 부류에 속합니다. 또는 교수, 강사들이 본인의 전문 주제에 관해 학생, 수강생들에게 강연을 하는 경우의 청중도 내향적인 스타일이라고 볼 수 있어요.

2. 사회적인 스타일

조직 내의 관계를 중요시하는 청중으로 주로 회사 내 동료나 학교의 경우 같은 과 동기생들로 구성되어 있습니다. 의사 결정에서 다수가 만족하는 결과로 유도되기를 노력하고 상황 파악 전까지는 자기 의견을 먼저 발표하지 않습니다. 이런 부류의 청중은 조화나 협동 등을 중요시하므로 너무 튀거나 비판적인 접근 방식은 피하세요. 회사에서 친한 동료들을 대상으로 발표를 하거나, 한 분야 전문가들이 함께 모인 학술발표장의 청중이 여기에 속한다고 할 수 있습니다.

3. 공격적인 스타일

항상 나서기 좋아하고 비판적이며 무엇이든 과시하며 끼어들기 좋아하는 그룹입니다. 이익 단체나 로비스트 그룹 등이 이에 속하며 자기 의견이 분명하여 간혹 통제가 불가능할 정도의 저돌성을 보이기도 합니다. 한두 사람이 너무 튀거나 오래도록 계속 말하는 경우도 있으므로 경우에 따라 발언권을 제한해야 할 수도 있습니다. 프레젠테이션 콘테스트나 토론장에서의 연설을 하는 경우의 청중이 이 스타일에 속합니다.

4. 직선적인 스타일

주로 고위 간부, 전문가, 의사 결정권자가 많습니다. 바쁘고, 성격이 급하고, 시간 낭비를 싫어하는 스타일로 정곡을 찌르는 간단하고 직접적인 발표 접근을 선호합니다. 이런 그룹의 청중에게는 장황한 설명은 금물이며 대신 짧고 간략하게 증거 자료 등을 사용하여 어필하세요. 회사의 아이디어를 간결하게 어필해야 하는 IR(투자관계) 피칭의 청중, 투자발표의 대상인 투자자, 사업가 등의 결정권자가 이 스타일입니다.

5. 분석적인 스타일

주로 재무, 회계, 엔지니어링, 조사업계, IT 등의 전문가 그룹입니다. 숫자나 프로세스를 굉장히 중요시하므로 발표자가 준비를 잘해왔는지 꼼꼼히 따져 보는 스타일입니다. 따라서 세부 사항에 신경을 써야 하고 많은 분석 과정을 거쳤다는 사실을 인용 자료, 증빙 자료 등으로 보여 주는 것이 효과적입니다.

청중을 분석할 때는 먼저 다음 사항들을 체크해 보세요.
- **이 프레젠테이션이 설득하거나 정보를 제공하고자 하는 대상이 누구인가?**

- 청중은 이 프레젠테이션에서 무엇을 기대하고 있는가?
- 청중이 이미 알고 있는 사실은 무엇이고 모르고 있는 사실은 무엇인가?
- 청중은 어떤 스타일의 프레젠테이션을 원하는가?
- 이 프레젠테이션은 청중에게 무엇을 알리고 일깨워 주려고 하는가?

청중의 유형을 분석하는 방법은 크게 세 가지 측면에서 다음과 같이 정리할 수 있습니다.

속성	연령층
	소속(회사 및 단체: 업종, 직원 수, 주력 사업, 거점, 비전, 이념, 최근 화제 등)
	참석자 수
	직종
	소속, 지위, 경력, 성별
프레젠테이션의 주제 및 내용에 대한 지식	주제에 대한 지식 및 관심(전문 용어가 통용될지 판단)
	금기 사항(기밀 내용, 사용해서는 안 될 말 등을 판단)
자세, 태도	프레젠테이션에 참가하는 목적과 이유
	프레젠테이션의 내용과 관련된 의사 결정권자인가, 아닌가
	프레젠테이션의 결과 예상되는 문제는 무엇인가
	무엇에 흥미를 가지고 있는가
	판단 기준이나 가치관은 어떠한가
	프레젠테이션이 그들에게 직간접적인 이익을 주는가

Chapter 2
발표 시간에 따른 전략

발표 시간에 따라 할애하는 준비시간을 결정하고 전략을 세울 수 있습니다. 평소 회사에서 진행하는 발표의 경우 20-30분 정도의 분량입니다. 스타트업들이 투자나 파트너 유치를 위해 콘테스트 형식으로 진행하는 피칭의 경우 짧게는 3분 평균 5분 정도로 굉장히 속도 있게 지나갑니다. 교육이나 오리엔테이션을 하는 발표자는 50분이나 한 시간 정도의 강연식 발표를 하기도 하고요. 학술발표에 참가하는 교수님, 의사선생님들은 경력 및 세션의 종류에 따라 짧은 구연 발표는 8-10분 세션 발표는 20-25분 내외로 통상 진행하게 됩니다.

• Elevator Pith (30초-2분)

2분 내외의 발표, 스피치는 엘리베이터 피치(pitch)라고 해서 정말 엘리베이터 안에 있는 시간 동안 발표를 하여 상대를 설득시키는 발표 시간입니다.

토론 중 본인의 의견을 전달하거나, 취업 면접에서 질문에 답변하는 시간, 행사에게 간단하게 자신을 소개하는 상황, 엘리베이터나 길가에서 누군가를 만나 소식을 전하는 대화 등이라고 볼 수 있지요. 굉장히 짧은 시간 안에 목적에 맞춰 하나의 주제에 집중하여 발표하는 것이 중요합니다. 이미 청중이 알고 있는 불필요한 설명, 장황한 자기소개, 연결하는 표현 등은 삭제하고, 가능하면 하나의 주제에 집중하여 〈의견 제시 혹은 주제 설명 → 근거 제시, 부연 설명 → 요약 및 결론〉의 순서로 정리해 주는 것이 중요합니다.

• Pitch (2분-7분)

스피치 콘테스트나 스타트업의 피칭행사에서 발표 길이는 주로 2분에서 7분 사이의 피치 (Pitch)에 속합니다. 평소에 20-30분 정도의 비즈니스 프레젠테이션에 익숙하신 분들은 피칭 발표 구조에서 가장 어려워하는 부분이 바로 분량 조절입니다.

장황한 설명, 이미 알고 있는 내용에 대한 설명은 과감하게 줄이고, 청중의 관심을 살 수 있는 서론에 호기심을 유발하거나 문제점을 언급한 후, 본론에서 답, 해결책을 제시하면서 마무리하는 구조가 적절합니다. 〈회사, 아이디어에 대한 니즈, 궁금증을 야기할 수 있도록 문제점, 필요성 제시 → 솔루션으로 제공할 수 있는 회사 상품, 기술, 시장성, 성과, 팀 설명 → 피칭을 통해 얻고자 하는 목적 (파트너십, 투자, 네트워킹) 강조〉의 순서가 피칭에서 가장 적절합니다.

- Presentation (7분-30분)

일반적으로 많이 하는 회사에서의 프레젠테이션 발표는 7분에서 30분 내외입니다. 시간 제한이 피칭보다는 덜하기 때문에 비교적 여유롭게 내용을 전달할 수 있어요. 하지만, 대부분 정리되지 않은 내용을 일방적으로 나열하는 스타일의 발표가 되기 쉽기 때문에 시간안에 전달하고자 하는 내용을 명확하게 구조화해서 시간 안에 전달하고자 하는 메시지를 〈서론 → 본론 → 결론〉의 틀에 맞춰 발표해 주세요.

- 미팅, 강연, 인터뷰 등 (30분 이상)

특별히 시간 제약이 없거나 30분 이상의 발표는 Presentation이라기보다는 회의(Meeting)나, 강연, 혹은 인터뷰에 가깝습니다. 30분 이상의 긴 발표의 경우 모든 내용을 다 암기하기가 어려울 수 있기 때문에 서론과 결론의 핵심 부분은 자연스럽게 전달될 수 있도록 암기하시고, 본론의 부연설명은 슬라이드를 참고하여 조금 더 느슨하게 전달해도 됩니다.

하지만, 한 시간 이상의 회의나 강연을 일방적으로 발표자가 발표하는 내용으로만 다 채우면, 너무 지루하게 느껴질 수 있기에, 15분에 한 번씩 발표의 도구를 바꿔 청중이 지루하지 않도록 참여할 수 있는 기회를 제공하세요. 예를 들어 본론에서 10-15분에 한 번씩 슬라이드 사용에서 화이트보드에 메모를 하거나 공식을 푸는 등의 방식으로 도구를 바꿔 보는 것이지요. 또 다시 청중이 함께할 수 있도록 질의응답 시간을 주거나, 참여할 수 있는 실습, 롤플레잉 등을 제공하는 것도 하나의 방법입니다. 청중이 팀으로 어떤 실습이나 과제를 함께 완성하는 시간을 주는 것도, 이런 긴 발표나 강연을 조금 더 효율적으로 진행하는 방법이 됩니다.

무엇보다 자신에게 배정된 프레젠테이션 시간을 준수하는 것은 매우 중요합니다.

뒤이어 다음 프로그램이나 다른 발표자의 프레젠테이션이 예정되어 있을 경우에는 더욱 그렇죠. 그러나 프레젠테이션 진행 중에 예상치 못한 질문이나 상황으로 시간이 지연될 수도 있는데요. 이런 경우를 대비해서 발표 자료를 검토할 때 설명을 줄이거나 생략해도 큰 문제가 없는 부분을 미리 확인해 두는 것이 중요합니다. 일찍 끝날 경우에 대비해 유머나 발표 내용과 관련된 재미있는 이야기를 몇 가지 준비해 두었다가 시간을 조절할 때 활용하는 것도 좋고요. 중간에 예상치 못한 질문으로 시간이 지연되는 것을 막기 위해 시작할 때 질문 시간을 따로 갖겠다고 청중들에게는 미리 안내해 주세요. 늦게 끝나는 것보다 차라리 일찍 끝나는 것이 좋다는 것도 잊지 마시고요.

Chapter 3

발표 목적에 따른 전략

프레젠테이션을 준비할 때는 제일 먼저 프레젠테이션의 목적이 무엇인지부터 분명히 해야 합니다. 거기에 따라 프레젠테이션의 전체 구성 방법과 분위기 자체가 달라지니까요. 프레젠테이션은 그 목적에 따라 다음과 같이 크게 세 가지로 나눠 볼 수 있습니다.

1. 설명이 목적인 프레젠테이션

신제품 발표나 예산 보고, 학술 관련 세미나를 할 때 많이 쓰이는 프레젠테이션으로 청중에게 새로운 정보를 제공해서 쉽게 이해시키는 것이 목적이기 때문에 관련 정보의 내용을 상세하고 정확하게 전달하는 것이 가장 중요합니다. 그렇다고 너무 욕심을 부려서 해당 주제에 관련된 모든 지식을 쏟아부어서는 곤란하겠지요? 청중이 알고 싶어 하는 사실이 무엇인지, 청중이 무엇을 원하는지를 잘 파악해서 거기에 필요한 정보를 효과적으로 제공할 수 있어야 합니다. 주제 설정을 명확하게 하고, 그 주제 속에서 전달해야 할 사실 및 아이디어를 논리적인 근거자료 및 부연설명으로 풀어 가는 것이 목적입니다.

2. 설득이 목적인 프레젠테이션

청중을 설득시켜 특정한 사안에 대해 무엇인가를 결정하도록 만드는 것이 목적이기 때문에 듣는 사람이 발표자의 말에 동의할 수 있게 의견이나 주장을 강하게 어필해야 합니다. 그러기 위해서는 관련 정보와 배경 지식을 폭넓게 연구하고 청중의 성격에 대해서도 면밀하게 분석해 두어야 합니다. 참고로 설득이 목적인 프레젠테이션은 사외 고객이나 외부인들만을 대상으로 이루어지는 것은 아닙니다. 회사나 단체의 내부에서, 예를 들어 신제품 기획 회의 같은 곳에서 경영자나 고객을 설득시키기 위해 하는 경우도 많습니다. 입찰 발표, 투자 발표, 협상 발표 등이 설득이 목적인 프레젠테이션의 예가 됩니다.

3. 엔터테인먼트 프레젠테이션

　기념 파티, 신규 상품의 런칭 행사, 오찬회, 회식, 결혼식 등에서 하는 프레젠테이션으로 참가자들에게 기분 좋은 여운을 남길 수 있는 말을 하면서 재치 있는 유머를 섞어 20-30분 정도로 하는 것이 가장 적당합니다. 이 프레젠테이션을 준비할 때는 해당 행사가 참가자들에게 웃음을 줄 것인지, 감동을 줄 것인지, 아니면 기분 전환을 위한 것인지 등을 염두에 두고 그에 맞게 구성해 나가야 합니다. 단지 웃음만을 주는 것이 아니라, TED 토크처럼, 어떤 스토리에 재미와 교훈이 함께 들어가면 더할 것 없이 좋습니다.

Chapter 4
효과적인 프레젠테이션을 위한 3·3·3 법칙

청중에게 발표 내용을 정확히 전달하고 보다 설득력 있게 다가가기 위해서는 구조적인 테크닉이 필요합니다.

즉 내용을 잘 구조화시키면 흐름이 자연스러워 전달력과 이해력을 높이게 되고 그만큼 프레젠테이션의 성공률이 높아지죠. 지금부터 프레젠테이션의 구조를 탄탄하게 잘 짜는 방법을 살펴보도록 하겠습니다.

많은 사람들이 영어 프레젠테이션에서 실패하는 대부분의 원인이 무엇일까요? 영어가 잘 안 돼서? 물론 영어적인 실수도 한 가지 이유가 되지만, 가장 주된 이유는 바로 제대로 정리되지 않은 상태로 너무 많은 내용을 나열하듯 보여 주기 때문입니다. 영어로 프레젠테이션을 해야 한다는 부담감에 적잖은 내용을 경중없이 전달하다 보니 발표 시간은 빠듯해지고, 청중과의 교감 형성 없이 '정보 퍼나르기'식의 그

야말로 지루하기 짝이 없는 프레젠테이션이 돼 버리고 마는 거죠. 영어 프레젠테이션을 했던 많은 분들이 이런 경험을 해 보셨을 겁니다.

자, 그럼 어떻게 해야 영어 프레젠테이션을 성공적으로 해낼 수 있을까요?

프레젠테이션이란 정해진 시간 내에 시각적, 음성적, 콘텐츠적인 요소로 청중에게 하나의 주제를 효과적으로 설명하거나 설득하는 것을 말합니다. 따라서 자신이 준비한 모든 내용을 청중에게 제대로 이해시키는 데 가장 효율적인 구조를 챙기는 것, 그것이 바로 성공적인 프레젠테이션을 위한 필수 요건이죠.

여기서 효율적인 구조란 3막 구성을 말합니다. 무슨 얘기냐고요? 인간의 두뇌 구조는 유독 세 가지의 통합된 아이디어 요소를 완성된 아이디어 구조로 받아들이는 데 쉽도록 되어 있다고 합니다. 예컨대 "아침, 점심, 저녁" 혹은 "철수, 영희, 바둑이"처럼 세 가지 단어나 아이템의 조합을 2개나 4개의 조합보다 완성된 것으로 느끼기 쉽다는 거죠. 그래서 고전 명작 오페라 같은 것들을 보면 대개 3막으로 구성되어 있는 경우가 많습니다. 프레젠테이션도 마찬가지예요. 무작정 아이디어만 많다고, 또는 이야깃거리가 많다고 좋은 게 아니라 자신이 가진 생각과 좋은 아이디어를 얼마나 청중이 이해하기 쉬운 구조로 잘 정리해서 보여 줄 수 있는지가 중요합니다. 3막 구성이 바로 그런 구조 형태를 이루고 있는데요. 저는 이것을 3·3·3 법칙이라 부릅니다.

3·3·3 법칙에서 첫 번째 3은 프레젠테이션 전체 내용을 서론, 본론, 결론의 세 부분으로 나누는 것을 의미합니다. 당연한 말 같지만,

실상 서론, 본론, 결론이 제대로 들어가 있는 프레젠테이션을 찾기란 그리 쉽지 않습니다.

무대 위에 올라가 인사를 하자마자 본론을 말한다거나, 시간에 쫓겨 결론은 꺼내지도 못한 채 프레젠테이션을 마치는 경우가 비일비재하죠. 두 번째 3은 서론, 본론, 결론 각각의 내용을 다시 세 부분으로 나눠 구성하는 것을 의미합니다. 서론에서는 프레젠테이션의 주제와 목적, 그리고 본론에서 다룰 내용을 간략히 소개해 주고, 본론에서는 발표 내용의 소주제문 소개와 이를 뒷받침해 주는 부연 설명을 한 후, 요약·마무리 짓습니다. 그리고 결론에서는 발표 내용 중 핵심 사항을 요약해 준 다음, 앞서 밝힌 주제나 메시지를 강조하거나 대안 등을 제안하며 마무리 짓습니다.

마지막 세 번째 3은 본론에서 발표할 내용을 크게 세 가지로 나눠 구성하는 것을 의미합니다. 앞서도 언급한 바 있듯이, 세 가지로 정리해 설명하는 것이 가장 효율적이며, 그만큼 전달력과 이해력이 높아집니다. 모두 이해되셨나요? 다음 페이지의 표를 보면서 다시 한번 3·3·3 법칙을 한눈에 정리해 보세요.

프레젠테이션 내용을 구성할 땐 이처럼 3·3·3 법칙을 기억하면서 만들어 보세요. 아무리 유창한 영어로 진행되는 프레젠테이션이라도 두서없이 정보를 쏟아 놓는 것보다는 짧은 영어, 콩글리시 영어라도 짜임새 있는 알찬 구조로 정리된 프레젠테이션이 훨씬 효과적입니다. 구조만 잘 짜 놓아도 반은 성공한 거나 다름없죠.

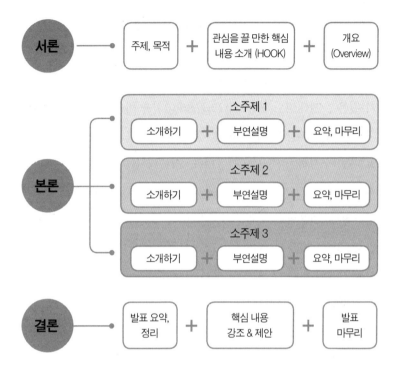

아래는 3 · 3 · 3 법칙을 활용한 프레젠테이션의 예입니다. 스타벅스 코리아 사내에서의 경영 전략 분석에 대한 발표를 하고 있다고 가정한 영어 프레젠테이션의 일부입니다.

Hello everyone. Thanks for attending this talk. I'm John Park of the marketing department at Starbucks Korea. I'd like to briefly introduce the current status of Starbucks. I will be dealing this topic with Starbucks' SWOT analysis.

Our strengths, weaknesses, opportunities, and threats will help us understand that we are still and will be beyond coffee. And so our mission "to inspire and nurture the human spirit - one person, one cup and one neighborhood at a time" continues to this day.

This talk is designed to inform you of the current market status of our company and to come up with better marketing solutions from discussions. By the end of my talk, we will have some extensive discussion on this topic. I plan to be brief.

So without further due, let me move on to the main part: Starbucks' past, present and future.

안녕하세요, 여러분. 본 프레젠테이션에 참석해 주셔서 감사합니다. 저는 스타벅스 코리아 마케팅부의 존 박입니다. 우리 스타벅스의 현황을 간단히 소개해 드리고 싶습니다. 이 주제를 스타벅스의 SWOT 분석으로 설명해 드리겠습니다.	◀ 오프닝 멘트 & 서론: PT 주제 소개
저희의 강점, 약점, 기회, 그리고 위험은 여전히, 그리고 앞으로도 저희는 커피 그 이상임을 이해하는 데 도움을 줍니다. "인간의 정신을 고양시키고 키우기 위한, 한번에 한 사람을 위한, 한 이웃을 위한, 한잔의 커피"라는 저희의 미션은 오늘날까지 지속됩니다.	◀ 발표 내용에 관심을 끌 수 있는 HOOK
본 프레젠테이션은 우리 회사의 시장 현황에 대해 알려 드리고 토론을 통해 더 나은 마케팅 해결 방안을 찾고자 마련되었습니다. 프레젠테이션이 끝날 때쯤, 우리는 이 주제에 관해 광범위한 토론을 나눌 것입니다. 짧게 하도록 하죠.	◀ 서론: PT 목적 제시
자, 그럼 더 이상 지체 없이 주요 안건으로 넘어가겠습니다. 그것은 바로 스타벅스의 과거와 현재, 그리고 미래입니다.	◀ 서론: 본론의 개요 설명

So my first point is Starbucks' past. What do we know about our past? Our growth has been very impressive since its establishment back in 1971. A small coffee shop in Seattle became a global coffee brand. Impressive, indeed.

As you see from this slide, we were founded in 1971 in a small town in Seattle as a coffee, tea, and spice store. Howard Schultz entered as head of marketing in 1982. In 1987, Starbucks was sold to Giornale who later made Schultz the CEO. The company name was changed to Starbucks Corporation. In the 1990s, our growth skyrocketed, as we expanded our product line with a mixture of coffee, tea, fruit juice and desserts. Through Kraft Foods, we also extended our brand into grocery stores.

In short, our business history shows many accomplishments of Starbucks. However, our journey doesn't stop in the past. Our goal is to establish Starbucks as the most recognized and respected brand in the world. And this leads to my second point.

(중략)

So that is pretty much it. Let me run over my key points again before finishing up. I have gone over the brief outline of Starbucks' business history and strategies. I have suggested new business plans and alternatives for future growth and competitiveness.

What I'd like to emphasize is that Starbucks needs to renew its brand image. We have introduced a number of marketing strategies with product variations. As I mentioned already, we could also consider some regional and localized strategies as Starbucks now represents a global brand.

제 첫 번째 포인트는 스타벅스의 과거에 관한 것입니다. 우리의 과거에 대해 우리는 무엇을 알고 있습니까? 우리의 성장은 회사의 설립년도인 지난 1971년부터 대단했습니다. 시애틀의 작은 커피숍이 글로벌 커피 브랜드가 된 것이죠. 정말 대단합니다.

◀ 본론: 소주제
문에 대한 부
연 설명

이 슬라이드에서 보시는 것처럼, 우리 회사는 1971년 시애틀의 작은 마을에서 커피, 차, 그리고 향신료 등을 파는 가게로 세워졌습니다. 하워드 슐츠 회장은 1982년에 마케팅 팀장으로 입사했죠. 1987년, 스타벅스는 지오르날레에게 매각되었는데 그는 나중에 슐츠 회장을 CEO로 만든 사람입니다. 회사명은 스타벅스 주식회사로 바뀌었습니다. 1990년대에 우리는 제품군을 커피, 차, 과일 주스, 그리고 디저트의 혼합으로 확장시키면서 매우 급성장했어요. 크라프트푸드 사를 통해 우리는 또한 우리의 브랜드를 식료품점에까지 침투시켰죠.

◀ 본론: 소주제
문 1 소개
- 스타벅스의
과거

결론적으로, 우리 회사의 연혁은 스타벅스의 많은 성과를 보여 줍니다. 그러나 우리의 여정은 과거에서 멈추지 않습니다. 우리의 목표는 세계에서 가장 인정받고 존경받는 브랜드로 스타벅스를 키워 나가는 것이죠. 바로 이 점이 제 두 번째 포인트로 연결됩니다.

◀ 본론: 소주제
문 마무리

(중략)

자, 여기까지입니다. 마치기 전에 핵심 포인트를 다시 한 번 요약해 드리죠. 스타벅스의 연혁과 전략 개요를 살펴보았습니다. 그리고 새로운 사업 계획 및 미래 성장과 경쟁력을 위한 대안을

◀ 결론: PT
요약 · 정리

제안해 드렸습니다.

제가 강조하고 싶은 점은 바로 스타벅스가 브랜드 이미지를
갱신해야 한다는 점입니다. 우리는 그동안 제품의 다양성으로
수많은 마케팅 전략을 시도해 왔습니다. 이미 언급해 드린 것
처럼, 스타벅스가 현재 글로벌 브랜드를 상징하므로 우리는
또한 지역적, 지역화된 전략을 고려해 볼 수 있습니다.

◀ **결론: 핵심 내용 강조 및 제안**

Before I finish, let me stress again that we need to make a change, now.

I'd like to leave you with the following quote of Howard Schultz. "Our mission statement about treating people with respect and dignity is not just words but a creed we live by every day. You can't expect your employees to exceed the expectations of your customers if you don't exceed the employees' expectations of management." That's where we are heading at. Thank you very much.

마치기 전에 다시 한번 강조해 드립니다만, 우리는 지금 변화
를 만들어야 할 필요가 있습니다.

하워드 슐츠 회장의 말을 인용하면서 이 발표를 마치려고 합
니다. "사람들을 존경과 존엄성으로 대하자는 우리의 사명 선
언은 단지 말뿐인 것이 아니라 우리의 생활 신조입니다. 직원
들이 경영진에게 갖는 기대를 넘어서지 않는다면 직원들이 고
객의 기대를 넘어설 것을 기대할 수 없습니다."
그것이 바로 우리가 나아갈 방향입니다.
대단히 감사합니다.

◀ **결론: PT 마무리**

current status 현황

SWOT Strength(강점), Weakness(약점), Opportunity(기회),
Threat(위협)의 약자

analysis 분석

be designed to ⋯하기 위해 고안되다

come up with (해결책 등을) 찾아내다

extensive 광범위한

spice 향신료

skyrocket 급등하다, 급상승하다

mixture 혼합(물)

In short 결론적으로

accomplishment 성취, 성과

run over 요약하다

finish up 일을 마치다, 마무리하다

go over 살펴보다, 검토하다 alternative 대안

competitiveness 경쟁력

renew 갱신하다

variation 다양성

regional 지역적인

localized 지역화된

mission statement 사명 선언

dignity 위엄, 품위, 존엄성

creed 신조

live by (신조, 원칙)에 따라 살다

exceed 넘어서다, 초과하다

발표 목적에 따른 구조

프레젠테이션 역시 하나의 논리적인 이야기이기 때문에 청중에게 설득력 있게 다가가기 위해서는 서론, 본론, 결론의 잘 짜인 구조가 필요합니다. 구조가 튼튼한 프레젠테이션은 흐름이 자연스러워 듣는 사람이 훨씬 이해하기 쉽습니다. 프레젠테이션 하려는 자료가 보고서든 논문이든 다음과 같이 정리해 놓으면 이후의 작업이 한결 쉬워집니다.

서론: 프레젠테이션의 주제, 또는 전하고자 하는 메시지가 무엇인지를 먼저 밝힙니다. 너무 분석적으로 사실적으로 내용을 전달하기보다는, 감성에 호소할 수 있는, 관심을 끌 수 있는 Hook를 넣어 주면 좋습니다. 그리고 본론에서 다룰 내용들에 관해서 짧게 소개합니다.

본론: 프레젠테이션의 내용들을 토픽별로 순차적으로 나누어 상세히 언급하고, 각 토픽에 대해 근거를 제시하거나 해당하는 시각자료가 있다면 슬라이드를 통해 보여 줍니다. 토픽이 끝날 때는 그때마다 각 부분의 핵심을 짧게 요약해 줌으로써 한 번 더 강조해 주면 좋습니다. 다음 그림은 본론의 구조를 좀 더 보기 쉽게 표현한 것입니다.

토픽 1	토픽 2	토픽 3
↓	↓	↓
세부 내용 1	세부 내용 2	세부 내용 3
↓	↓	↓
요약 1	요약 2	요약 3

결론: 본론에서 언급했던 내용을 전체적으로 간략하게 요약해 줍니다. 서론에서 밝힌 주제나 메시지를 다시 한번 강조합니다.

1. 언제든 사용 가능한 발표 양식 (Universal)

일반적으로 준비해야 하는 발표 양식은 서론, 본론, 결론의 구조로 다양한 종류의 발표 목적에 적절합니다. 특별한 목적을 가지고 발표하는 경우에도 기본 양식에서 약간 변경되는 경우가 많으니, 유니버설 양식 하나만 가지고도 대부분의 발표 준비 시 구조 작성에 도움이 됩니다.

Introduction 서론			
Title	제목 : 청중에게 관심을 끌 수 있는 제목을 준비하세요.		
Objective	발표의 목적		
Hook (why)	청중의 관심을 끌 수 있는 내용 (왜 이 발표에 집중해야 하나?)		
Body 본론	Leads (How) 주제문	Details 부연설명	Closing 마무리
Subtopic 1 소주제 1			
Subtopic 2 소주제 2			
Subtopic 3 소주제 3			
Conclusion 결론	Summary (so what) 요약	결론에서 주요 내용을 요약해 줍니다.	
	Take-home message 청중에게 남기고 싶은 마지막 메시지	마지막으로 청중에게 기억에 남을 수 있는 짧은 펀치라인을 전달합니다.	

특별한 목적을 가진 다음과 같은 발표 니즈에 맞춰 유니버설 양식을 응용하여 구조를 만들어 볼 수 있습니다. 기본 구조는 동일하나, 서론의 핵심포인트, 소주제 선별은 각 발표에 맞춰 적절하게 선택하면 됩니다.

2. 영업발표 구조 예

판매를 목적으로 하는 영업 발표에서는 서론에서 장황한 발표자 설명은 좋지 않아요. 영업발표의 주인공은 발표자가 아닌, 상품이기 때문에 발표자가 본인을 드러내는 것은 추천하지 않습니다.

또한 너무 직접적으로 영업에 목적을 둔다는 것을 대놓고 표현하는 것도 좋지 않아요. 대신 Hook에 청중이 상품에 관심을 유도할 수 있도록 상품이 해소할 수 있는 문제점, 상품의 필요성을 암시해 주세요.

Introduction 서론			
Greetings Intro	발표자 소개, 부서, 전문분야 등 간단하게 1-2문장으로 정리합니다.		
Hook (Call to Purchase)	판매하고자 하는 제품이나, 아이디어가 해결할 수 있는 문제점, 혹은 필요성을 강조하면서 청중의 관심을 삽니다.		
Overview	Agenda of the presentation 발표의 목차를 간단하게 전달하세요.		
Body 본론	**Leads (How) 주제문**	**Details 부연설명**	**Closing 마무리**
Subtopic 1 **소주제 1**	주제문 (상품이 주는 장점 1)	장점을 부연설명으로 강조 (편의사항, 사용자 만족도, 이전 상품에서 없었던 점)	요약
Subtopic 2 **소주제 2**	주제문 (상품이 주는 장점 2)	장점을 부연설명으로 강조 (편의사항, 사용자 만족도, 이전 상품에서 없었던 점)	요약

Subtopic 3 **소주제 3**	주제문 (상품이 주는 장점 3)	장점을 부연설명 으로 강조 (편의사항, 사용자 만족도, 이전 상품 에서 없었던 점)	요약
Conclusion **결론**	Summary (so what) **요약**	상품 장점 정리 & 요약	
	Take-home message **청중에게 남기고 싶** **은 마지막 메시지**	초반에 설명했던 문제점, 필요성을 다 시 언급하면서 상품의 유용성을 다시 강조하며 마무리 (Call to Purchase)	

3. 스타트업 IR피칭 구조 예

　스타트업의 피칭은 대부분 3분-7분 내외로 매우 속도감 있게 진행
됩니다. 따라서 일반적으로 하던 발표처럼 서론에서 자기소개를 장
황하게 하거나, Overview 즉 발표의 목차를 전달할 시간이 없어요.
인사와 회사, 발표자 소개는 아주 간단하게 두 문장 정도로 정리하고
발표 시작하자 마자 청중의 관심을 살 만한, 즉 감정에 호소할 수 있
는 정보를 주세요. 시장의 문제점, 또는 소개하고자 하는 회사의 혁신
적인 아이디어가 필요한 이유를 자극하는 정보가 적절합니다.

Introduction 서론	
Greetings Intro	간단한 인사와 회사 이름(의미)과 발표자 소개를 매우 간단하게 하기
Hook (Call to Emotion)	회사의 브랜드, 혁신적 아이디어가 해결할 수 있는 문제점, 혹은 필요성을 강조하면서 청중의 관심을 삽니다. Call to emotion 즉 감정에 호소할 수 있는 정보일수록 좋습니다.
Solution overview	회사의 가치, 혁신적 아이템을 소개합니다.

Body 본론	Leads (How) 주제문	Details 부연설명	Closing 마무리
Subtopic 1 소주제 1	About the Product (상품, 혁신제품 소개)	혁신제품 세부 소개 (문제 해결방법, 혁신제품, 스펙 소개)	N/A *시간 제한이 있는 피칭의 경우 각 소주제를 따로 요약할 필요없이 다음 주제로 바로 바로 넘어가는 것이 좋습니다.
Subtopic 2 소주제 2	About the Market (시장, 마케팅, 수익모델)	시장성 강조 (시장분석, 경쟁사, 마케팅 전략, 비즈니스 모델 소개)	
Subtopic 3 소주제 3	Tractions & Goals (잘 이행할 수 있는가?)	성과와 계획으로 실행 가능성 강조 (성과 및 업적, 향후계획, 재정분석, 팀소개)	
Conclusion 결론	Objective (so what?) **피칭을 통해 얻고 싶은 것**	피칭을 통해 얻고 싶은 것: 투자자 (투자금액), 파트너십, 네트워킹, 유통, 수출 등을 언급합니다.	
	Take-home message **회사를 기억시킬 수 있는 마지막 메시지**	초반에 설명했던 문제점, 필요성을 다시 언급하면서 상품의 유용성을 다시 강조하며 마무리합니다. 행동을 유도하는 메시지 (Call to Action)	

4. 학술 발표 구조 예

학술 발표는 본인의 연구내용이나 논문을 바탕으로 프레젠테이션을 하는 경우가 많습니다. 논문의 내용을 다 채워 넣으려고 하지 말고, 지금 발표를 통해 전달하고자 하는 연구의 핵심 포인트를 기준으로 연구의 방법론, 결과, 연구 결과의 의미와 토의 사항을 본론에 넣어 주제문을 증명해 주는 다음과 같은 구조가 적절합니다.

Introduction 서론	
Greetings Intro	발표자 소개, 부서, 전문분야 등 간단하게 1-2문장으로 정리합니다.
Objective (How)	발표의 주제, 목적, 방법론 등 간단하게 소개하세요.
Hook (Why)	Why now? 등의 시기적으로 이 연구의 중요성 혹은, 어떤 문제를 해결할 수 있는 가능성이 있는 연구인지를 암시하세요.

Body 본론	Leads (How) 주제문	Details 부연설명	Closing 마무리
Subtopic 1 **소주제 1**	주제문 (예: Research methodology 연구 방법론)	설명, 예, 근거 자료	요약
Subtopic 2 **소주제 2**	주제문 (예: Research results 연구 결과)	설명, 예, 근거 자료	요약
Subtopic 3 **소주제 3**	주제문 (예: Implications & Discussion 연구의미 & 토의)	설명, 예, 근거 자료	요약

Conclusion 결론	Summary (so what) 요약	연구 내용 정리 (Summary) 다루지 못했거나 이후 연구에서 보안되면 좋을 점을 제시하세요.
	Take-home message 청중에게 남기고 싶 은 마지막 메시지	Hook에 대해 다시 언급하면서, 어떤 부분 에서 이 연구가 가치가 있을지, 문제의 획기 적 해결방안이 될 것을 강조합니다.

5. 임용 발표 & 취업 발표 구조 예

많은 교수 임용 과정에서 영어 발표가 요구됩니다. 또한 면접 인터뷰에서 본인의 소개를 발표식으로 전개하는 곳도 있습니다. 이때 요구되는 발표 구조는 취업이라는 것을 목표로 하기에 단순한 정보 전달, 설명식의 발표가 아닌, 본인의 연구분야, 연구 결과, 혹은 전문성과 지식, 연구결과 및 습득한 기술 및 앞으로의 포부 (연구 계획)의 순서로 본론에서 순차적으로 설명하는 구조가 적절합니다.

Introduction 서론	
Greetings Intro	발표자 소개, 부서, 전문분야 등 간단하게 1-2문장으로 정리합니 다. 왜 본인이 적임자임을 강조합니다.
Objective (How)	발표의 주제, 목적, 방법론 등 간단하게 소개하세요.
Hook (Why)	Why me? 왜 본인이 이 직책에 적절한 교수(인재)인지를 암시할 수 있는 본인만의 장점을 간단히 언급하며 관심을 고조시킵니다.

Body 본론	Leads (How) 주제문	Details 부연설명	Closing 마무리
Subtopic 1 **소주제 1**	주제문 (이전 연구의 분야, 본 인의 전문성 및 지식)	설명, 예, 근거 자료	요약
Subtopic 2 **소주제 2**	주제문 (연구 결과 및 교훈, 습득한 기술)	설명, 예, 근거 자료	요약
Subtopic 3 **소주제 3**	주제문 (취업하고자 하는 곳 에서 본인이 하고자 하는 연구 목적/ 취업 후의 포부 등)	설명, 예, 근거 자료	요약
Conclusion **결론**	Summary (so what) **요약**	본인의 스펙 정리 (Summary) 소주제 1, 2, 3를 간단하게 정리해 주세요.	
	Take-home message **면접관에게 남기고** **싶은 마지막 메시지**	Hook에 대해 다시 언급하면서, 어떤 부분 에서 본인의 연구 계획이 학교에 도움이 될 지, 본인이 이 회사에 적절한 인재인지를 다시 한번 강조합니다.	

Part 2

프리젠터를
보다 돋보이게 이끄는
글로비쉬 전략매너

지금까지 우리는 효과적이면서도 감동적인 프레젠테이션을 위해 꼭 필요한 여러 가지 핵심 기법들을 살펴봤는데요. 한 가지 더! 준비해야 할 것이 있습니다. 청중을 열광케 할 매혹적인 시나리오 작성을 마쳤다면, 이제 그 시나리오를 가지고 연기를 해야 하는 프리젠터 자신도 보다 당당하고 돋보일 수 있도록 무장해야 합니다. 다양한 청중을 대상으로 하는 영어 프레젠테이션에서 청중이 잘 알아듣지 못하는 발음으로 이야기를 한다든지 문화권에 따라 부정적인 이미지로 받아들일 수 있는 몸짓이나 행동을 취하게 된다면 아무리 훌륭한 내용과 스피치 전략을 가지고 있다 하더라도 결국 실패한 프레젠테이션이 되고 맙니다.

　진정한 프레젠테이션의 성공은 스피치를 하는 데 있어서의 기술적인 요소뿐만 아니라, 모든 청중을 고려한 발음 구사법이나 태도, 스타일 등 글로비쉬한 모든 요소들까지 완벽히 갖출 때 가능해집니다. 청중이 그냥 지나칠 수 있는 점까지 세심하게 준비하여 완벽에 완벽을 기하는 것! 그것이 바로 진정한 프리젠터가 되는 유일한 방법입니다.

Chapter 1
글로벌한 영어 구사를 위한 4가지 발음 기법

멋진 스피치를 위해 발음까지 원어민 발음으로 탈바꿈할 수는 없을 겁니다. 하지만 다수의 청중을 상대로 하는 영어 프레젠테이션에서 꼭 필요한 발음 기법만큼은 꼭 익혀 두세요.

영어로 말할 때 가장 신경 쓰이는 부분이 바로 발음과 억양입니다. 특히 많은 청중을 앞에 두고 진행해야 하는 영어 프레젠테이션에서는 그 부담감이 커질 수밖에 없죠. 하지만 이젠 가장 스탠다드한 영어 발음이 무엇이라고 정의하기 어려운 글로벌한 영어 발음이 당연시되고 있어 '영국 발음이 정통이다.', '미국식 발음이 최고다.'와 같은 논쟁은 구시대적이며 인종차별적인 발상이 되었습니다.

다국적 방송국인 BBC나 CNN 기자들의 보도 내용을 듣다 보면 인도식, 중국식, 독일식, 아프리카식 등 다양한 억양의 영어를 접하게 되는데요. 개개인의 모국어의 억양은 그대로 살아 있지만 영어를 구사하는 데 있어 필요한 기본적인 발음 및 끊어 읽기, 악센트 구사 등의 스피치 기법은 그대로 녹아 있어 대부분의 시청자들은 알아듣는데 크게 불편함을 느끼지 못합니다.

그러니 원어민처럼 발음해야 한다는 중압감에서 벗어나세요. 지금부터 설명하는 4가지 글로비쉬 빌음 기법만 알아 두어도 발음 때문에 고생하는 일은 없을 겁니다.

Skill 1 강세는 길고 여유롭게 수평으로 소리 내라

악센트를 주어 말하라고 하면 흔히 강한 소리라는 생각에 목소리 톤을 높이거나 강세 부분을 일부러 크게 발음하는 경향이 있는데, 이건 잘못된 발음 구사법입니다. 지금부터 악센트는 강세가 아닌 장세(長勢)와 여세(餘勢)로 기억하세요. 무슨 말이냐고요? 강세가 들어간 부분의 음절은 강하게 수직으로 소리내기보다는 길고 여유롭게 수평으로 소리 내야 한다는 겁니다.

학창시절 단어의 강세에 대해 배웠던 기억나시죠? 다시 한번 정리해 봅시다. 강세는 주로 단어의 한 부분에서 도드라지며 모음에 들어갑니다. 긴 단어의 경우엔 2개의 음절에 강세가 들어가기도 하고요. 반면, we, for, in, you, are 같은 1음절 단어는 강세가 없습니다. 단, care(신경 쓰다)와 같이 문맥에서 의미를 전하는 동사인 경우엔 강세

처리를 해 줘야 하죠. 그럼, 강세는 어떻게 발음해야 할까요? 앞서도 언급했지만, 강세는 수평으로 소리를 길게 밀어 발음하는 것이 중요합니다. 강세 자리를 모르면 어떻게 하냐고요? 사전에서 단어를 찾아보면 악센트(′) 기호가 들어간 부분이 강세가 들어간 음절입니다. 만일 사전도 없고 처음 보는 단어라 강세 자리를 모를 땐 모든 음절에 강세를 한 번씩 넣어 보세요. 가장 영어스럽게 들리는 부분이 강세 자리인 확률이 높습니다. efficiency를 가지고 한번 연습해 볼까요? TV 예능 프로에서 종종 접하게 되는 '절대음감' 게임처럼 각 음절마다 차례대로 강세를 넣어 말해 봅시다.

e′fficiency → effi′ciency → effici′ency → efficiency′
[이~f휘션시] → [이f휘이~션시] → [이f휘셔언~시] → [이f휘션시이~]

각 음절을 일부러 여유롭고 길게 발음해 보면 가장 자연스럽게 느껴지는 소리는 바로 2음절에 강세를 둔 effi′ciency임을 알 수 있습니다. 참고로, 영어의 강세는, 특히 명사의 경우, 마지막 음절에는 거의 오지 않아요.

강세를 길고 여유롭게 발음하는 것이 익숙하지 않은 분들은 강세 부분 발음시 고무밴드를 활용해 보세요. 강세를 길고 여유롭게 발음하는 연습을 위해 가장 효과적인 도구가 바로 노란색 고무밴드입니다. 고무밴드를 엄지와 검지 손가락으로 잡고 단어의 강세 부분을 발음할 때마다 고무밴드를 양옆으로 당기며 길게 발음해 보세요. 예컨대 technology라는 단어를 발음할 경우 강세가 들어가는 2음절(-nol-)에서 고무밴드를 양옆으로 당기며 길게 발음하는 겁니다. 이렇게 고무밴드를 이용해 발음 연습을 하다 보면 시각적, 촉각적으로 길고 여유 있는 발성을 돕기 때문에 훨씬 그럴듯한 네이티브 발음이 되는 것을 느낄 수 있을 거예요.

아래 단어들을 강세 부분(두꺼운 부분)을 일부러 여유롭고 길게 수평으로 소리 내면서 발음해 봅시다. 고무밴드를 이용해 반복해서 연습해 보세요.

care [케~어] business [비~즈니스]
running [러~어닝] eco-friendly [에~코 f흐레엔~드리]
major [메에이~저] efforts [에~포츠]
advanced [어드베엔~스드] technology [테크노올~로지]
international [인터네에~서널] development [디베엘~롭먼트]
diversification [다이버~시피케에이~션]

Skill 2 내용어를 강조하라

바로 앞에서 단어의 강세 부분을 길고 여유롭게 빼며 발음하는 연습을 해 봤는데요. 문장의 경우 각 단어마다 앞서 배웠던 동일한 방식으로 강세를 넣어 말하게 되면 뭔가 부자연스럽고 인위적으로 들리게 됩니다. 일단, 앞에서 연습했던 대로 발음하면서 아래 두 문장을 읽어 보세요.

We care for efficiency in business you are
위 케~어 f훠오~ 이f휘이~선시 이~인 비~즈니스 유 아~
running eco-friendly.
러~어닝 에~코 f흐레엔~드리

우리는 여러분이 친환경적으로 운영하고 있는 사업의 효율성이 마음에 듭니다.

We have put major efforts in advanced technology, diversification
위 헤~엡 푸~웃 메에이~저 에에~포츠 이~인 어드베엔~스드 테크노올~로지 다이버~시피케에이~션
and international development.
에~엔 인터네에~셔널 디베엘~롶먼트

우리는 진보된 기술, 사업의 다각화, 그리고 국제 개발에 큰 노력을 기울였습니다.

뭔가 어색한 느낌이 들지 않나요? 단어를 따로 떼어 놓고 볼 때와는 달리 문장 전체 구조를 놓고 볼 때, 모든 단어의 모음 강세 부분을 강조하기 위해 길게 발음하게 되면 오히려 어색하게 들립니다. 각 단어의 의미 연결이 안 되고 발음도 뒤죽박죽 길어지기만 하죠. 단어가 아닌 문장 단위의 스피치에서는 단어마다의 강세보다 문장 안에서 의미를 전달하는 주요 단어가 특히 더 강조되어야 제대로 내용을 전달할 수 있기 때문입니다. 따라서 대부분의 경우 의미가 들어간 단어, 즉 '내용어'에만 강세를 넣어 발음하고, 그 외의 부분은 짧게 빨리 발음합니다. 위의 두 문장을 내용어만 강조하여 다시 한번 읽어 봅시다. 훨씬 자연스럽게 느껴질 거예요.

We care for efficiency in business you are running eco-friendly.
위 케어 f훠 이f휘이~션시 인 비즈니스 유 아 러닝 **에~코** f흐**레엔~**드리

We have put major efforts in advanced technology, diversification
위 헵 풋 **메에이~**저 에포츠 인 어드**베엔~**스드 테크**노올~**로지 다이버시피**케에이~**션
and international development.

엔 인터**네에**~셔널 디**베엘**~롭먼트

여기서 한 가지 더 기억해야 할 것은, 이렇게 내용을 전달해야 하는 내용어 부분의 강세를 조금 더 길고 여유롭게 발음하되, 전반적인 단어의 소리를 하나의 흐름으로 연결해서 발음하는 것이 중요합니다. 연습을 좀 더 해 볼까요?

각 문장에서 의미를 전달하는 내용어에 강세를 넣어 한번 말해 봅시다.

Sales of the **28**(twenty-eight)-inch and **32**(thirty-two)-inch models of **DP Electronics** have **skyrocketed** from 250(two-hundred-fifty) to **300(three-hundred)** units per week.

DP 전자의 28인치와 32인치 모델 매출은 주당 250개에서 300개로 급상승했습니다.

'매출'을 의미하는 sales, 모델의 종류를 나타내는 숫자 28, 32, 회사명인 DP Electronics, '급상승했다'라는 의미를 전하는 동사 skyrocketed, 그리고 매출 숫자인 300을 특히 더 길고 여유롭게 발음해 줍니다.

30(Thirty) gigabytes hold **7,500(seventy-five-hundred) songs**, **25,000(twenty-five-thousand) photos** **or** up to **75(seventy five)** hours of **video**.

30기가바이트는 7,500개의 음악, 2만 5천 개의 사진, 또는 최대 75시간 분량의 동영상을 저장할 수 있습니다.

A or B 구조의 경우, or 부분을 길게 발음하여 A, 혹은 B임을 강조합니다. 하지만 경우에 따라 or 부분을 일부러 약하게 발음하여 마치 이 기기는 7,500개의 음악, 2만 5천 개의 사진, 여기에 추가로 최대 75시간 분량의 동영상까지 저장할 수 있는 것처럼 들리게 할 수도 있어요.

TIP 내용어는 아니지만 강조되는 경우

상황에 따라 문법적인 기능을 하는 기능어(대명사, be동사, 전치사, 조동사 등)에 강세가 들어가기도 합니다. 예컨대 You did it. (네가 했잖아.)의 경우 어디에 강세를 두느냐에 따라 뉘앙스가 달라지는데요. 주어인 You를 강조하면 다른 사람이 아닌 바로 '네가' 했음을 강조하는 의미가 되고, 동사 did를 강조하면 행위를 부정하는 상대에게 '했다'는 것을 강조하는 의미가 됩니다. 또 동작의 대상인 목적어 it을 강조하면 다른 것이 아닌 바로 '그것을' 했다는 것을 강조하는 의미가 돼요.

Skill 3 문장 끝은 내려서 발음하라

영어 스피치에서 가장 많이 하는 실수 중 하나가 바로 음정의 높낮

이 부분입니다. 특히 대본을 보면서 읽거나 잔뜩 긴장해서 발표를 하게 될 때 가장 두드러지게 나타나는 습관이 바로 아래 첫 번째 경우처럼 문장 끝을 어색하게 올려 말하는 거예요.

Our Green Technology is your solution for this. (×)
아워 그리~인 테크노올~로지 이쥬어 솔루우~션 f휘 디이~스?

Our Green Technology is your solution for this. (○)
아워 그리~인 테크노올~로지 이쥬어 솔루우~션 f휘 디이~스

문장 끝을 올리는 건 Yes/ No로 대답할 수 있는 의문형 질문의 경우, 또는 평서문을 질문으로 만들 때만 해당됩니다. 모든 문장의 끝을 올려 말하면 확신이 없는 듯한 느낌, 본인도 잘 모르겠다는 느낌, 가볍게 질문하는 느낌을 주기 때문에 프리젠터나 프리젠터의 스피치 자체를 신뢰할 수 없게 만듭니다.

위의 두 번째 경우처럼 끝 단어인 this를 뚝 떨어뜨려 발음하면 '저희 그린 기술은 이를 위한 해결 방안입니다.'라는 확신에 찬 느낌을 전달하게 되지만, '디이스?'라고 올려 말해 버리면 마치 '저희 그린 기술은 이를 위한 해결 방안일까요, 아닐까요?'라고 묻는 것처럼 들리게 됩니다. 따라서 확신에 찬 내용을 평서문으로 전달할 땐 무조건 끝 단어를 뚝 떨어뜨려 내용이 마무리되었음을 알려야 합니다. 특히 화제가 전환되기 전 문장은 끝을 많이 내려 읽고, 다음 내용을 시작하

기 전에 2~3초 정도 멈추는 것도 좋습니다. 대본이나 슬라이드를 보며 리허설을 할 때, 혹은 평소 읽기 연습을 할 때 문장의 마지막 단어는 내려 말하는 습관을 들이세요. 이때 손으로 포물선을 그리며 연습을 하면 손의 모양에 따라 자연스럽게 끝 단어를 내려서 발음할 수 있습니다.

한편, 문장 안에서 아래와 같이 리듬이 약간 올라가는 경우가 있는데요. 바로 접속사로 내용이 연결되는 경우입니다. A, B, and C 등의 나열형 구조, 또는 A or B의 구조에서 and와 or 앞에 열거된 단어들은 올려서 발음합니다.

소리를 올릴 때는 직선으로 올리는 것이 아니라 아래 문장의 화살표 모양처럼 부드럽게 올려 줍니다.

Our technology will improve your energy efficiency, reduce costs,
아워 테크**노올**~로지 월 임프루~움 유어 **에**~너지 이**f휘이**~션시 리
듀우~스 커~스츠

and save the earth.
엔 **세이**~브 디 **어얼**~스

저희 기술은 여러분의 에너지 효율성을 향상시키고 비용을 줄여 주며 지구를 구할 것입니다.

improve your energy efficiency (A), reduce costs (B), and save the earth (C) 부분이 A, B, and C의 구조를 이루고 있습니다. 이 경우

에는 A와 B의 끝 부분을 올려 주고 마지막 C는 뚝 떨어뜨려 발음합니다. 아래 문장도 한번 읽어 보세요.

We have put major efforts in advanced technology, diversification
위 헴 풋 **메에이~저** 에포츠 인 어드**베엔~스드** 테크**노올~로지** 다이 버시피**케에이~션**

and international development.
엔 인터**네에~셔널** 디**베엘~롭먼트**

다음은 A or B의 구조로 이루어진 문장입니다. 앞 경우와 마찬가지로 A부분을 올리고 B부분은 내려 줍니다.

We can wait until February **or launch** the new product next month.
위 큰 우**웨이~트** 언틸 f훼**에~뷰**으어뤼 **오~워 러언~치** 더 **뉴~우** 프 **뤄오~덕트** 넥스트 **머언~스**

2월까지 기다리거나, 아니면 다음 달에 신상품을 출시할 수 있어요.

Skill 4 단어 사이는 연음으로 발음하라

평소 영어 발음에 자신이 없던 사람이 팝송을 부를 땐 그리 어색하지 않은 발음으로 노래를 부르는 경우를 본 적이 있을 겁니다. 듣는 사람의 입장에서도 원곡을 부른 외국 가수의 발음과 큰 차이를 느끼지 못하기도 하죠. 왜일까요? 그 이유는 바로 랩과 힙합을 제외한 곡조가 있는 영어 노래를 부를 땐 그 곡의 음정, 리듬에 맞춰 단어를 이어 발음하게 되기 때문입니다. 스피치를 할 때도 마찬가지예요. 딱딱 끊어 읽지 말고 두 단어 사이가 마치 한 음으로 연결되듯 부드럽게 이어서 발음하세요. 훨씬 자연스럽게 들리게 됩니다. 아래 두 문장을 가지고 연습해 보세요.

> We care for efficiency in business you are running eco-friendly.
> 위케어f휘-이f휘이~선신-비즈니슈아-러닝에~코f흐레엔~드리
> Our Green Technology is your solution for this.
> 아워그리~인-테크노올~로지이쥬어-솔루우~선-f휘디이~스

다소 길이가 짧은 문장인 경우에는 거의 끊어 읽는 곳 없이 단숨에 발음합니다. 여기서 한 가지 명심할 것은, 연음으로 발음하라고 해서 빨리빨리 대충 발음하라는 얘기가 아니라는 거예요. 악센트가 들어가는 내용어 부분은 길고 여유롭게 발음하면서 전체 문장을 하나의 소리로 연결해 나가는 것을 의미합니다. 위 두 번째 문장의 경우 입으로는 Our를 발음하면서 눈은 technology나 is 부분을 미리 인식하며 하나의 소리로 연결하듯 말하는 거죠. 쉽게 말해, 빈칸이 없다고 가정하고 앞뒤의 모음, 자음이 자연스럽게 연음되도록 발음하는 겁니다.

하지만 문장이 길어지는 경우, 혹은 특정 부분을 강조하기 위해 문

장 사이 사이에 살짝 끊어 읽어야 할 부분이 생기기도 하는데요. 아래 네 가지 경우가 그렇습니다.

① 긴 주어 뒤에서 끊어 읽기

수식하는 형용사나 관계대명사로 인해 주어가 긴 경우 주어 바로 뒤에서 끊어 읽습니다.

Our 500-gigabit storage devices and our competitor's hit products// have several things in common.

저희 500기가비트 저장 기기와 경쟁사의 히트 상품은 몇 가지 비슷한 점이 있습니다.

② 긴 목적어 앞에서 끊어 읽기

주어는 상대적으로 짧고 타동사 뒤의 목적어 부분은 지나치게 긴 경우 목적어 바로 앞에서 끊어 읽습니다. 아래 문장을 보면, 주어는 I 로 굉장히 짧지만 타동사 emphasize 뒤에 나오는 목적어가 길기 때문에 목적어 바로 앞에서 끊어 읽어요. 또 명사구(the need to purchase the latest high-tech medical equipment) 안에 위치한 to부정사의 동사 purchase 뒤의 목적어(the latest high-tech medical equipment) 앞에서도 끊어 읽을 수 있습니다.

I'd like to emphasize// the need to purchase// the latest high-tech medical equipment for the hospital.

그 병원에 최신 기술의 의료 장비를 마련할 필요성이 있다는 점을 강조하고 싶습니다.

③ 관계대명사 앞에서 끊어 읽기

문장에서 that, which, who, where 등의 관계대명사가 나올 때 부연 설명되는 부분임을 암시하기 위해 관계대명사 앞에서 끊어 읽습니다. 관계대명사까지 읽고 끊는 경우도 있는데, 이땐 조금 즉흥적으로 이야기를 하다가 내용이 기억 나지 않아 약간 멈칫거리는 느낌을 줄 수도 있어요.

I would like to conclude with a story// that sums up my point here.
저의 포인트를 요약해 주는 이야기로 마치겠습니다.

④ 구나 절 앞에서 끊어 읽기

전치사구, 부사구 등 앞에서 끊어 읽게 되면 추가되는 내용을 앞 내용과 약간 분리시키며 보충 설명하는 느낌을 전할 수 있습니다.

Sales fell sharply in April// due to the political instability.
정치적 불안정으로 인해 4월 매출이 급감했습니다.

▶ sharply 급격히 instability 불안정

The rents skyrocketed// after the government introduced the new real estate regulations.
정부가 새로운 부동산 규제책을 도입한 이후 월세가 급상승했습니다.

▶ rent 월세 real estate 부동산 regulation 규제

TIP 정확한 의미 전달에 필요한 발음 규칙

영어에서 어렵게만 느껴졌던 다양한 발음 규칙을 모아 정리했습니다. 프레젠테이션 스피치 연습을 할 때 꼼꼼하게 적용시켜 보세요.

1. 정확히 구별해야 하는 발음

① [f]와 [p]

[f]는 윗니를 아랫입술에 살짝 대고 바람을 내보내는 소리이고, [p]는 위아래 입술을 붙였다가 툭 터뜨리는 소리입니다.

funny [f훠니] food [f후드] picnic [(읍)픽닉] put [(읍)풋]

② [b]와 [v]

[b]는 위아래 입술을 붙였다가 공기를 내보내면서 '(으)ㅂ' 하고 내는 소리이고, [v]는 윗니로 아랫입술을 깨물 듯 누른 후 내뱉듯이 떼면서 내는 소리입니다.

base [(으)베이스] boy [(으)보이)] vase [붸이스] very [붸뤼]

③ [k]와 [q]

[k]는 우리말의 '크'와 비슷한 소리이고, [q]는 [k] 발음이 나는데 '쿠' 처럼 발음합니다.

kick [킥] kid [킫] quite [쿠아잍] quarter [쿠어*r*러]

④ [r]과 [l]

[r]은 입천장에 닿지 않게 구부린 혀를 펴면서 '(으) ㄹ-' 하고 내는 소리이고, [l]은 혀끝을 입천장에 대고 '을' 하고 밀면서 내는 소리입니다.

right [(으)롸잍] race [(으)뤠이스] light [(을)라잍] lace [(을)레이스]

⑤ [θ]와 [s]

일명 번데기 발음이라고 하는 [θ]는 혀를 윗니와 아랫니 사이에 넣어 살짝 물고 바람을 내보내는 소리이고, [s]는 혀가 입천장과 닿을 듯 말 듯한 위치에서 바람만 내보내는 소리입니다.

thousand [싸우즌] thrill [쓰뤼얼] sink [씽] sick [씩]

⑥ [dʒ]와 [ʒ]

[dʒ]는 혀끝을 입천장의 볼록한 부분에 대고 '(읏)쥬' 하고 내는 소리이고, [ʒ]는 우리말 '쥬'와 같은 소리입니다. [dʒ]를 발음할 때보다 훨씬 힘이 덜 들어가죠.

jail [(읏)줴이얼] job [(읏)좝] casual [캐쥬얼] television [텔러비젼]

⑦ [e]와 [æ]

[e]는 우리말 '에'와 같은 소리이고, [æ]는 '애~' 하고 입을 양옆으로 힘을 주어 당기면서 내는 소리입니다.

set [셑] bed [벧] sat [쌔앹] bad [배앧]

⑧ 단모음과 장모음

같은 발음이지만 길게 하느냐 짧게 하느냐에 따라 의미가 달라지는 경우가 있습니다. 따라서 정확히 구별해서 발음해야 하죠. 단모음 [u]는 '우'와 '어'의 중간 발음으로, 장모음 [u:]는 '우우~' 하고 길게 발음합니다. 또 단모음 [i]는 '에'에 가깝게, 장모음 [i:]는 힘을 주면서 '이이'라고 발음합니다.

이때 장모음은 확실하게 길게 끌어 줘야 뜻이 제대로 통해요.

full [f훌] fool [f후울] live [(을)립] leave [(을)리입]

2. 원래 음가와 다르게 발음되는 경우

① t, d 뒤에 '모음+n'이 이어질 땐 콧바람 소리로 발음한다

written [륃은] button [벋은] Manhattan [맨핻은]

② 단어 끝이나 마지막 자음 바로 앞에 오는 [l]은 약화된다

detail [디테얼] film [휘엄] golf [겉f]

③ [s] 다음에 [k], [p], [t]가 오면 된소리가 난다

school [스꾸울] sports [스뽀올츠] style [스따이얼]

④ [tr]은 [츄]로, [dr]은 [쥬]로 발음한다

try [츄라이] trip [츄립] drink [쥬링크] drop [쥬랍]

⑤ 단어 끝이나 자음 바로 앞에 오는 [r]은 혀를 목구멍 쪽으로 구부리며 발음한다

reporter [뤼포어*r*러*r*] escalator [에ㅅ껄레이러*r*] card [카어*r*ㄷ] heart [하아*r*ㅌ]

⑥ [w], [j], [ju]로 만들어지는 복모음은 한번에 발음하지 않는다

[w]는 '우'로 시작해서 '워-'나 '위-'식으로 이어서 발음합니다. [j]는 '이'로 시작해서 '여-', '요-' 등으로 이어서 발음하고, [ju] 역시 '이'로 시작해서 '유-'로 이어지는 식으로 발음합니다.

world [(우)월드] wall [(우)월] yacht [(이)여엇] yogurt [(이)요우거*r*ㅌ] Europe [(이)유럽]

⑦ 강세를 받지 않는 모음은 '어'나 '으'로 발음한다

academy [어캐러미] model [마를] vitamin [바이러믄]

⑧ 모음 au는 [:]로 발음한다

철자상 au는 두 개의 모음이지만 발음할 땐 하나의 모음으로 발음합니다.

sauna [써어나] cause [커어즈] autumn [어텀]

3. 발음이 생략되는 경우

① 단어 끝 자음(t, d, k, p, f, v, b, g, c, ck…)

point [포인] behind [비하인] camp [캠]

② 자음이 연이어 3개 나올 때 중간 자음

empty [앰띠] asked [애스트] restless [뤠슷리 씨]

③ wh-로 시작하는 단어의 [h] 발음

white [(우)와잇] where [(우)웨어] wheel [(우)위얼]

4. 두 음이 하나의 소리로 연결되는 경우

① 자음으로 끝난 단어가 모음으로 시작하는 단어를 만났을 때

Is it [이짙] help your [헬퓨어]

Boss is on [보씨존]

② 같거나 비슷한 자음이 잇따라 나올 때

wet towel [웨타올] cold drink [코울 쥬링]

this Sunday [디 썬데이]

blood pressure [블러푸레쉬어] front desk [후런 데스]

if possible [입 파서블]

5. 발음이 축약되는 경우

① 서로 알고 있는 인칭대명사

화자가 말하고 있는 사람에 대해 청자도 알고 있는 경우 그 사람을 받는 인칭대명사는 강조하지 않습니다. 따라서 실제 문장 속에서 him은 [음], her는 [어r], them은 [엄]으로 축약해서 발음합니다.

make him [메이큼] kill her [킬러r] see them [씨엄]

② 조동사

will, have 등의 조동사는 축약해서 발음되는 경우가 많습니다. will[위얼]은 [얼], would[우]은 [( )ㄷ] 정도로 축약해서 발음합니다. have는 축약되면 -'ve[v]만 남고, has는 -'s[z]만 남습니다.

또 do는 [드, 르], does는 [드z, 르z], did는 [든,] 정도로 축약됩니다.

I'll [아얼] You'll [유얼] She'd [쉬] We'd [윈]

I've [아이v] He's [히z]

Who do you [후르유] How does she [하 쉬]

When did you [웨느쥬]

조동사와 부정어 not이 만나 축약될 땐 마지막 [t]를 발음하지 않습 니다.

You don't [유도운] He won't [히워운] I can't [아이캐앤]

Chapter 2
프리젠터가 지녀야 할 5가지 이미지메이킹 기법

청중이 프레젠테이션에 주목하게 되는 것은 프리젠터의 멋진 스피치는 물론, 스피치를 하는 프리젠터의 태도나 이미지에 매료되기 때문이기도 합니다. 이번 단원을 통해 청중을 사로잡는 멋진 프리젠터로 변신해 보세요.

전 세계에서 매일 수천 건 이상의 프레젠테이션이 이루어지고 있습니다. 수많은 기업과 단체들이 프레젠테이션을 통해 그들의 목표나 미래 방향을 제시하고 크고 작은 계약들 역시 프레젠테이션을 통해 이루어집니다. 이처럼 모든 비즈니스 영역에서 필수적인 요소가 된 프레젠테이션에서 멋진 승자가 되기 위해선 프리젠터 자신이 갖추어야 할 태도와 스타일 또한 매우 중요합니다. 프리젠터의 모습 하나하나에도 청중은 움직여질 수 있기 때문이죠. 유창한 화술에 카리스마와 센스가 느껴지는 이미지 코디법까지 챙긴다면 이보다 경쟁력 있는 무기는 없을 겁니다!

Skill 1 자신감 있게 행동하라

프레젠테이션을 위해 무대 위로 올라갔을 때 가장 먼저 필요한 것은 바로 자신감으로 스스로를 무장하는 겁니다. 자신감은 준비된 자의 전유물이라고 하죠. 철저한 리허설을 통해 프레젠테이션을 준비했다면 이제 무대 위에서 그 실력을 맘껏 뽐낼 차례입니다. 긴장한 탓에 괜히 헛기침을 한다거나 바닥이나 천장을 쳐다본다거나 큰 숨을 몰아쉰다든가 하는 행동은 하지 마세요.

그런 무의식적인 행동 하나하나가 청중에게 자신감 없고 소극적인 사람으로 비춰지게 할 수 있습니다. 이 같은 행동은 무대에 오르기 전에 모두 마치세요. 무엇보다 중요한 것은 청중이 나를 적대시 한다고 생각하지 말고, 나를 지지하는 동료, 친구라고 여기며 마음을 편안하게 갖는 것입니다. 어느 정도의 긴장감은 좋지만, 필요 이상 긴장하게 되면 태도나 모습이 불필요하게 경직됩니다.

일단 무대 위로 올라서게 되면 3~4초간 침묵을 유지하면서 당당하고 준비된 자세로 청중을 응시해야 합니다. 약간의 침묵은 여러분 자신을 집중시켜 주고, 청중도 집중하게 만들어 줍니다. 미소도 잊지 마세요. 편안하고 온화한 미소는 청중에게 좋은 기분을 느끼게 해 주니까요.

프레젠테이션의 성공의 시작은 여러분이 무대에 올라가는 순간부터 이루어집니다. 최선을 다해 열심히 준비했다면 자신감 넘치는 모습을 청중이 느낄 수 있도록 해 주세요. 프레젠테이션에 대한 관심과 기대는 물론, 여러분에 대한 믿음과 신뢰가 높아지게 됩니다.

Skill 2 청중의 눈을 보고 이야기하라

프레젠테이션을 할 때 청중과의 자연스러운 아이 콘택트(eye contact)는 프리젠터의 자신감을 높여 주는 것은 물론, 청중과 교류하고자 하는 의지를 보여 주는 의미이기도 합니다. 아이 콘택트란, 말 그대로 눈과 눈이 마주치는 걸 의미하죠. 프리젠터는 프레젠테이션을 하는 동안 청중과 계속 눈을 마주치며 이야기해야 합니다. 바로 다음과 같은 이유에서 말이죠.

첫째, 청중의 눈을 바라보며 이야기하게 되면 자신감은 물론, 편안함을 느끼게 됩니다. 처음엔 좀 부담스럽기도 하고 어색하게 느껴지겠지만 차츰 익숙해지면 오히려 허공이나 바닥을 쳐다보며 이야기하는 것이 더 어색하다는 걸 알게 될 거예요.

둘째, 프리젠터는 자신의 이야기에 청중이 어떤 반응을 보이는지 살펴가며 프레젠테이션을 진행해 나가야 합니다. 그러기 위해선 아이 콘택트가 꼭 필요하죠.

셋째, 청중은 프리젠터가 자신에게 이야기하고 있다고 느낄 때 더 많은 관심과 집중을 보이게 되는데요. 바로 그런 느낌을 전달해 주는 가장 효과적인 방법이 청중을 바라보고 이야기하는 겁니다.

넷째, 프레젠테이션에서 청중의 눈을 보고 이야기하지 않으면 내 이야기가 진실로 들리지 않을 수도 있습니다. 뭔가 속이거나 숨기거나, 또는 회피하는 것으로 느껴질 수 있기 때문이에요.

이런 이유들로 아이 콘택트는 매우 중요합니다. 단, 한 가지 주의해야 할 점이 있다면, 청중 가운데 '결정권자', 즉 프레젠테이션의 결과에 가장 큰 영향을 미칠 수 있는 중요한 사람하고만 눈을 마주치지 않도록 해야 한다는 거예요. 물론 그런 영향력 있는 사람에게 더 많은 시선을 두는 것이 효과적인 것이 사실이지만, 그렇다고 오로지 그 사람에게만 아이 콘택트를 유지하는 것은 '아첨꾼'처럼 보이기 쉽습니다. 따라서 그 사람에게 좀 더 많은 아이 콘택트를 유지하되, 참석한 모든 청중과 골고루 눈을 마주칠 수 있도록 자연스럽게 시선 이동을 해 가며 이야기해야 해요. 프리젠터가 자신을 향해 있다고 믿을 때 청중은 어느새 발표 내용에 빠져들게 될 겁니다.

Skill 3 청중과 장소에 따라 변신하라

늘 근엄한 태도로 양복을 쫙 빼입고 마치 강연하듯 프레젠테이션을 해 온 사람에게 무대를 활보하며 자연스럽고 친근하게 진행하는 프레젠테이션은 아마 상상도 할 수 없는 일일 겁니다. 그래서 늘 자신의 근엄한 태도에 적격이라 여겨지는 보수적, 권위적 분위기의 프레젠테이션을 고수하게 됩니다.

청중에게 보이는 나의 '근엄한' 인상이 자유로운 분위기의 캐주얼한 프레젠테이션으로 깨지면 안 된다는 생각 때문에 말이죠. 하지만 그런 생각은 창의력 넘치는 프레젠테이션을 가로막는 장애물입니다. 사실 청중의 입장에신 보수적, 권위적 분위기의 사람이 자유롭고 친근한 모습으로 어필할 때 더 많은 호감을 느낀다고 합니다. 반대로, 자유로운 분위기의 사람이 보수적, 권위적 모습으로 보여질 땐 오히려 더 어색해 한다고 해요.

프레젠테이션의 귀재였던 스티브 잡스의 경우를 한번 볼까요? 검정색 터틀넥 셔츠에 색 바랜 청바지, 회색 뉴발란스 운동화가 그의 트레이드 마크가 된 지 오래되어서인지 정장 차림으로 프레젠테이션을 하는 그의 모습을 상상하기가 쉽지 않습니다. 하지만 자유로운 영혼의 소유자 같은 스티브 잡스도 보수적인 자리의 연사로 등장할 땐 양복을 입고 나와 평소와는 완전히 다른 모습을 보였습니다. 2005년 스탠포드 대학 졸업 연사로 참석했을 땐 학교의 전통과 행사 취지에 맞게 여느 연사와 마찬가지로 가운을 입고 연단에 서서 원고를 읽는 모습을 보여 주었죠. 매번 캐주얼 차림으로 무대 위를 활보하며 좌중을 사로잡았던 모습에만 익숙한 청중에겐 그의 그런 권위적인 모습이 어색하게만 느껴졌을 겁니다. 하지만 스티브 잡스가 청중을 고려한 프리젠터였다는 것은 확실합니다. 청중과 장소, 상황에 따라 자신의 이미지를 바꿀 줄 알았기 때문이죠.

출처: Steven Jobs 키노트 발표

출처: Steve Jobs 2005 Stanford Commencement Address Video

직원들을 대상으로 발표하는 페이스북 창립자이자 CEO 마크 저커버그

APEC CEO 서밋에서 발표하는 페이스북 창립자, CEO 마크 저커버그

이렇듯 진정한 프리젠터는 TPO, 즉 시간(Time), 장소(Place), 상황(Occasion)에 맞게 자신의 이미지를 바꿀 줄 알아야 합니다. 청중이 누구인지, 어떤 자리인지에 따라 때로는 보수적으로, 때로는 자유로운 모습으로 변신할 수 있는 유연성이 필요하다는 얘기예요.

Skill 4 청중을 고려한 발표 스타일을 가져라

빌 게이츠와 스티브 잡스의 프레젠테이션을 비교해 보면 스타일이 참 다릅니다. 빌 게이츠의 프레젠테이션을 보면 영어를 완벽하게 알아듣지 못하는 사람들에겐 다소 어렵고 지루하게 느껴질 수 있습니다. 반면, 스티브 잡스의 프레젠테이션은 영어 청취 실력이 그리 뛰어나지 않은 사람들도 쉽게 알아들을 수 있는 흡입력이 있죠. 물론 그렇다고 스티브 잡스의 프레젠테이션이 더 훌륭하다고 할 수는 없습니다. 청중이 누구냐에 따라 게이츠형의 프레젠테이션이 효과적일 수도 있고, 잡스형 프레젠테이션이 효과적일 수도 있기 때문이에요.

한 언어학자가 빌 게이츠와 스티브 잡스의 연설을 비교 분석한 결과, 게이츠는 한 문장당 평균 21.6개의 단어를 사용했고, 잡스는 이보다 적은 10.5개의 단어를 사용했다고 합니다. 어휘 밀도의 경우도, 게이츠의 프레젠테이션은 21.0%인 반면, 잡스의 경우는 약 16.5%로 낮았고, 어려운 단어의 사용빈도 역시 게이츠는 5.11%인 반면, 잡스는 2.9%로 낮게 측정됐습니다.

이는 잡스가 게이츠보다 훨씬 더 짧은 문장과 쉬운 단어를 써서 말했다는 사실을 나타냅니다. 따라서 남녀노소, 그리고 영어 수준과 크게 상관없이 모든 이에게 잡스의 프레젠테이션은 훨씬 이해하기 쉽고 '대중적'이었다는 것을 알 수 있습니다.

하지만 프레젠테이션이 꼭 '대중적'이어야 하는 것은 아닙니다. 대중적 프레젠테이션 열풍으로 너도나도 캐주얼한 옷차림에 검정색 파워포인트 슬라이드를 기반으로 한 프레젠테이션을 마치 정석인 듯 착각하고 있는데요.

잡스형 프레젠테이션처럼 쉬운 내용으로 편안하고 재미있게, 그리고 프리젠터가 주인공처럼 무대를 휩쓸고 다니는 방식으로 진행되는 프레젠테이션은 영업이나 엔터테인먼트를 목적으로 하는 프레젠테이션에 적합합니다. 반면, 빌 게이츠의 경우와 같이 고급 어휘를 사용하는 다소 보수적이며 학구적인 이미지의 프레젠테이션은 충분한 내용을 설명하고 이해를 도와야 하는 전문가 집단들에게 신뢰감을 줄 수 있죠. 따라서 어떤 발표 스타일이 '최고다, 정석이다.'라고 단정적으로 말할 수는 없습니다. 중요한 건, 청중의 니즈나 수준에 맞춰 팔색조와 같이 다양한 스타일의 옷을 입을 수 있어야 한다는 거예요.

Skill 5 적절한 제스처를 사용하라

프레젠테이션을 진행하는 동안 프리젠터는 다양한 제스처를 취하게 되는데요. 프레젠테이션에서 많이 사용되는 제스처는 문화에 따라 다양하게 해석될 수 있습니다. 빌 게이츠는 프레젠테이션을 할 때 두 손을 모으는 제스처를 자주 취합니다. 동양 문화에서는 자칫 소심해 보이기까지 하는데, 서양 문화에서는 매우 진솔한 이야기를 전할 때 종종 사용되는 제스처이죠.

2011년 1월에 방한한 제임스 스타인버그(James Steinberg) 미 국무부 부장관이 왼손을 바지 호주머니에 넣은 채 당시 김성환 외교통상부 장관과 악수를 해 "외교적 결례가 아니냐."라는 지적이 나왔습니다. 그는 무심코 한 행동이었지만 방문국인 한국의 정서를 고려하지 못한 외교적 결례라는 거죠. 우리 문화에서는 한 손을 주머니에 넣는 것이 '거만한' 태도이나, 서양 문화에서는 긴장을 풀고 편하게 상대를 대하는 느낌이 강한 제스처입니다. 프레젠테이션에서도 동양에서 프리젠터가 한 손을 주머니에 넣고 발표를 하면 건방진 것으로 오해받기 쉽지만, 서양 문화에서는 매우 편안하고 솔직하게 다가설 때 취하는 제스처입니다.

인도에서 뒷짐을 지는 행위는 복종과 겸손의 의미를 나타내는 반면, 미국에서는 다소 답답하고 보수적인 이미지로 받아들여집니다. 따라서 인도 강연자의 입장에선 청중을 존중하는 의미로 뒷짐을 지며 이야기를 하는 것이겠지만, 그 문화적 의미를 이해하지 못한 미국인 청중의 눈에는 겸손의 의미보다는 권위적인 느낌으로 다가오게 되죠.

TED의 강연자, 혹은 외국 대학 교수들의 강의를 접하게 되면 강연자나 프리젠터가 무대 위를 걸어 다니며 발표하는 모습을 종종 보게 됩니다. 이것이 동양 문화에서는 다소 정신없이 보이거나 집중력이 결여된 것처럼 보이지만, 서양 문화에서는 자연스럽게 이야기를 전개하거나 어떤 사항에 대해 집중적으로 설명하고자 할 때 종종 취하는 아주 자연스러운 동작입니다.

여기서 잠깐! 무대 위를 걸어 다니는 데에도 요령이 있는데요. 프리젠터가 무대 위를 걸어 다닐 땐 아래 그림과 같이 삼각형 모양으로 이동하는 것이 효과적입니다.

먼저 1번 지점에서 발표를 시작한 다음, 화제가 바뀔 때마다 자연스럽게 2번, 3번으로 자리를 이동합니다. 전략적으로 각 요소를 설명할 자리를 미리 지정해 두면 내용을 정리해 발표하는 느낌도 전할 수 있고, 청중의 입장에서는 프리젠터가 자리를 이동할 때마다 새로운 것이 전개된다는 것을 눈치채고 발표 내용에 집중할 수 있게 됩니다.

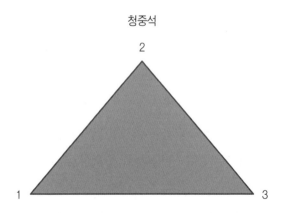

또한 청중을 향해 앞으로 걸어가는 행동은 청중의 집중을 요구하거나 친근함을 표현할 때 효과적입니다. 따라서 발표 내용 중 중요한 점을 이야기하거나 청중을 설득하고 싶다면 의도적으로 청중을 향해 걸어가도록 하세요. 반대로, 청중에게서 한 걸음 물러나는 행동은 슬라이드나 시청각 자료를 강조할 때 효과적입니다. 청중의 입장에서는 생각하는 기회가 되기도 하죠.

이렇듯 문화에 따른 차이가 있기 때문에 가능한 한 어느 한 문화에서만 긍정적이거나 특정한 의미를 지니는 제스처는 피하는 것이 좋습니다. 한편, 다음과 같이 상황에 따라 적절히 활용하면 아주 효과적인 제스처들이 있습니다.

① 청중을 안정시킬 때

어깨 너비로 벌린 팔의 손바닥을 아래로 향하게 한 후, 한두 번 자연스럽게 내려 주면 청중을 안정시키는 효과가 있습니다. 이때 팔의 동작 범위는 어깨선과 배꼽 사이 정도여야 합니다. 동작이 너무 크면 위협적으로 보이고, 반대로 너무 작으면 안 하느니 못하기 때문이에요. 프리젠터에게 집중하지 않는 상황에서나 프리젠터의 농담으로 웃음이 터진 청중을 다시 발표 내용에 집중시킬 때, 혹은 자신과 다른 생각을 가진 청중을 이해시킬 때 이 제스처를 사용하면 좋습니다.

② 청중의 집중을 요구할 때

손바닥을 위로 향하게 한 후, 한두 번 위로 올려 주는 제스처는 재미있거나 중요한 이야기라 집중을 요구할 때 사용하면 효과적입니다. 이때 손바닥 모양을 직선으로 펴기보다는 곡선으로 취하면 부드러워 보입니다. 팔의 동작 범위는 역시 어깨선과 배꼽 사이 정도가 적당하며, 팔은 겨드랑이 부분에 주먹 하나 정도 들어갈 만큼 떨어뜨리는 것이 자연스럽습니다.

③ 발표를 자연스럽게 진행할 때

영어로 발표할 때 좋지 않은 습관 중 하나는 무의식적으로 반복하는 동작으로 영어의 박자를 맞춘다는 건데요. 한 단어 한 단어 발음할 때마다 손으로 원을 그리거나 계속 위아래로 올렸다 내렸다 하는 행위는 청중의 시선을 분산시키는 역효과를 가져옵니다. 영어로 이야기할 때 편안하게 박자를 맞추며 자연스러운 연출을 하고 싶다면 open-and-close 제스처를 사용하세요.

실제 빌 게이츠가 연설할 때 많이 사용하는 제스처이기도 하죠. 아래 사진에서처럼 말을 시작하면서 손을 열어 옆으로 펼칩니다. 이때 너무 동작이 과해지지 않도록 하세요. 그런 다음, 시작한 문장을 마치면서 손을 다시 모아 줍니다. 예를 하나 들면, Good morning everyone. Thanks for coming. 이라고 말할 때 Good morning~ 하면서 손을 열어 옆으로 펼칩니다. 그리고 Thanks for coming. 이라고 문장을 마치면서 손을 다시 모아 줍니다. 만일 한 손으로 마이크를 잡거나 하는 경우에는 한 손으로 연출해도 좋습니다.

④ 복잡하거나 논리적인 이야기를 진행할 때

마치 로댕의 '생각하는 사람'처럼 한쪽 손을 턱밑에 살짝 갖다 대고 그 팔꿈치를 다른 팔로 받치는 제스처는 뭔가 어렵거나 복잡한 이야기를 꺼낼 때, 혹은 논리적인 내용을 전개할 때 사용하면 좋습니다. 왠지 프리젠터를 굉장히 이성적이고 논리적이며 학구적인 사람으로 보이게 해 주죠. 턱밑에 손을 갖다 대는 대신 펜을 쥐고 다른 팔로 받치는 동작을 취해도 마찬가지 효과를 나타냅니다.

⑤ 숫자를 셀 때

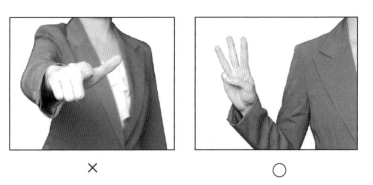

        ✕   ○

손으로 숫자를 세는 듯한 제스처는 발표의 중요 사항을 첫째, 둘째, 셋째식으로 각인시킬 때 사용합니다. 이때 손가락은 반드시 위쪽으로 향하도록 해야 합니다. 삿대질을 하듯이 청중을 향하지 않도록 주의하세요.

⑥ 자신감을 표현할 때

1992년 대선 준비에 한창이었던 빌 클린턴은 그의 스피치 컨설턴트에게 손 제스처가 '허풍스럽다'는 평가를 받았습니다. 빌 클린턴은 이야기를 할 때 흥분하면서 검지손가락을 청중 쪽을 가리키는 습관이 있었는데요. 손이나 손가락을 청중 쪽으로 향하게 하는 행위는 거만하고 위협적으로 보일 수 있습니다. 그래서 클린턴의 컨설턴트는 그에게 엄지손가락을 위로 들어올리라고 조언해 주었죠. 그때부터 클린턴은 연설 중 슬로건을 큰 소리로 말하며 엄지 손가락을 위로 들어올리는 제스처를 사용했고, 그의 연설은 폭발적인 인기를 얻게 되었습니다. 이후 이 제스처는 Clinton Thumb(클린턴 엄지)이라고 불리며 많은 정치인들과 연설자들이 따라하게 됐죠.

⑦ 청중을 설득할 때

양손을 깍지 끼워 비스듬히 배꼽 왼쪽이나 오른쪽 공중에 살짝 가져다 두는 행위는 청중을 설득하거나 감정에 호소할 때 유용한 제스처입니다. 뭔가를 제안하거나 문제의 해결법을 제시하며 청중의 변화를 요구할 때 사용하면 효과적이죠.

반면, 어떤 문화를 막론하고 절대 사용해서는 안 되는 제스처들이 있습니다.

· 양손바닥을 맞대는 행위
· 기도하듯 양손을 깍지 끼워 모으는 행위
· 반지를 꼈다 뺐다 하는 행위
· 양손을 비벼 대는 행위
· 양복 소맷자락을 끌어당기거나 잡는 행위
· 바지를 치켜 올리는 행위
· 손에 들고 있는 대본이나 인쇄물을 가지고 나팔 모양을 만

드는 행위

이 같은 제스처들은 청중에 대한 프리젠터의 신뢰감을 무너뜨리는 행위이므로 조심해야 합니다. 제스처의 범위는 배꼽 위에서 어깨 선까지 정도로 취하는 것이 가장 효과적입니다. 그리고 아무리 훌륭한 제스처도 스피치의 강약을 주거나 강조하는 등의 규칙 없이 너무 자주 사용하게 되면 그 의미는 상쇄되고 오히려 프리젠터의 나쁜 습관처럼 보이게 된다는 사실을 명심하세요!

Chapter 3
성공적인 영어 프레젠테이션을 위한 평가표

이 책의 나머지 챕터에 있는 영어 표현과 샘플을 참고하여 만든 대본과 슬라이드를 가지고 연습하면서 다음과 같은 평가표를 기반으로 리허설을 진행해 보세요.

동료가 가족들에게 청중의 역할을 해 달라고 부탁하거나, 스스로의 발표 모습을 카메라로 직접 찍어 셀프 모니터링을 하는 것이 누군가의 성의 없는 혹은 거짓된 피드백보다 더 효과가 있을 수 있어요. 스스로의 모습을 보면서 아래의 20개의 문항을 기준으로 본인의 영어 발표 역량을 평가해 보세요!

영어 프레젠테이션 능력 평가
Presentation Ability Index

Structure	프레젠테이션의 서론, 본론, 결론이 논리적으로 연결되었다.	1 2 3 4 5
	각 내용을 소개하면서 시작한 후 요약으로 마무리한다.	1 2 3 4 5
	각 단락을 부드럽게 연결해 주는 접속어와 연결부사를 효과적으로 사용하였다.	1 2 3 4 5
Intro	간단명료하면서 전문가답고 상황에 맞는 자기소개를 하였다.	1 2 3 4 5
	관심을 끌 만한 소재로 청중을 집중시킨다. (발표의 유용성 강조)	1 2 3 4 5
	프레젠테이션의 목적과 이유를 밝힌다.	1 2 3 4 5
Body	3(3-5)부분으로 구성되어 있다.	1 2 3 4 5
	중요한 부분을 효과적으로 강조했다.	1 2 3 4 5
	시각자료가 깔끔하고 가독성이 좋다.	1 2 3 4 5
	도표 및 수치 표현이 알기 쉽고 명확하다.	1 2 3 4 5
	의견이 명확하고, 근거 자료로 뒷받침되었다.	1 2 3 4 5
Conclusion	마지막으로 강조할 키포인트와, 감사의 뜻을 전하고 마무리 짓는다.	1 2 3 4 5
	질의응답을 매끄럽게 유도한다.	1 2 3 4 5
English Ability	명확한 발음을 구사한다.	1 2 3 4 5
	더듬거리거나 멈추지 않고, 너무 빠르거나 느리지 않고 적절한 속도로 말한다.	1 2 3 4 5
	중요한 부분을 효과적으로 강조한다. (악센트)	1 2 3 4 5
	문장 구조 및 단어가 이해하기 쉽고 간단명료한 표현으로 청중의 이해를 돕는다.	1 2 3 4 5

Behavior	대본을 읽지 않고 청중과 자연스럽게 눈을 맞춰 대화 하듯이 말한다.	1 2 3 4 5
	긍정적인 태도와 미소를 유지한다	1 2 3 4 5
	태도가 공손하고 복장이 깔끔하다	1 2 3 4 5
Total		/100

Part 3

바로바로 사용하는 영어 프레젠테이션 실전 연습 표현

토익 고득점자들, 또는 영어 좀 한다는 사람들도 막상 영어로 프레젠테이션을 준비하려고 하면 부담감부터 앞섭니다. 모두가 프리젠터인 자신에게 주목하고 있는 발표 무대 위에서 영어로 프레젠테이션을 진행해야 한다는 건 특히 영어로 말하는 것에 익숙치 않은 우리나라 사람들의 경우엔 공포에 가까운 두려움마저 느끼게 하죠.

　하지만 절대 포기해서는 안 됩니다! 성공적인 영어 프레젠테이션을 위해서는 앞서 배운 프레젠테이션 운용 기술은 물론, 준비한 내용을 순조롭게 전달하는 영어 실력 또한 중요하기 때문이에요. 버벅거리며 더듬더듬 말하거나 상황에 맞는 올바른 영어 표현을 사용하지 못하면 결국 청중은 발표 내용을 제대로 이해하지 못한 채 돌아가게 됩니다. 따라서 원활한 발표 진행을 위해 필요한 핵심 패턴들을 꼭 알아 두어야 하죠.

　이번 파트에서는 앞서 배운 3·3·3 법칙을 기본으로 영어 프레젠테이션을 준비하는 데 있어 아주 요긴한 패턴들만 모아 정리했습니다. "구슬이 서 말이라도 꿰어야 보배"라는 속담처럼 프레젠테이션에 필요한 알짜배기 표현들을 잘 활용하여 멋진 프레젠테이션 대본을 만들어 보세요.

Chapter 1
청중의 관심을 끄는 서론 만들기

영어 프레젠테이션의 서론에서는 청중이 관심과 흥미를 가지고 발표자에게 집중할 수 있도록 만드는 것이 중요합니다. 이번 단원을 통해 어떻게 해야 효과적으로 청중의 시선을 끌어 모을 수 있는지 그 요령을 터득해 보세요.

흔히 "우리말은 끝까지 들어 봐야 안다"라고 하죠. 중요한 내용은 아껴 뒀다가 뒤에 가서 꺼내는 경우가 많기 때문입니다. 그런데 영어로 스피치를 할 땐 이러한 전개 방식이 청중을 피로하게 만듭니다. 서론, 본론, 결론의 구조에서 발표의 가장 핵심이 되는 사항을 맨 마지막에 넣게 되면 청중은 결론에 이르기도 전에 무슨 내용인지도 모른채 지쳐 버리게 되기 때문이에요.

사람과 사람 사이의 만남에서 가장 중요한 첫인상이 만들어지는 데

걸리는 시간은 고작 30초 미만이라고 합니다. 마찬가지로 프레젠테이션의 첫인상도 시작하자마자 1분 이내에 결정됩니다. 즉 이 프리젠터가 잘하겠다, 못하겠다라는 청중의 판단이 그때 내려진다는 겁니다. 따라서 초반에 청중의 관심과 기대감을 불러일으키는 것이 매우 중요합니다. 그렇지 않으면 청중은 끝까지 들어 주지 않으니까요. 이유 없이 맘에 들지 않는 프리센터의 말은 건성으로 듣거나, 아예 대놓고 잠에 곯아떨어지는 경우도 있죠. 결국 프리센터는 청중으로부터 평가를 받고 그 결과에 따라 발표의 성패가 판가름 난다고 할 수 있습니다.

끝까지 참고 들어 줄 만큼 인내심이 많지 않은 청중을 배려하려면 프레젠테이션의 가장 중요한 핵심 사항은 반드시 발표 초반, 즉 서론 부분에 넣어 주어야 합니다. 결론에 넣으려고 했던 핵심 사항을 발표 초반에 먼저 터뜨린 다음, 본론을 통해 차근차근 설명하고 내용을 보충하여 청중을 이해, 설득시켜야 한다는 얘기예요. 이러한 생각의 구조를 두괄식 구조라고 합니다.

두괄식 구조는 핵심 사항, 즉 결론을 먼저 제시한 후, 연구 조사를 통해 확보한 자료, 사실, 예, 증거 자료 등으로 보충 설명을 하여 그 결론을 뒷받침하는 구조를 말합니다. 10분 이상 하는 프레젠테이션이라면 그 목적이 무엇이든 두괄식으로 전개하는 것이 좋습니다.

중요한 건, 서론에서 제시하는 핵심 사항이 '진부한 결론'이 아닌 뭔가 깜짝 놀랄 만한 새로운 사실(insight)이어야 한다는 겁니다. 빤한 주제라 할지라도 뭔가 다르게 들리는 인사이트를 제시해야 한다는 거죠. 예컨대 'A인 줄 알았던 것이 실은 B라더라', 'A가 전부인 줄 알았는데 그건 빙산의 일각이었고 숨겨진 진실은 B더라'와 같은 것이 바로 그런 것입니다. 이처럼 평소에 접하지 못한 새로운, 혹은 흥미로운 요소는 청중에게 긍정적인 첫인상을 남기게 되고 결국 그들이 끝까지 관심을 갖고 발표 내용을 경청하게끔 하는 원동력이 돼 줍니다.

하지만 속 빈 강정과 같은 결론이라면 아무리 멋진 인사이트를 내놓아도 무용지물이겠죠. 인사이트를 포함한 핵심 사항, 즉 결론을 서론에서 명확히 건네고 난 후, 본론에서 그 결론을 정확하게 분석하고 증거 자료를 제시하여 입증해야 합니다.

그럼, 결론에서는 무슨 이야기를 해야 하는 걸까요? 이미 서론에서 결론에서 할 이야기를 암시해 버렸는데 말이죠. 영어 프레젠테이션에서 결론의 역할은 핵심을 밝히는 것이 아니라 앞서 발표한 내용의 주요 사항을 다시 한번 재확인, 재설득시키는 겁니다. 서론에서 터뜨리고 본론에서 입증한 핵심을 결론에서 다시 한번 확인시켜 줄 때 청중은 여러분의 편에 서서 고개를 끄덕이게 되죠. 그만큼 이해와 설득이 수월해진다는 얘기입니다.

그럼 이제 영어 프레젠테이션의 첫인상을 책임질 서론을 어떻게 작성해야 좋을지 살펴봐야 할 텐데요. 이에 앞서 잠깐 프레젠테이션 시작과 함께해야 하는 오프닝 멘트에 대해 간단히 설명하고 넘어가겠습니다. 대부분의 프리젠터는 프레젠테이션의 오프닝 멘트를 거창하게 생각합니다. 자기소개도 왠지 아주 멋있게 해야 할 것 같고 인사도 뭔가 특별한 표현이 있을 거라 생각합니다. 하지만 프레젠테이션의 가장 중요한 요소는 '레포(rapport)', 즉 '공감대'입니다. 청중이 프리젠터에게 충분히 공감해야 그가 말하는 주제에 대해서도 호의적으로 받아들이기 때문이에요. 따라서 프레젠테이션 무대에 오르자마자 가장 먼저 해야 할 일은 청중과의 공감대 형성입니다. 공감대 형성이란 눈빛 교환, 따뜻한 말 한마디, 상대를 배려하는 태도, 인사를 나눌 때의 가벼운 신체적 접촉에서 오는데, 프레젠테이션에서는 바로 청중과의 첫인사를 통해 이루어집니다. 청중의 연령, 발표자와의 관계 등을 잘 고려하여 때로는 정중하게, 때로는 친근하게 표현할 수 있는 유연성이 필요하죠.

대중을 상대로 하는 프레젠테이션에서는 가능하면 격식있는 표현이 보다 적절합니다. 또 비슷한 나이 또래나 직급이 같은 동료들 앞에서의 프레젠테이션이라도 'Hi~'처럼 너무 가볍고 친근한 인사보다는 어느 정도 격식을 차리는 Hello. 나 Good morning/ afternoon/ evening. 으로 시작하는 것이 좋습니다.

한편, 누구나 아는 유명인은 아니거나 사회자로부터 정식으로 소개되어 무대 위로 올라가는 경우가 아니라면 간단한 자기소개 또한 필요한데요. 이때 청중의 대부분이 발표자에 대해 알고 있다면 이름, 부서, 소속 기관 정도로만 간단히 설명해도 괜찮지만, 청중의 대부분이 발표자를 모르는 경우라면 이름을 말한 뒤 담당하고 있는 업무나 프로젝트, 소속 부서 등 직책에 대해 자세히 소개하는 것이 좋습니다.

그리고 한 가지 더 중요하게 기억해 두어야 할 건 마음가짐입니다. '내가 당신들보다 한 수 위다'라는 태도로 무대에 서는 것이 아니라 '우리 함께 즐겨 봅시다'라는 마음가짐으로 발표자의 진정성이 청중에게 전달되도록 해야 합니다.

이렇게 청중과 공감대를 형성하는 오프닝 멘트가 끝나면 이제 서론으로 들어갑니다. 일반적인 프레젠테이션이나 논문 발표, 혹은 이론 및 결과 보고를 목적으로 하는 학술 프레젠테이션에서의 서론은 3·3·3 법칙에서 봤듯이 프레젠테이션의 주제 소개, 목적 제시, 그리고 본론 개요 설명의 세 부분으로 구성합니다.

1. 프레젠테이션 주제 소개하기
- -

발표할 내용의 주제, 즉 발표할 내용이 무엇에 관한 내용인지를 밝히는 부분입니다.

주제를 말할 땐 너무 장황하거나 길게 설명하지 않도록 하세요.

주제는 발표 내용과 목적의 핵심 단어로 조합된 캐치프레이즈(catch phrase)라고도 할 수 있기 때문에 핵심적인 단어나 구로 명쾌하게 제시해 주는 것이 효과적입니다.

Choose Green Gate. It's an effective way to save energy.

그린 게이트를 선택하세요. 그것은 에너지를 절약하는 효과적인 방법입니다.

"Qualities of a good boss"; that is today's topic.

"훌륭한 상사의 자질"이 바로 오늘의 주제입니다.

2. 프레젠테이션 목적 제시하기

'도대체 내가 왜 이 자리에 있어야 하는 거지?', '도대체 저 발표자가 뭐가 잘났기에 내가 이 바쁜 시간에 저 사람 말을 듣고 있어야 하지?' 청중은 프리젠터가 발표를 시작하자마자 이런 생각으로 발표 내용을 평가하려고 합니다.

따라서 프리젠터가 정확한 목적 제시를 하지 않은 채 장황하게 이야기를 전개한다면 청중은 금방 목적을 상실하고 프리젠터의 발표에 집중력을 잃게 됩니다. 그래서 프레젠테이션의 목적을 알리는 것이 꼭 필요합니다. 왜 이 프레젠테이션을 하려는 건지, 그리고 청중은 무엇을 얻어 갈 것인지 제시해 줌으로써 청중이 관심을 가지고 발표 내용에 집중할 수 있도록 해야 하죠.

발표의 목적을 알릴 땐 프리젠터가 원하는 것을 제시하기보다는 청중의 니즈(needs)에 부합되는 목적, 즉 왜 이 발표가 청중에게 도움이 될지에 대한 설명이 명확할수록 좋습니다. '내가 왜 이 프레젠테이션을 듣고 있지?'에 대한 청중의 궁금증을 해소해 줄 만한 내용으로 말이죠.

또 주제 소개 때와 마찬가지로 핵심적인 내용으로 간략하게 제시해 주는 것이 효과적입니다.

I know why you are all here. You want solutions to this problem.
여러분께서 이 자리에 왜 오셨는지 저는 압니다. 이 문제에 대한 해결 방안을 원하시기 때문이죠.

We know what you want. You are in great need to find out new training skills.
여러분이 뭘 원하는지 저희는 압니다. 새로운 교육 기술을 몹시 알고 싶어 하시기 때문이죠.

You are here to experience new IT technology.
여러분은 이곳에서 새로운 IT 기술을 경험하시게 됩니다.

3. 본론 개요 설명하기

본격적인 본론에 들어가기에 앞서 청중이 프레젠테이션의 큰 그림을 볼 수 있도록 본론에서 다룰 내용들에 관해 미리 간략히 소개해 주는 부분입니다.

어디로 어떻게 갈지 미리 알려 주지도 않은 채 그냥 날 따라오기만 하면 된다는 식이 되면 청중은 프리젠터를 신뢰할 수 없습니다. 따라서 오늘 발표 내용에 생소한 청중에게 전반적인 프레젠테이션의 방향을 미리 안내해 줌으로써 청중을 안심시켜 줘야 합니다.

본론의 개요를 설명할 땐 우선 청중의 집중력을 흩뜨리지 않도록 예컨대 '간략히 개요를 말씀드리겠습니다'와 같은 개요 설명의 시작을 알리는 말을 해 주는 것이 좋습니다. 그런 다음, '첫째…, 둘째…' 하는 식으로 본론에서 다룰 내용을 순서대로 정리해 줍니다. 이때 각 부분의 내용은 핵심 단어나 한 문장으로 간략히 설명해 주세요.

So the overview: first, the lecture type; second, the teaching strategy; and third, the evaluation method.

자, 그래서 개요를 말씀드리자면, 첫째, 강의 형태, 둘째, 교수 전략, 그리고 셋째, 평가 방법입니다.

Chapter 2
상황에 따른 영어 발표 인사법

프레젠테이션 무대 위에 올라가자마자 환한 미소로 가볍게 전하는 인사말은 어색하고 무거운 침묵이 흐르는 프레젠테이션 현장 분위기를 부드럽게 바꿔 주는 역할을 합니다. 또 정중한 태도로 간단히 자기소개를 한다면 청중이 프리젠터에 대해 좀 더 신뢰감을 가질 수 있습니다. 사소한 것 같지만 이런 작은 부분에서부터 청중은 보다 긍정적인 자세로 여러분의 발표에 귀를 기울이게 된다는 점을 잊지 마세요!

1. 보편적인 인사

* 잘 모르는 대상, 새로 만난 청중을 대상으로 대내외적으로 보편적으로 할 수 있는 인사법입니다.

Good morning/ afternoon/ evening. 안녕하세요.

Hello/ Hi, all. 여러분 안녕하세요.

* 보편적으로 Hi는 굉장히 캐주얼한 인사이기에 불특정 다수의 청
중에게는 Hello가 적절합니다. 하지만 스타트업의 피칭이나, 네트
워킹 발표 등에서는 아주 짧고 간결하게 Hi라고 인사하는 경우도
있습니다.

Hello, ladies and gentlemen. 신사 숙녀 여러분 안녕하세요.

Very nice to be with you. 여러분과 함께하게 되어 기쁩니다.

Thank you for coming. 와 주셔서 감사합니다.

Welcome to … …에 오신 것을 환영합니다

We welcome all of you to … 저희는 여러분 모두 …에 오신(참여
하신) 것을 환영합니다.

We welcome all of you. 모두들 환영합니다.

Welcome to the department meeting of GHI International.
GHI 인터내셔널의 부서 회의에 오신 것을 환영합니다.

2. 이미 안면이 있는 청중일 때

- -

* 회사나 부서 내부 발표나 잘 알고 있는 고객이나 협력사를 대상으
로 발표를 하는 상황이라면 조금 더 친근한 인사가 좋습니다.

How are you all? 안녕하세요?

How is it going? 잘 들 지내세요?

How is everyone doing here today? 모두 안녕들 하세요?

How are you doing today? 오늘 기분이 어떠세요?

How have you been? 잘 지내셨어요?

It's good to be here with you today. 오늘 여러분과 이 자리에 함께 하게 되어 기쁩니다.

I'm glad to be here with you today. 오늘 여러분과 이 자리에 함께 하게 되어 기쁩니다.

3. 청중이 고위간부, 귀빈이거나 전문가 집단인 경우

It's my/ a pleasure to present this presentation

이 프레젠테이션을 발표하게 되어 기쁩니다.

It's my/ a pleasure to be here today.

오늘 이 자리에 참석하게 되어 기쁩니다.

It's my/ an honor to be here with you.

여러분과 이 자리에 함께하게 되어 영광입니다.

It is an honor to meet the delegates from many different Asian countries here today.

오늘 이렇게 아시아 각국에서 오신 대표들을 만나 뵙게 되어 영광입니다.

How nice to be here with you all!

여러분 모두와 이 자리에 함께하게 되어 기쁩니다.

I'm glad to be able to speak in front of you today.

오늘 여러분 앞에서 말할 수 있게 되어 기쁩니다.

Before I begin, let me mention some important names that played a key role in this research.

먼저 시작하기 전에 이 연구에 큰 역할을 맡아 주신 분들을 언급해 드리고 싶습니다.

4. 청중의 참석에 감사하는 인사

Thank you for + 명사/ 동명사 …에 대해 감사합니다.

Thank you very much for taking time out of your busy schedule to be here.

바쁘신 와중에 시간 내어 참석해 주셔서 대단히 감사합니다.

Thank you for participating in this session today.

오늘 이 회의(세션)에 참석에 주셔서 감사드립니다.

Thank you for letting me talk here tonight.

오늘밤 저에게 발표할 기회를 주셔서 감사합니다.

Thank you for attending my presentation.

제 프레젠테이션에 참석해 주셔서 감사합니다.

Thank you for coming all the way to Seoul for this presentation.

서울까지 프레젠테이션을 들으러 오신 여러분께 감사드립니다.

Thank you very much for making the efforts to be here today.

이 자리에 올 수 있도록 수고해주신 여러분께 감사드립니다.

Thank you all for coming.

여러분 모두 와 주셔서 감사합니다.

I appreciate your attendance.

참석해 주셔서 감사합니다.

Let me welcome you to + 명사(행사명) ···에 오신 것을 환영합니다.

Let me once again welcome you to this very special annual event.

다시 한번 이 특별한 연례행사에 오신 것을 환영합니다.

5. 사회자에 대한 인사

* Thank you for + 명사 또는 동명사. ···해서 감사합니다.

Thank you for the great introduction, Mr. Smith.

그린씨, 소개를 멋지게 해 주셔서 감사합니다.

Thank you for the wonderful introduction, Doctor Edward Lee.

에드워드리 박사님, 훌륭한 소개를 해 주서서 감사합니다.

* hand over the stage to + 사람:

…에게 스테이지를 넘겨주다(다음 순서는 ~이다)

On that note, I will hand over the stage to Mr. Park, Junsik, who
will explain you about our training program.

그 말씀과 함께 저희 교육훈련 프로그램에 대해 설명을 해 주실 박
준식님께 마이크를 넘겨드리겠습니다.

Now, I will hand over the stage to the next speaker.

다음 연사에게 마이크를 넘겨드리겠습니다.

Chapter 3
주제에 따른 자기소개법

1. 자신을 소개하겠다고 말할 때

* 발표에 앞서 자신을 소개하겠다는 말을 한 다음에 이름을 말하고
자세한 직책을 소개하는 것이 좋습니다. 청중의 대부분이 발표자
를 알고 있는 경우, 다시 말해 같은 회사나 조직의 구성원들로 이
루어져 있다면 굳이 길게 자기소개를 할 필요 없이 이름과 부서
정도로 충분합니다.

Let me start by saying just a few words about myself.
간단히 제 소개를 하고 시작하죠.
Let me start off by briefly introducing myself first.
우선 간단히 제 소개를 하고 시작하겠습니다.

Let me introduce myself. 제 소개를 하죠.

I'd like to introduce myself. 제 소개를 하겠습니다.

For those of you who don't know me, let me introduce myself.

저를 모르는 분들도 계시니 잠시 제 소개를 해 드리지요.

2. 이미 본인을 알고 있는 청중 앞에서 자기소개 시작하기

As most of you already know me, I am Sandra Oh from the Marketing Department.

대다수의 여러분이 아시다시피 저는 마케팅부 산드라 오입니다.

As some of you already know, I'm Susan Kim of the Marketing Department.

이미 아시는 분들도 계시겠지만, 저는 마케팅부의 수잔 킴입니다.

Most of you should know me already, but in case you don't remember, I am James Kim.

다들 저를 벌써 아셔야 하는데 혹시 기억을 못하실 수 있으니 다시 말씀드리죠. 저는 제임스 킴입니다.

3. 이름과 부서, 혹은 소속기관, 직책을 말할 때

* 직책을 소개할 때는 본인의 직함과 함께 담당하고 있는 업무나 프로젝트, 소속 부서 등을 넣어 주세요.

I'm … 저는 …(이름)입니다

I'm … of ~ 저는 ~(부서)의 …입니다

I'm from/ with … 저는 …사 소속입니다

I'm a/ an … 저는 …(직책)입니다

I'm in charge of … 저는 …을 담당하고 있습니다

I'm responsible for … 저는 …을 담당하고 있습니다.

I'm working on … 저는 ~업무를 하고 있습니다.

I am representing … (회사 이름 또는 부서 이름) 저는 ~를 대표해서 나왔습니다.

I work for (회사 이름) … 회사에 근무합니다.

I work in (부서) … 부서에 근무합니다

I have been with (회사 이름) for (기간) 저는 …회사에 … 동안 일을 했습니다.

I'm Harry Park from Zinx Inc.
저는 Zinx 사의 해리 박입니다.
I'm a project manager.
저는 프로젝트 매니저입니다.

I'm an assistant professor in neurology. 저는 신경과 부교수입니다.

I'm a senior engineer. 저는 수석 엔지니어입니다.

I'm in charge of corporate finance.

저는 기업 재무를 담당하고 있습니다.

▶ corporate finance 기업 재무

I'm Susan Lim from the Planning Department. I'm currently working on planning business strategies.

저는 기획부의 수잔 림입니다. 저는 현재 비즈니스 전략 기획을 담당하고 있습니다.

I'm a new project manager in charge of running our new system.

저는 저희의 새로운 시스템 운영을 맡고 있는 새로 온 프로젝트 매니저입니다.

I'm responsible for corporate finance of our firm. 저희 회사의 자금을 담당하고 있습니다.

I am here representing OM.com. 저는 OM닷컴사를 대표하여 이 자리에 섰습니다.

I work for OM.com. 저는 오엠닷컴에서 근무합니다.

I work in the department of marketing promotion as a team leader. 저는 마케팅 프로모션 팀에서 팀장으로 근무하고 있습니다.

I have been with this company for five years. I've led three major projects so far and I would like to share them with you today.

이 회사에서 근무한 지 5년이 되었습니다. 저는 그간 3개의 주요 프로젝트를 진행하였으며, 오늘은 이에 대한 많은 내용을 여러분과 나누고자 합니다.

4. 기타 오프닝 멘트

It's good to be back here. 돌아와서 기쁩니다.

* 이전에 프레젠테이션을 했던 장소에서 다시 발표를 하게 된 상황에 적절

Yes, I'm back. 그래요. 제가 돌아왔습니다.

* 청중에게 인기가 많은 프리젠터만이 사용할 수 있는 멘트

Let's get the show on the road. 자, 시작해 보죠.

* 뭔가 청중에게 재미를 제공할 것 같은 뉘앙스의 표현

We will have a short weekly presentation. 간단히 주간 프레젠테이션을 하겠습니다.

* 내부적으로 규칙적으로 진행하는 업무상 프레젠테이션의 경우

TIP 짧은 시간에 상대를 사로잡는 엘리베이터 스피치

샘 혼(Sam Horn)이라는 비즈니스 커뮤니케이션 전문가가 있습니다. 그는 20여 년간 미국의 대기업 등에서 50만 명에게 강연을 해 왔습니다. 2004년에는 "뛰어난 강연자 상"을 받

기도 하였지요. 그는 "엘리베이터 스피치(Elevator Speech)"라는 책을 쓴 저자이기도 합니다.

Sam Horn은 엘리베이터 스피치를 이해해야 60초 안에 상대를 사로잡을 수 있다고 합니다. 엘리베이터 스피치는 할리우드 영화감독들 사이에서 비롯된 것이라고 합니다. 엘리베이터를 타고 내리기까지 약 30-60초 정도의 짧은 시간에 인상적인 설명을 통해 투자자의 마음을 사로잡을 수 있어야 한다는 것이지요. 즉 짧은 시간 내에 상대방의 관심을 끌고 의사결정을 유발할 수 없다면 비즈니스상의 설득은 물 건너간 것이라고 합니다.

이런 elevator speech는 프레젠테이션의 서론 부분에서 적극적으로 적용시킬 수 있습니다. 프레젠테이션의 서론부분에서 발표자가 발표자 본인과 발표 주제에 관해 좋은 인상을 주어야 남은 프레젠테이션의 부분에서도 의견 전달 및 설득을 수월하게 진행할 수 있지요.

지금부터라도 비즈니스상에서 여러분의 업무와 발표내용을 PR할 수 있는 elevator speech를 직접 만들어 연습하여 짧은 시간 안에 상대를 설득시킬 수 있는 훌륭한 비즈니스 협상가가 되시길 바랍니다.

Chapter 4
발표 주제

인사와 자기소개가 끝났다면 이제 본격적으로 프레젠테이션을 시작할 차례입니다. 이 부분에서 다루게 될 프레젠테이션의 주제와 목적, 그리고 본론에 대한 개요 설명을 할 때의 패턴들을 정리해 놓았어요.

1. 프레젠테이션 주제 소개하기

* 공식적인 자리에서 프레젠테이션 주제를 말할 때는 장황한 표현보다는 요점적이고 핵심적인 단어나 구로 본문 내용을 요약해 주는 것이 효과적입니다. 따라서 가급적 군더더기 표현을 빼고 간략하며 세련된 단어를 사용하세요.

The topic/ title/ subject of today's presentation is ⋯

오늘 프레젠테이션의 주제는 ⋯입니다.

What I'm going to talk about today is ⋯

제가 오늘 말씀드리고자 하는 것은 ⋯입니다.

The crux/ bottom line of this presentation is ⋯

이 프레젠테이션의 쟁점/ 결론은 ⋯입니다.

The topic of my talk is ⋯

제 발표의 주제는 ⋯입니다.

The topic of today's presentation is how to improve our efficiency.

오늘 프레젠테이션의 주제는 저희의 효율성을 어떻게 개선하느냐 입니다.

The title of today's presentation is the role of the IMF in international economic stability. 오늘 프레젠테이션의 주제는 국제 경제 안정에 있어서의 IMF의 역할입니다.

▶ stability 안정

The topic of my talk is fuel efficiency.

제 발표의 주제는 연비 효율성입니다.

▶ fuel efficiency 연비 효율성

The subject of my presentation is how to hire good talents.

오늘 프레젠테이션의 주제는 어떻게 좋은 인재를 채용하느냐 입니다.

What I'm going to talk about today is the politics of oil.

제가 오늘 말씀드리고자 하는 것은 석유 정치입니다.

The crux of this presentation is to inform you of our marketing strategies.

이 프레젠테이션의 쟁점은 저희의 마케팅 전략을 알려 드리는 것입니다.

The bottom line of this presentation is to emphasize the efficiency of our new business model.

이 프레젠테이션의 결론은 저희의 새로운 사업 모델의 효율성을 강조해 드리는 것입니다.

2. 대화하듯 자연스럽게 주제 소개하기 (캐주얼한 소개)

So what's the topic? 자, 그럼 주제가 무엇이냐고요?

I'm here to talk about … 저는 …에 관해 이야기하려고 이 자리에 나오게 됐습니다

I'm going to talk about … …에 관해 말씀드리겠습니다

I'd like to tell you today about … 오늘 …에 관해 말씀드리고 싶습니다.

So what's the topic? Organizational learning.

자, 그럼 주제가 무엇이냐고요? 바로 조직 학습입니다.

▶ organizational 조직의

I'm here to talk about the recent earthquake patterns.

저는 최근의 지진 패턴에 관해 이야기하려고 이 자리에 나오게 됐습니다.

I'm going to talk about our business objectives.

저희의 사업 목표에 관해 말씀드리겠습니다.

I'd like to tell you today about the implications our recent survey into potential cost savings.

오늘 저는 저희 회사의 최근 잠재적 비용 절감에 관한 최근 연구결과의 의미에 관해 말씀드리고 싶습니다.

I'd like to explain the latest technology in the semiconductor industry.

반도체 산업의 새로운 기술에 대해 설명드리고 싶습니다.

I'd like to brief you on the special features in our new product.

저희 신제품의 특별한 기능에 대해 요약해 드리고 싶습니다.

3. 소개한 주제를 어떻게 설명할 것인지 말할 때

I'm going to share some stories of ⋯ ⋯의 이야기를 나누도록 하겠습니다

Let me introduce ⋯ ⋯을 소개해 드리죠

I'm going to share some stories of our global talents.

저희 회사의 해외 인재들의 이야기를 나누도록 하겠습니다.

Let me introduce three missions of T-Get.

티겟사의 세 가지 미션을 소개해 드리죠.

▶ mission 임무, 미션, 계획

Chapter 5

발표 목적

프레젠테이션의 주제를 청중에게 요약해 주었다면 이제 이 프레젠테이션의 목적을 즉 왜 (why) 프레젠테이션을 하는지에 집중하여 설명하세요.

1. 발표 목적 설명하기

The purpose/ aim of this talk is … 이 발표의 목적은 …입니다.

This presentation is to … 이 프레젠테이션은 …하기 위한 것입니다.

We are here today to … 우리는 …하기 위해 오늘 이 자리에 나왔습니다.

I'd like to present you with … 여러분께 …을 발표해 드리고 싶습니다.

I hope this talk will provide you with …

이 발표가 여러분께 …을 제공해 드리길 바랍니다.

So what I'm pointing out here is …

여기서 제가 강조하고자 하는 것은 …입니다.

I would like to take this opportunity to discuss …

저는 이 자리를 빌려 …에 대해 토론하고 싶습니다.

The purpose of this talk is to discuss our business plans for this quarter.

이 발표의 목적은 이번 분기에 대한 저희 사업 계획을 토론하기 위해서입니다.

The aim of this presentation is to suggest some ways to raise our competitiveness.

이 발표의 목적은 우리의 경쟁력을 증가시킬 수 있는 몇 가지 방법을 제안하기 위해서입니다.

This presentation is to help you make a better investment choice.

이 프레젠테이션은 여러분이 더 나은 투자 선택을 하도록 돕기 위한 것입니다.

We are here today to go over our business strategies.

우리는 우리의 사업 전략을 검토하기 위해 오늘 이 자리에 나왔습니다.

▶ go over 검토하다

I'd like to present you with some interesting findings about our latest technology.

여러분께 저희 최신 기술에 대한 흥미로운 연구 결과를 발표해 드리고 싶습니다.

I hope this talk will provide you with some basic knowledge in NGO activities.

이 발표가 여러분께 NGO 활동에 대한 기본 지식을 제공해 드리길 바랍니다.

So what I'm pointing out here is that we need individual care for those children.

여기서 제가 강조하고자 하는 것은 이 아이들에 대한 개별적 관심이 필요하다는 것입니다.

I would like to take this opportunity to discuss the benefits of doing business with our company.

저는 오늘 이 자리를 빌어, 당사와 거래하실 때의 이점에 관해 말씀 드리고 싶습니다.

2. 청중이 얻어 갈 내용으로 목적 설명하기

You will learn about ⋯ today 여러분은 오늘 ⋯을 배워 가실 겁니다.

From this presentation, you will be able to understand

이 프레젠테이션을 통해 여러분은 …을 이해하실 수 있게 될 것입니다.

This is beneficial to … 이 발표는 …에 유익합니다.

You will take away tips on … 여러분은 …에 대한 정보를 얻으실 수 있습니다.

This presentation introduces you to … 본 프레젠테이션은 …에 대해 소개하고 있습니다.

You will learn about new perspectives on international politics today.

여러분은 오늘 국제 정치학에 관한 새로운 관점을 배워 가실 겁니다.

▶ perspective 관점

From this presentation, you will be able to understand the concept behind green technology.

이 프레젠테이션을 통해 여러분은 그린 기술을 뒷받침하는 개념을 이해하실 수 있게 될 것입니다.

▶ behind …을 뒷받침하는 green technology 그린 기술(재생 및 청정 에너지 자원을 포함하는 환경 친화적 자원 활용 기술)

This is beneficial to those who are considering a joint venture with Chinese companies.

이것은 중국회사와 합작을 고려하는 분들에게 도움이 될 것입니다.

You will take away tips on how to manage your teams more efficiently.

팀을 어떻게 더 효율적으로 관리할 수 있는지에 대한 정보를 얻으실 수 있습니다.

This presentation introduces you to effective coaching methods to be utilized in a team.

본 프레젠테이션은 여러분에게 팀에서 적용되는 효율적인 코칭 방법에 대해 소개하고 있습니다.

Chapter 6
청중의 호기심을 유발하는 Hook 표현법

1. 질문하기 (수사 의문문)

사람들은 자신들이 관심을 집중하고 있는 누군가가 육하원칙 (언제, 어디서, 누가, 무엇을, 어떻게, 왜)성의 질문을 던지면 반사적으로 그 대답을 추측해 보면서 내용에 관심을 갖게 됩니다.

How would you like to …? 여러분은 어떻게 …하시겠습니까?

How would you go about …? 여러분은 …를 어떻게 하시겠습니까?

How many of you here agree with me that …? 여러분 가운데 몇 분이나 …라는 것에 동의하십니까?

Did you know that …? …라는 사실을 알고 계셨습니까?

Do you know why …? 여러분은 왜 …인지 아세요?

What is the most important factor for …? …에 대한 가장 중요한

요소가 무엇일까요?

Then how do we define …? …을 어떻게 정의할까요?

Let us/ Let's think for a moment about … …에 관해 한번 생각해 봅시다.

Can you guess…? …을 추측하실 수 있겠습니까?

How would you like to satisfy our new customers?

여러분은 어떻게 신규고객을 만족시키겠습니까?

How would you go about promoting our new product?

여러분은 우리의 신제품을 어떻게 홍보하시겠습니까?

How many people here agree with me that incentives motivate employees?

여기 계신 여러분 가운데 몇 분이나 보상체계가 직원들을 동기 부여한다는 것에 동의하십니까?

Did you know that our sales last year were the highest they have been in 10 years?

저희의 작년 매출이 10년 만에 가장 높았다는 걸 아셨습니까?

Do you know why the Internet is a more effective advertising media than television?

인터넷이 텔레비전보다 효과가 더 큰 광고 매체인 이유를 알고 계십니까?

What is the most important factor for good companies to become great?

좋은 회사가 더 훌륭해지기 위한 가장 중요한 요소가 무엇일까요?

Then how do we define asset? 자산을 어떻게 정의해야 할까요?

Let us think for a moment about the time management.

시간관리에 관해 잠시 생각해 봅시다.

Let's think for a moment about how to manage teams more efficiently.

팀을 어떻게 더 효과적으로 관리할 수 있을지 잠시 생각해 봅시다.

Can you guess why our clients are never fully satisfied with our products?

고객이 우리 상품에 완전히 만족하지 않은 이유를 추측하실 수 있겠습니까?

Can you guess who founded Kempco?

켐코사를 누가 창립했는지 추측하실 수 있겠습니까?

2. 질문과 답하기

청중의 관심을 끌기 위해 관련 주제에 관한 질문을 한 후 답을 주는 것도 좋은 방법입니다.

That brings me to my next question, … 제 다음 질문으로 넘어가겠

습니다.

The answer is … 답은 …입니다.

The question is …? 질문은 …입니다.

The answer(key) to this question is … 이 질문의 답(열쇠)은 …입니다.

That brings me to my next question, then how can we break out of our safety zone and venture into the new? The answer really is within yourselves.

제 다음 질문으로 넘어가겠습니다. "그럼 저희는 어떻게 안전권에서 벗어나 새로운 영역으로 뛰어들 수 있을까요?" 진정한 정답은 여러분 내면에 있습니다.

The question is, what is the best way to motivate our employees?

제 질문은, 직원들을 동기부여하기 위한 가장 좋은 방법이 무엇인가입니다.

The answer to this question is to find out what makes employees feel happiness and peace in mind.

이 질문의 답은 직원들이 마음속에 행복과 평화를 느끼게 하는게 무엇인지를 찾는 것입니다.

The question is, can we learn leadership to become a better leader?

제 질문은, 저희가 더 나은 리더가 되기 위해 리더십을 배울 수 있는가입니다.

The key to this question is effective training program.

이 질문의 열쇠는 효과적인 훈련 프로그램에 있습니다.

3. 문제점 언급하기

인간은 '고통'에 반응한다고 합니다. 청중의 관심을 사기 위해 그들이 공감할 수 있는 문제점, 어려움, 고통 등을 설명하면서 서론을 시작해 보세요. 특히 스타트업들이 피칭 등에서 혁신적 제품이나, 아이디어를 소개할 때 효과적입니다.

Why … never …? 왜 …는 절대/ 완벽히 … 못 할까요?

What can we do to solve the problem of …? …의 문제를 어떻게 해결할까요?

What should we do to reduce …? …를 줄이기 위해 무엇을 해야 할까요?

We have the problem of … 우리는 …의 문제가 있습니다.

We are struggling to … 우리는 …하는 데 어려움을 겪고 있습니다.

So what problem out there are we trying to solve? 그럼 저희가 해결하고자 하는 문제는 무엇일까요?

But don't worry too much; we have a solution for you. 하지만, 걱정 마세요. 여러분을 위한 솔루션을 제안해 드립니다.

Why are our clients never fully satisfied with our products?

왜 고객들은 저희 상품에 완벽히 만족하지 못할까요?

What can we do to solve the problem of recycling?

재활용 문제를 해결하기 위해 우리가 할 수 있는 일이 무엇일까요?

What should we do to reduce pollution?

공해를 줄이기 위해 우리기 해야 할 일은 무엇일까요?

We have the problem of complacency. 저희는 안주하는 문제를 갖고 있지요.

We are struggling to make ends meet. 저희는 겨우 먹고살기 위해 어려움을 겪고 있습니다.

4. 경험담 묻기

청중의 경험, 추측을 통해 궁금증을 유발할 수 있습니다.

청중에게 질문을 던짐으로써 주제의 중요성과 청중의 경험을 연관 지을 수 있습니다. 서로 경험해 본, 혹은 경험해 봤을 만한 내용으로 질문을 던져 주제를 강조함과 동시에 청중의 궁금증을 유도해 보세요.

Have you ever been in a situation (where) ~ ? ~한 상황에 처해 본 경험이 있으십니까?

Have you ever wondered why ~ ? 왜 ~한지 생각해 보신 적 있으십니까?

Have you contemplated (=thought about) …? …을 생각해 보신 적 있으세요?

Have you ever experienced …? …을 경험해 보신 적 있으세요?

Have you ever been in a situation where you had to confront your boss?

상사와 대립해 본 경험이 있으십니까?

Have you ever wondered why customers go back to the same shop?

왜 고객들은 같은 상점을 계속 찾는지 생각해 보신 적 있으십니까?

Have you ever thought about the interests of our customers?

우리 고객들의 관심에 대해 생각해 보신 적 있으세요?

Have you ever experienced chronical pain? 고질적인 통증을 경험해 보신 적 있으세요?

I am sure you have all thought about potential risks or danger.

여러분 모두 잠재적 위기와 위험을 생각해 보셨으리라 확신합니다.

Have you ever experienced imminent financial risks in your business?

여러분 사업에 바로 닥쳐 올 재무 위기를 경험해 보셨나요?

Have you thought about what you can do about it?

그것을 어떻게 할 수 있을지 생각해 보셨나요?

5. 상상, 가정하기

* 주제에 관련하여 스토리텔링을 하면서 청중이 상상, 가정하게 하는 것도 관심을 끌기 위한 방법 중 하나입니다.

Imagine that (주어) + (동사) …를 상상해 보세요.
Suppose that (주어) + (동사) …라고 가정해 보세요.
What if (주어) + (동사)? 만약 …라면 어떻게 될까요?

Imagine that you are responsible for 1000 employees.
당신이 1000명의 직원들을 책임지고 있다고 상상해 보십시오.
Suppose that you are hired to be the next CFO of this company.
당신이 이 기업의 다음 CFO로 고용되었다고 가정해 보십시오.
What if you find that your competitor's products are the same as yours?
만일 귀사의 경쟁사 제품이 귀사 것과 똑같다면 어떻게 하시겠습니까?

Chapter 7
발표 개요 및 소개표현

발표내용의 구조를 소개할 때 본격적인 발표에 앞서 세 부분에서 네 부분으로 미리 나누어 핵심내용을 요약해 주는 것이 좋습니다.

1. 소주제 요약하여 소개하기

I've divided my presentation into three parts.

저는 제 프레젠테이션을 세 파트로 나누었습니다.

We will see the following three parts: Firstly, …. Secondly, …. And thirdly, … 우리는 다음의 세 파트를 살펴볼 것입니다. 첫 번째로, …. 두 번째로, …. 그리고 세 번째로, …입니다

I will talk about the following three aspects of ~: first, …, second,

…, and lastly, … 저는 ~의 다음과 같은 세 가지 요소에 대해 말씀드리겠습니다. 첫째, …, 둘째, …, 그리고 마지막으로, …입니다

There are three main things dealt with in my presentation: first, …, second, …, and lastly, …

제 프레젠테이션에서 다루게 될 세 가지 주요 사항은 다음과 같습니다. 첫째 …, 둘째 …, 그리고 마지막으로 …입니다

I have three important parts in my presentation as follows; …., …, and …

제 프레젠테이션에는 다음의 세 가지 중요 사항이 포함돼 있습니다. …, …, 그리고 …입니다

I'm going to tell you … things about this today

저는 오늘 이것에 대해 …가지를 말씀드리려고 합니다

* 청중에게 미리 몇 가지 사항으로 전달할지 알릴 때 활용

I'm going to tell you just our first few steps about …

저는 일단 …에 대해 몇 가지 단계만 말씀드리려고 합니다

* 주제를 몇 가지 단계로 나눠 다룰 것이라며 명확히 전달함으로써 비전문가인 청중의 이해를 도움

I have divided up my presentation into three parts: first, the background, second, the current situation, and lastly, the future implications.

제 프레젠테이션을 세 부분으로 나누었습니다. 첫째, 배경설명, 둘째, 현재상황, 그리고 마지막으로 향후 전망입니다.

We will see the following three parts: Firstly, how to renew our products. Secondly, how to distribute our products more effectively. And thirdly, how to compete in the market.

우리는 다음의 세 파트를 살펴볼 것입니다. 첫 번째로, 우리 상품을 새롭게 하는 방법. 두 번째로, 우리 상품을 보다 효율적으로 유통시키는 방법. 그리고 세 번째로, 시장에서의 경쟁 방법입니다.

▶ distribute 유통시키다, 배급하다 compete 경쟁하다

I will talk about the following three aspects of good presentation: first, the culture, second, the delivery skills, and lastly, the speech skills.

저는 훌륭한 프레젠테이션의 다음과 같은 세 가지 요소에 대해 말씀드리겠습니다. 첫째, 문화, 둘째, 전달 기술, 그리고 마지막으로, 스피치 기술입니다.

There are three main things dealt with in my presentation: first, survey results, second, evaluation, and lastly, action plans.

제 프레젠테이션에서 다루게 될 세 가지 주요 사항은 다음과 같습니다. 첫째, 설문조사 결과, 둘째, 평가, 그리고 마지막으로, 조치 방안입니다.

▶ evaluation 평가

I have three important parts in my presentation as follows: brand loyalty, brand image, and pricing.
제 프레젠테이션에는 다음의 세 가지 중요 사항이 포함돼 있습니다. 브랜드 충성도, 브랜드 이미지, 그리고 가격 책정입니다.

▶ pricing 가격 책정

I'm going to tell you three things about this today.
저는 오늘 이것에 대해 세 가지를 말씀드리려고 합니다.

I'm going to tell you just our first few steps about debugging.
저는 일단 디버깅에 대해 몇 가지 단계만 말씀드리려고 합니다.

▶ debugging 디버깅(프로그램의 오류 부분을 찾아내어 이를 수정하는 일)

2. 소주제를 길게 풀어 설명할 때

핵심 단어나 제목 요약만으로는 감 잡기가 힘든 내용인 경우엔 아래 패턴을 활용해 각 파트에서 다루게 될 주요 사항을 짧게 한 문장씩 요약해 설명하면 좋습니다.

To begin/ First/ Firstly, I will … 먼저, …하겠습니다

First, I'll talk about … 먼저, …에 대해 말씀드리겠습니다

After that, I'd like to … 그 후, …해 드리겠습니다

After this, I'll talk about … 그리고 난 후, …에 대해 말씀드리겠습니다

Then I'll move on to discuss …

그다음으로, …에 대한 이야기로 넘어가겠습니다

Finally/ Lastly, I'll talk about … 마지막으로, …에 대해 말씀드리겠습니다

And finally, I'll finish with … 그리고 마지막으로, …을 말씀드리며 마치겠습니다

To begin, I will show you the latest findings of this study.
먼저, 이 연구의 최근 조사 결과를 알려 드리겠습니다.
First, I'll talk about our scenario.

먼저, 저희의 시나리오에 대해 말씀드리겠습니다.

After that, I'd like to present our views on this issue.

그 후, 이 문제에 관한 저희 의견을 발표해 드리겠습니다.

After this, I'll talk about our five-year plan.

그리고 난 후, 저희 5개년 계획에 대해 말씀드리겠습니다.

Then I'll move on to discuss how to make our plans feasible.

그다음으로, 저희 계획을 실천 가능하게 하는 방법에 대한 이야기로 넘어가겠습니다.

Finally, I'll talk about our restructuring plan.

마지막으로, 저희의 구조 조정 계획에 대해 말씀드리겠습니다.

▶ restructuring 구조 조정

And finally, I'll finish with our suggestions.

그리고 마지막으로, 저희 제안을 말씀드리며 마치겠습니다.

Chapter 8

공지사항 알리기

1. 프레젠테이션 소요 시간 알리기

* 본격적인 설명에 들어가기 앞서 프레젠테이션의 소요시간을 미리
알려 주는 것이 좋습니다.

This(My) presentation will take about …
이(제) 프레젠테이션은 약 … 정도 걸릴 것입니다.
I shall only take … minutes of your time …분이면 끝납니다.
I plan to take (시간) of your time. 발표는 10분 정도 소요됩니다.
I plan to be brief. 간단히 하겠습니다.

This presentation will take about 30 minutes.

이 프레젠테이션은 약 30분 정도 걸릴 것입니다.

My presentation will take only 20 minutes of your time.

제 프레젠테이션은 20분이면 끝납니다.

I shall only take 10 minutes of your time.

10분이면 끝납니다.

I plan to take only ten minutes of your time.

발표는 10분 정도 소요됩니다.

It will take about 30 minutes of your time.

30분 정도 소요될 것입니다.

This talk will be for the next 30 minutes.

이 발표는 다음 30분간 진행됩니다.

2. 질의응답 안내하기

* 진행과 관련된 공지사항을 전달합니다. 프레젠테이션의 끝 부분에 질의응답과 토의 시간을 따로 배정해 놓은 경우 미리 고지해 주세요.

• 프레젠테이션 도중에 질문 받을 때

시간 제한이 없는 미팅, 회의식 발표, 강연식 발표의 경우 프레젠테이션 도중 자유롭게 질문을 받으면서 진행하는 것도 좋습니다.

Please feel free to interrupt me if you have any questions.

질문 있으시면 언제든 말씀해 주세요.

Please feel free to ask questions as we go along.

프레젠테이션 도중에 질문 있으시면 언제든 하세요.

Please don't hesitate to stop me, if you have a question.

질문 있으시면 언제든 주저 마시고 말씀해 주세요.

If at any point of the presentation should you have a question, do not hesitate to stop me.

프레젠테이션 도중에 질문이 있으시면 주저 마시고 질문 주세요.

• 프레젠테이션 종료 후에 질문 받을 때

시간 제한이 있는 발표, 모든 내용이 시간내 잘 정리된 발표의 경우 프레젠테이션 중간에 질문을 받으면 제 시간에 끝나지 못하거나, 순서가 뒤죽박죽 될 수 있으니, 종료 후 따로 질의응답 시간을 갖도록 하세요.

I will take questions after the presentation.

질문은 프레젠테이션이 끝난 후에 받겠습니다.

After my presentation, there will be a question-and-answer period.

프레젠테이션이 끝난 후에 질의응답 시간이 있겠습니다.

After my presentation, there will be time for questions, which will last 10 minutes.

프레젠테이션이 끝난 후에 10분 동안 질문 받는 시간을 갖겠습니다.

After my presentation, there will be time for a discussion and any questions that you may have.

제 프레젠테이션 후에 토론과 질문 시간을 갖도록 하겠습니다.

I'd be glad to answer any questions at the end of my presentation.

프레젠테이션이 끝난 후에 어떤 질문이라도 기꺼이 받겠습니다.

We have ten minutes allotted for questions following the presentation.

발표 후에 10분 정도 질의응답을 진행하겠습니다.

There will be time for questions which will last 10 minutes after the presentation.

프레젠테이션 후에 10분 동안 질문 받는 시간을 갖겠습니다.

3. 기타 공지 사항 알리기

We will take a short break before/ after …

… 전/ 후에 짧은 휴식 시간을 갖겠습니다

We will take a short break afterwards, followed by …

짧은 휴식을 가진 후 …가 있겠습니다.

There will be … …가 있겠습니다

… will be provided …가 제공될 것입니다

Then, I will now distribute …

그럼, …을 나누어 드리겠습니다.

This information packet contains …

이 책자는 …가 포함되어 있습니다.

We will take a short break before the second session begins.

두 번째 세션이 시작되기 전에 짧은 휴식 시간을 갖겠습니다.

We will take a short break 30 minutes after the presentation.

프레젠테이션 30분 후에 짧은 휴식 시간을 갖겠습니다.

We'll take a short break afterwards, followed by another short presentation by Mr. Lee, the team leader of Knowledge Management Team.

짧은 휴식을 가진 후, 지식 관리 팀의 리더이신 이팀장님의 간략한 프리젠테이션이 있겠습니다.

There will be a short discussion after the talk.

발표가 끝나고 짧은 토론이 있겠습니다.

There will be several panels after this presentation.

이 프레젠테이션이 끝난 후 패널 발표가 몇 개 있겠습니다.

Refreshments will be provided for you during the break.

휴식 시간에 다과가 제공될 것입니다.

▶ refreshment 간식거리, 다과

Lunch will be provided after the presentation.

프레젠테이션이 끝난 후 오찬이 제공될 것입니다.

Then, I will now distribute some information sheets.

그럼, 이제 자료물을 나누어 드리겠습니다.

This information packet contains additional data and information so that you may have a better understanding of the situation.

이 책자는 여러분이 이 상황에 대해 더 이해하실 수 있도록 추가적인 수치와 정보가 포함되어 있습니다.

So without further ado, let's 동사. 자 그럼 지체 말고 …합시다.

* 본론으로 들어감을 알리는 표현을 해 줍니다. 상품 시연을 하기 전에 자연스럽게 연결해 주는 표현입니다.

So without further ado, we will show you some revolutionary features of our products.

더 이상 지체 말고 저희는 저희 상품의 혁명적인 구성을 보여 드릴 겁니다.

So without further ado, let us see the greatest thing since the sliced bread!

더 이상 지체 말고 이 대단한 상품을 봅시다!

▶ best thing since sliced bread 기가 막히게 좋은 것

발표자의 60% 이상이 자신이 예상한 시간보다 더 길게 발표를 한다고 합니다. 준비할 때는 몰랐는데 막상 실제 발표를 진행하다 보면 시간이 부족한 경우가 많다고들 해요. 이건 준비 과정에서부터 청중을 배려하지 않은 겁니다. 본인의 발표가 정확히 어느 정도 시간이 걸리는지를 준비 단계부터 미리 측정해 가급적 청중들이 지치지 않는 20~30분 내외로 준비하여 그 시간 안에 발표를 마치는 것이 청중에 대한 예의이죠. 나의 시간만큼이나 청중의 시간도 소중한 것이니까요. 따라서 시간 제한이 있는 경우가 아니라면 개요 설명을 마치고 본격적인 설명에 들어가기 앞서 프레젠테이션의 소요 시간을 알려 주세요. 언제쯤 끝나는지 알아야 청중도 편안한 마음으로 발표 내용에 좀 더 집중할 수 있습니다.

또 기타 공지 사항도 이때 함께 알려 주세요. 질문을 발표 중간 중간에 받을 것인지, 아님 발표가 다 끝난 후 질의응답 시간을 별도로 가질 것인지에 대해서도 미리 알려 주는 것이 좋습니다.

그리고 여러 세션으로 이어진 장시간의 긴 프레젠테이션이어서 중간에 쉬는 시간이나 간단한 다과 시간 등이 있을 경우 그것에 대한 언급도 잊지 마세요.

• 사례별 서론

　일반적인 기업의 내부 보고식 프레젠테이션이나 논문 발표, 결과 보고, 이론 및 학술을 설명하는 프레젠테이션의 경우에는 청중이 보수적인 성향을 띠기 마련입니다. 따라서 앞서 배운 3·3·3 법칙에 입각하여 선동적이거나 개인적인 멘트, 또는 유머러스한 접근을 자제한 사실 전달형 서론 구조를 활용하는 것이 바람직합니다.

　이런 사실과 정보를 요구하는 자리에서는 아이디어가 넘치는 유형의 프리젠터보다는 다소 지루하게 느껴지긴 하지만 정보 중심적인 프리젠터가 더 신뢰감을 줄 수 있습니다. 재미보다는 정보나 사실을 알기 위해 모인 자리이다 보니 청중은 발표자의 쇼맨쉽보다는 그가 전달하고자 하는 내용의 신빙성과 정보력에 관심을 보이기 때문이죠.

　반면에 영업 발표, 스타트업 피칭 등에서는 조금 더 감정에 호소하듯 쇼맨쉽을 보이며 청중의 관심과 호기심을 고조시키는 서론이 적절합니다. 또한 시간 제한이 있는 피칭 형식의 발표에서는 장황한 자기소개, 인사 등은 피하고 청중의 관심을 살 수 있는 키포인트로 바로 넘어갑니다.

1. 부서, 회사 내부에서의 보편적인 회의 및 발표 서론

　발표자의 회사에서 실시한 시장 조사의 최근 동향에 대해 설명하는 프레젠테이션의 서론 부분입니다.

업무 관련 사항으로 자기소개를 함으로써 신뢰감을 더해 주고 있죠.

〈**오프닝 멘트**〉 Thank you for coming. Let me start off by briefly introducing who I'm first. I'm Seungchul Kim of the Marketing Department at IBT Korea. I've been working in the field of market research for the last 10 years.

〈**주제 소개**〉 The topic of today's presentation is recent trends in market research.

〈**목적 제시**〉 I hope this talk will be helpful in clarifying some market research tools we can adopt.

〈**본론 개요**〉 I will talk about the following three aspects of recent market research trends: first, corporate profiling; second, data collection tools; and last, marketing statistics.

〈**공지 사항**〉 Feel free to interrupt me, if you have any questions. I plan to be brief.

와 주셔서 감사합니다. 먼저 간단히 제 소개를 해 드리며 시작하죠. 저는 IBT 코리아 마케팅부의 김성철입니다. 지난 10년간 시장 조사 분야에서 일해 왔습니다. 오늘 프레젠테이션의 주제는 시장 조사의 최근 동향입니다. 본 프레젠테이션이 우리가 채택할 수 있는 시장 조사 도구를 확실하게 하는 데 도움이 되길 바랍니다. 저는 최근 시장 조사 동향의 다음과 같은 세 가지 요소에 대해 말씀드리겠습니다. 첫째, 기업 프로파일링, 둘째, 자료 수집 도구, 그리고 마지막으로, 마케팅 통계입니다. 질문이 있으시면 주저 말고 해 주세요. 발표는 간단히 하겠습니다.

clarify 확실하게 하다
adopt 채택하다
corporate profiling 기업 프로파일링
statistics 통계, 통계학

2. 컨퍼런스, 회의, 외부 발표

외부 발표에서는 조금 더 공식적인 표현과 발표 구조로 발표의 키 포인트를 서론에서 소개해 줍니다.

필요한 경우, 발표 이 후의 일정이나, 공지사항을 서론에 소개하기도 합니다.

〈오프닝 멘트〉 Ladies and gentlemen. It's an honor to have the opportunity of addressing such a distinguished audience. My name is Gordon Campbell, the new Finance Manager at Tricose Inc.

〈주제 소개〉 I'd like to tell you today about the implications our recent survey into potential cost savings. 〈목적 제시〉 My aim is to update you on recent findings and draw some tentative conclusions.

〈본론 개요〉 I've divided up my presentation into three parts: firstly, we will look at the level of savings which we need to make; secondly, we will look at some options open to us; and finally, I'll be presenting my recommended course of action.

〈공지 사항〉 I plan to take only ten minutes of your time. We have ten minutes allotted for questions following the presentation.

신사 숙녀 여러분 이런 귀한 청중 앞에서 발표를 하는 기회를 갖게 되어 영광입니다. 저는 트리코즈사의 새로 온 재무부 부장, 고든 캠밸입니다.

오늘 저는 저희 회사의 최근 잠재적 비용 절감에 관한 최근 연구결과의 의미에 관해 말씀드리고 싶습니다. 발표의 목적은 최근의 연구결과에 관해 업데이트시켜 드리고 잠정적 결과를 전달해 드리는 것입니다.

제 발표를 세 부분으로 나누었습니다. 먼저 저희가 도달해야 할 비용절감 정도를 살펴보겠습니다. 두 번째로 저희가 선택할 수 있는 옵션에 대해 살펴보도록 하지요. 마지막으로 제가 추천해 드리는 실행방법에 대해 발표해드리겠습니다. 발표는 10분 정도 소요됩니다. 발표 후에 10분 정도 질의응답을 진행하겠습니다.

distinguished 뛰어난, 구분되는

audience 청중

implication 의미, 뜻

potential 가능성의, 잠재적의

cost savings 비용절감

update A on B A에게 B에 관한 업데이트를 해주다

draw conclusion 결론을 맺다

tentative 임시로, 시험삼아, 잠정적으로

course of action 실행방법, 행동방향

allot 부여하다, 할당하다

3. 학술, 학회 발표의 서론

학술, 학회 발표의 서론은 보편적으로 그 분야 전문가들을 대상으로 진행하기에 학술발표 형식에 맞도록 준비하는 것이 좋습니다. 경우에 따라 주최자나 함께 연구한 팀 등을 소개하거나, 주최측이나, 좌장에게 감사인사를 하거나, 연구의 배경을 알리는 내용을 서론에 넣기도 합니다.

〈오프닝 멘트〉 Hello, all. Thank you for attending my session. My name is Jin-ha Lee. I am a research professor in the Pediatric Psychiatry Department at the Seoul National University Hospital.

〈주제 소개〉 Today, I would like to present my recent research published in the Journal of Psychiatry, "a demographic study of depression among young adults in South Korea from 2015-2020." Before I begin, let me mention some important names that played a key role in this research.

〈감사전달〉 First, a big thanks to Dr. Ha-sung Kim, corresponding author of this research and my academic advisor, who provided great support for this research. And a special thanks to our sponsors for hosting this conference. Okay, let's get the show on the road.

〈목적 및 개요 제시〉 The bottom line of today's presentation is to outline the research background and results and then to explore various methods for overcoming the problems of depression among young adults in South Korea.

안녕하세요 여러분. 제 세션에 참여해 주셔서 감사합니다. 제 이름은 이진하입니다. 저는 서울대학교병원의 소아정신병동에서 연구교수로 재직하고 있습니다.

오늘 저는 정신의학저널에 실린 제 최근의 연구인, "한국 청소년의 우울증에 관한 인구통계학적 연구 2015-2020"에 관해 발표하고자 합니다. 시작하기 전에 이 연구에서 중요한 역할을 해 주신 몇 분들을 언급해 드리고 싶습니다.

먼저 이 연구의 교신저자이자, 제 연구교수님인 김하성 박사님께 큰 감사를 드립니다. 또한 이 컨퍼런스를 주최해 주신 스폰서에게 큰 감사를 드립니다. 자 그럼 시작해 봅시다.

오늘 프레젠테이션의 핵심은 연구의 배경과 결과를 정리해 드린 후 한국의 청소년 우울증 문제를 극복하기 위한 몇 가지 방법을 탐험하기 위함입니다.

research professor 연구 교수

pediatric 소아의

psychiatry 정신과, 정신학

demographic 인구통계학적인

depression 우울증

young adult 청소년

corresponding author 교신저자

explore 탐험하다

overcome 해결하다, 극복하다

4. 청중의 관심과 호기심을 이끌어 가며 진행하는 서론

시간 제한이 있는 피칭, 발표자보다는 주제, 제품이 강조되어야 하는 발표 자리에서는 서론에서 길게 주제와 발표자를 소개하기 보다는 청중의 관심을 환기하기 위해 주제와 관련된 핵심 아이디어를 강조하거나, 감정에 호소하는 서론이 적절합니다.

〈**질문하기**〉 Let us think for a moment about a really good advertising campaign. How many of you here agree with me that advertising means a good public relation? 〈**답하기**〉A recent survey result proves that the most important thing in advertising is to be able to gain the consumer's attention. Very self-explanatory. 〈**경험 묻기**〉 Then how would you go about getting their attention when there's so much competition out there? Obviously, campaigns have to cut through all the competition and the competitive clutter. 〈**질 문하기**〉 How? 〈**답하기**〉The key to this question is to be able to involve the target audience. This is generally the answer to a good advertising campaign. 〈**목적 제시**〉 I believe that today's presentation will be of great value to those in need of strategies to win over the audience attention in advertising campaigns.

광장히 뛰어난 광고 캠페인에 관해 한번 생각해 봅시다. 여기 계신 여러분 중에 몇 분이나 광고가 정말 의미하는 것은 뛰어난 홍보라는 것에 동의하십니까? 광고에서 가장 중요한 사항은 소비자의 관심을 받는 것이라는 것을 최근 설문 조사의 결과가 증명하지요. 설명이 없어도 명백한 사항입니다. 그렇다면 경쟁력이 정말 치열한 시장에서 소비자의 관심을 끌려면 어떻게 해야 할까요? 물론 캠페인이 경쟁과 경쟁의 혼란스러움을 헤치고 나가야죠. 어떻게 해야 할까요? 이 질문의 열쇠는 목표대상을 포함할 수 있느냐에 있지요. 이것이 바로 효과적인 광고캠페인의 정답입니다. 오늘 프레젠테이션이 광고캠페인에서 청중의 관심을 자기편으로 끌어들이는 전략이 필요한 사람들에게 큰 도움이 될 것이라 믿습니다.

advertising campaign 광고캠페인

public relation 홍보

gain 얻다

consumer 소비자

attention 관심

self-explanatory 설명이 필요 없이 명백한

cut through 헤쳐 나가다

competition 경쟁

clutter 혼란, 혼란스러움

key to ~ ~로 가는 길, 열쇠, 정답

involve 수반하다, 포함하다

target audience 목표대상

be of great value 중요한 가치가 되다

strategy 전략

win over 자기편을 끌어들이다, 이기다

5. 시간 제약이 있는 피칭 (스타트업)

피칭처럼 3분, 5분 내외 발표에서 자기소개 서론만 1분을 소요할 시간적 여유가 없습니다.

이름과 회사, 제품명 정도만 간단하게 소개한 후 관련 제품에 관해 청중이 관심을 살 만한 질문, 문제 제기 등으로 서론을 시작하세요.

〈오프닝 멘트〉 Hello, everyone!

I am Juha Hong from Apperfect, a mobile app security solution creator.

〈문제 설정〉 So what problem out there are we trying to solve?

I am sure you all have several or dozen apps downloaded on your phone.

Whether you want to believe it or not, most of apps that you're using are in danger.

An unprotected app is like a naked person in a jungle exposed to countless unknown threats!

〈해결책〉 But don't worry too much; we have a solution for you.

〈제품, 회사소개〉 Apperfect's cutting-edge mobile app security solution will protect your apps against malicious hackers.

안녕하세요 여러분!

저는 앱퍼펙트의 홍주하입니다. 앱퍼펙트는 모바일앱 보안솔루션 제작사입니다.

그럼 저희가 해결하고자 하는 문제는 무엇일까요?

여러분 모두 핸드폰에 몇 개 혹은 수십 개의 앱이 다운로드 돼 있을 거라 확신합니다.

믿고 싶거나 말거나, 여러분이 사용하는 대다수의 앱은 지금 위험에 처해 있습니다.

무방비의 앱은 정글의 셀 수 없는 알지 못하는 위협에 처해있는 나체의 인간과도 같습니다!

하지만, 걱정 마세요. 여러분을 위한 솔루션을 제안해 드립니다.

앱퍼펙트의 최첨단 모바일앱 보안 솔루션은 악성 해커로부터 당신의 앱을 지켜 드립니다.

security solution 보안 솔루션

dozen 십수 개

naked 나체의, 무방비의

unprotected 무방비의

expose 노출하다, 처해 있다

cutting-edge 최첨단의

malicious 악성의

Chapter 9
청중을 몰입시키는 본론 만들기

프레젠테이션의 본론은 서론에서 미리 알려 준 핵심 내용을 구체적이고 논리적으로 설명하는 부분입니다. 따라서 발표 내용이 자칫 산만해지게 되면 청중은 금세 흥미를 잃고 외면하게 됩니다. 서론에서 이끌어 낸 청중의 관심이 계속 이어질 수 있도록 정리하는 방법을 잘 익혀 두세요.

본론은 서론에서 제시한 주제와 관련된 세부 내용이 담기는, 프레젠테이션의 가장 중심이 되는 부분입니다. 서론에서 청중의 관심과 흥미를 이끌어 냈다면, 이제부터는 본격적으로 자신이 말하고자 하는 본론으로 이야기를 발전시켜 나가야 하죠. 이때 항상 '내가 말하려고 하는 것이 무엇인지'를 염두에두며 말하는 습관을 길러야 합니다. 파워포인트를 준비하는 단계부터 청중이 집중할 수 있도록 내용을 전개해야 해요. 그냥 준비된 내용을 읽는 것이 아니라 구조화된 내용을 펼쳐 소개하는 겁니다.

앞서 3·3·3 법칙에서 본론은 크게 세 가지 내용으로 나누며, 각각의 내용 역시 소주제문 소개, 소주제문에 대한 부연 설명, 소주제문 요약·마무리의 세 가지 요소로 구성한다고 했습니다. 즉 본론 자체도 소규모의 서론, 본론, 결론이 반복되는 셈이죠.

1. 소주제문 소개하기

세 덩어리로 나눈 본론의 각 주제에 대해 전반적인 이해를 돕는 시작 문장이 필요한데요. 그게 바로 소주제문입니다. 각 이야기에서 전하려고 하는 핵심 내용을 한두 문장으로 요약해 언급해 주세요. 소주제문은 우선적으로 언급하고자 하는 내용을 핵심 단어를 사용하여 소개하거나, 사실이나 의견을 전달하는 것으로 시작할 수 있습니다.

So the first part is on the current status. 첫 번째 파트는 현황에 관한 것입니다.

The second thing I'm going to mention is new features of LogiTech. 제가 언급할 두 번째 사항은 로지테크의 새로운 기능입니다.

2. 소주제문에 대한 부연 설명하기

앞서 언급한 주제문, 또는 주장하는 바에 대해 뒷받침해 줄 수 있는 증거자료나 세부 설명, 통계자료, 예시 등을 제시하여 청중이 발표자의 이야기를 믿고 받아들이도록 설득하는 부분입니다. 반박할 수 없는 근거를 보여 주는 거죠.

To support my argument, let me show you this slide.
제 주장을 뒷받침하기 위해 이 슬라이드를 보여 드리죠.
If you look at this, I'm sure you know what I'm saying.
이걸 보시면 제 말을 이해하실 겁니다.

3. 소주제문 요약 · 마무리하기

지금까지 언급한 내용을 요약 · 마무리해 주는 부분입니다. 부연 설명을 마치고 아무런 정리 없이 곧바로 다음 주제로 넘어가 버리면 청중은 혼란스러워해요. 이미 말한 내용이더라도 듣고 있는 입장에서는 잊어버리기 쉽기 때문에 반드시 한 번 더 정리해 주고 나서 다음 이야기로 넘어가야 합니다.

So to recap my points, this is a revolutionary product.
제 포인트를 요약하자면, 이건 정말 획기적인 상품입니다.

We are ready to continue to enhance this system further.

저희는 이 시스템을 지속적으로 더욱더 강화할 준비가 되어 있습니다.

자, 그럼 이제 이렇게 세 가지 요소로 진행되는 본론의 내용을 어떻게 전개해 나가면 좋을까요? 그냥 자기 식대로 구구절절 장황하게 풀어 나가 버리면 그만큼 전달력과 이해력이 떨어지기 때문에 적절한 전개 기법을 활용해야 합니다. 지금부터 효과적인 본론 전개에 있어 필요한 몇 가지 기법들에 대해 살펴보도록 하죠.

4. 효과적인 본론 전개 기법

① 논리적 기법

서론에서 본론의 개요를 설명할 때와 마찬가지로 본격적인 본론 내용을 펼칠 때도 내용과 내용 사이를 자연스럽게 연결시키면서 순서대로 설명해 나가야 청중이 프리젠터의 이야기에 집중할 수 있습니다. '…로 시작해 보죠', '우선 첫 번째로 드리고 싶은 말씀은 …', '두 번째 사항으로 넘어가죠' 등과 같은 안내 멘트로 청중의 집중력이 흩뜨려지지 않도록 해 주세요.

Let me move on to my second point on culture.

문화에 관한 제 두 번째 포인트로 넘어가겠습니다.

This leads us to my next point on networking events.

이제 네트워킹 이벤트에 관한 제 다음 포인트를 말씀드리죠.

② 시간순 기법

발표 내용의 성격상 시간순에 따라 단계적으로 이야기를 해 나가는 것이 효과적인 경우가 있습니다. 예컨대 과거에 있었던 상황부터 시작해서 현재의 상황, 그리고 향후 목표 등을 제시하는 구조에서 그렇죠. 이때 주의해서 잘 활용해야 하는 도구가 하나 있는데요. 바로 시제입니다. 적절한 시제 사용 하나만으로도 과거에 벌어진 어떤 일이나 현재 상황, 또는 미래의 계획 등을 제대로 전달할 수 있어요. 또 어떤 행위나 일, 상황에 관한 묘사를 다이내믹하게 해 주기도 하죠.

Last year, we hosted five seminars in Seoul.
작년에 저희는 서울에서 다섯 번의 세미나를 열었습니다.
We have been developing new marketing plans.
저희는 새로운 마케팅 계획을 세워 왔습니다.
We are working on our next product.
저희의 다음 상품을 제작 중에 있습니다.

③ 강조 & 최소화 기법

청중을 설득해야 하는 연설이나 프레젠테이션에서는 영어의 강약 조절이 필수입니다. 대부분의 청중은 발표자의 이야기를 수동적으로 받아들이기 때문에 말하는 내용에 무게 차이를 두지 않으면 발표의 모든 내용을 그냥 평면적으로 받아들이기 마련이죠. 따라서 부각시켜야 할 부분은 강조하고 내용면에서 강조되지 말아야 할 부분은 최소화해 주어야 효과적인 내용 전달이 가능해집니다.

강조 기법은 본론 내용에서 중요한 부분을 전달하거나 청중의 생각을 바꾸게 할 만한 내용을 언급할 때 사용할 수 있습니다. 또한 강조 기법을 통해 프리젠터는 발표자로서의 권위와 전문성을 보여 줄 수 있습니다. 단순히 준비한 내용을 읽거나 전달하는 것에 그치는 것이 아니라 발표 분야의 전문가로서 청중에게 내용을 이해시키고 중요한 사항을 다시 한번 짚어 주는 것이 되죠.

아래는 훌륭한 매니저가 되는 방법을 강조하는 본론 부분인데요. 무엇이 문제일까요?

I really think that good managers must be participative. They must make sure they consult and discuss.

훌륭한 매니저는 참여도가 높아야만 한다고 정말 생각합니다. 그들은 조언을 구하고 의논해야 하는 것을 잊지 말아야 합니다.

강조 기법을 쓴 것까지는 좋았는데 개인적인 견해를 보이는 '감정적인' 강조 표현을 사용했네요. 강조 기법을 사용할 땐 I really think …나 must 같은 감정적이거나 너무 강경한 표현은 가급적 사용하지 않도록 주의해야 합니다. 자칫 자기 주장이 강하고 아집이 있는 감정적인 사람으로 오해를 살 수 있으니까요.

한편, 최소화 기법은 강조되면 자신에게 불리한 내용이나 추측한 사실을 알릴 때 효과적입니다. 언급은 해야 하나 청중이 너무 깊게 생각하지 않았으면 하는 내용은 '…일지도 모릅니다(would/ might/ …)', '아마도(perhaps/ maybe/ …)' 등과 같은 추측성 발언으로 최소화하여 전달할 수 있어요.

강조 기법	최소화 기법
· 중요한 부분을 전달할 때 · 청중의 생각을 바꾸게 할 만한 내용을 언급할 때 · 놀랄 만한 자료나 수치를 제공할 때	· 강조되어서는 본인에게 불리한 내용일 때 · 추측한 것이라 정확한 사실이 아닌 내용일 때 · 확실하지 않은 사항을 언급할 때

④ 비교 & 대조 기법

비교와 대조는 프레젠테이션 본론에서 설명과 이해를 돕는 유용한 도구 중 하나입니다. 예컨대 상품 소개를 할 때 이전 모델이나 타 회사의 상품과 비교함으로써 보다 효과적으로 그 상품에 대해 홍보할 수 있죠.

비교 기법은 두 개 이상의 상품이나 서비스를 세부적인 비슷한 범주를 기준으로 비교 분석할 때, 대조 기법은 어떤 서비스가 다른 상품들보다 월등할 때, 즉 뭔가 다르고 새로운 것을 부각시켜 소개할 때 효과적입니다. 둘 다 발표를 통해 선보이게 될 새로운 것을 돋보이게 만드는 것이 가장 큰 목적이죠. 상품뿐만 아니라 새로운 전략이나 아이디어 등을 소개할 때도 매우 효과적입니다.

아래는 상품 소개 프레젠테이션의 일부인데요. 무엇이 문제일까요?

Our previous model did not consider consumers of all kinds. It was kind of a consumer-unfriendly product. Our new model is a lot better. It is an improved version. More consumers in a wider range would be interested in it.

우리의 이전 모델은 모든 부류의 고객을 고려하지 않았습니다. 고객친화적 상품이 아니었죠. 하지만 새로운 모델은 훨씬 좋아졌습니다. 개선된 버전이죠. 따라서 보다 폭넓은 층의 고객들이 이 상품에 관심을 보일 것입니다.

회사의 이전 모델과 신상품을 비교하고 있는데, 신상품을 더 좋게 보이고자 이전 모델을 비난하고 있습니다. 이런 식의 '제 살 깎아 먹기' 비교 기법은 좋지 않아요. 신상품을 돋보이게 하려고 이전 모델을 마치 실패작처럼 깎아내린다면 고객들은 지금 소개하는 상품 역시 신뢰할 수 없게 됩니다. 따라서 이전 모델보다 더 나아진 성능이나 새롭게 업그레이드된 점만을 강조하는 정도가 효과적입니다. 또 명확한 비교 기준을 제시하고 감정이 아닌 사실을 기반으로 조목조목 비교 분석하는 것이 중요해요. 반면, 타 회사나 경쟁사의 상품과 비교할 땐 당연히 더 뛰어난 점을 집중적으로 설명해야 합니다. 사실만을 가지고 비교하는 것이라면 대놓고 차이를 극대화하는 전략이 필수입니다.

Our new product includes a few more new features that our previous model does not have. 저희 신상품은 이전 모델에는 없는 몇 가지 새로운 기능을 포함합니다.

This product is more stylish and lighter than FM4.
이 상품은 FM4 모델보다 더 세련되고 가볍습니다.

⑤ 의견 제공 기법

프레젠테이션은 주제에 관한 프리젠터의 주관적 견해까지 얻어 갈 수 있는 이점이 있어야 합니다. 시각자료나 보고서에 준비된 사실만을 전달하는 것에 그친다면 발표보다는 이메일이나 문서로 보고하는 편이 시간 절약도 되고 더 좋겠죠. 하지만 청중은 단지 프리젠터가 전하는 정보뿐만 아니라 프리젠터만이 줄 수 있는 의견을 듣기 원합니다. 따라서 프리젠터는 발표하는 내용에 있어 누구보다도 전문가적인 입장이 되어야 합니다. 충분한 연구와 자료 조사 등을 통해 본인의 것으로 완전 소화하여 자신만의 의견을 제공할 수 있어야 한다는 얘기예요. 단, 자신의 견해를 기정사실화하거나 마치 필수적인 것처럼 과장해서는 안 됩니다. 청중이나 특정 그룹을 비하하는 표현이나, must(~해야만 한다), unthinkable(상상도 할 수 없는)과 같이 너무 강한 느낌의 표현도 피하는 것이 좋아요. 또 아무리 좋은 의견이라도 타당한 근거와 부연 설명이 없으면 소용없겠죠. 따라서 의견을 전달한 후에는 반드시 그것에 대한 부연 설명이나 근거 제시를 해야 합니다.

We insist that TV commercials are the best way to spread ideas.

아이디어를 널리 알리기 위한 최선의 방법은 TV 광고임을 주장합니다.

To my knowledge, this is by far the best way.

제가 알기론 이게 가장 최선의 방법입니다.

I contend that this is only temporary.

이것은 단지 일시적인 것임을 주장합니다.

⑥ 시각자료 기법

프레젠테이션의 대부분이 프리젠터의 말에 의해 전달되는 것이다 보니 많은 프리젠터들이 어떻게 하면 말을 더 잘할 수 있을까 고민합니다. 하지만 메시지 전달에 있어 말보다는 시각자료가 효과적이고, 말과 시각자료가 함께 전달될 땐 훨씬 더 효과적이죠. 그만큼 들려주는 것 이상으로 보여 주는 것 또한 중요하다는 얘깁니다. 복잡하거나 말로만 전달해선 감을 잘 못 잡을 것 같은 내용을 설명할 때, 또는 여러 수치를 제시해야 하는 자료를 소개할 때 시각자료를 활용하면 전달하고자 하는 내용을 보다 빠르고 정확하게 이해시킬 수 있어요.

단, 그렇다고 시각자료를 너무 장황하고 현란하게 만들지 않도록 주의하세요. 말할 내용의 60% 정도만을 담아 간결하게 제시하는 것이 가장 좋습니다.

단순한 시각자료일수록 청중은 더 쉽고 더 오래 기억하게 됩니다.

매번 자신의 프레젠테이션 때마다 아주 적절한 시각자료의 활용을 통해 발표 효과를 극대화했던 스티브 잡스의 경우를 보면 정말 심플한데요. 슬라이드 한 장에 한 가지 정보만을 담는 단순함으로 청중을 자신의 말에 더욱 집중하게 만들었죠.

그리고 한 가지 더 기억해 두어야 할 건, 시각자료의 수치를 단순히 읽어 나가는 것에 그쳐서는 안 됩니다. 자료를 미리 연구하여 전반적인 견해를 제시하고 구체적으로 풀어 설명해 줌으로써 청중이 그 내용을 명확히 이해할 수 있도록 해 줘야 해요.

Here is the slide that supports my point.
여기 제 포인트를 뒷받침해 주는 슬라이드입니다.
As you can see from this, there are some price variations.
여기서 보시다시피 가격차가 조금 있습니다.
I have some graphs to show you.
여러분께 보여 드릴 그래프가 있습니다.

5. 내용에 따른 다양한 본론 전개 방식

본론은 전달하는 내용의 종류에 따라 크게 네 가지 전개 방식으로 나뉠 수 있습니다.

① 청중에게 보고할 때, 사실 위주형 본론(What-How-Why 구조)

감성적으로 자극하는 것이 비효율적인 통계자료, 수치, 결과 등의 보고나 분석 형식의 프레젠테이션 본론에 적절한 방식입니다. 이성적, 분석적, 현실적으로 내용을 전달하는 것이 주된 목적인 경우에 유용하죠.

주장, 혹은 전달하고자 하는 포인트를 What(무엇)으로 제시한 후, How(어떻게)로 근거 제시나 부연 설명을 해 준 다음, Why(왜)로 그 현상이나 주장의 이유를 제시하며 마무리 짓습니다.

〈**What**〉 We are now going through an amazing and unprecedented moment where the power dynamics between men and women are shifting very rapidly. Women, for the first time this year, became the majority of American workforce.

〈**How**〉 The global economy is becoming a place where women are more successful than men, believe it or not. In places that you wouldn't' think such as South Korea, India and China, the very strict patriarchal societies are starting to break down a little, and families no longer strongly prefer first-born sons.

〈**Why**〉 Why is this happening? The economy has changed a lot. And women have been much better at acquiring a new set of skills than men have been in this new economy.

go through …을 겪다[경험하다]

unprecedented 전례가 없는

dynamic 역학

shift 바뀌다, 달라지다

rapidly 급속히

workforce 인력

strict 엄격한

patriarchal 가부장적인

break down 무너지다

firstborn son 장남

acquire 습득하다

〈**무엇**〉 우리는 현재 남녀 간 세력의 역학이 매우 급속하게 바뀌고 있는 놀랍고 전례가 없는 때를 경험하고 있습니다. 올해 최초로 여성이 미국 인력의 과반수가 되었습니다.

〈**어떻게**〉 믿기 힘드시겠지만 국제 경제는 여성이 남성보다 더 성공하는 장소가 되어 가고 있습니다. 한국, 인도, 중국과 같이 여러분이 생각지도 못했던 곳에서 매우 엄격한 가부장적인 사회가 조금씩 허물어지기 시작하고 있습니다. 그리고 가족들은 더 이상 강력하게 장남을 선호하지 않습니다.

〈**왜**〉 왜 이런 현상이 일어나고 있는 걸까요? 경제가 많이 바뀌었기 때문입니다. 그리고 여성이 남성보다 이 새로운 경제 체제에서 새로운 기술들을 습득하는 데 훨씬 더 능숙했기 때문입니다.

② 청중에게 정보를 전달할 때, 이론 전달형 본론(PREP 구조)

PREP는 Position-Reason-Evidence-Position의 약자로, 신규 이론이나 실험 결과, 또는 기타 증명된 이론을 기반으로 정보를 전달하거나 주장할 때 효과적인 전개 구조입니다.

Position(입장 밝히기)은 서론 역할을 하는 부분으로, 주장, 또는 전달하고자 하는 내용을 먼저 제시합니다. 본론 역할을 하는 Reason(이유)과 Evidence(근거)는 주장하는 내용에 대한 타당한 이유와 현실적으로 그 내용을 보충, 부연해 줄 수 있는 객관적인 근거 자료를 제시합니다. 마지막으로, 결론에 해당되는 Position(입장 강조)은 서론의 주장, 전달 내용을 그대로 반복하기보다는 결론을 맺으며 주장하는 내용을 다시 한번 강조하는 역할을 합니다.

국제적인 전략 제휴를 위해 문화적인 이해가 중요하다는 점을 강조하는 본론 내용입니다.

⟨**Position**⟩ Global strategic alliances may end in failure when different cultures collide.

⟨**Reason**⟩ Two different cultures and company norms cannot be easily merged. Many case studies prove this argument.

⟨**Evidence**⟩ For example, AT&T and Olivette's joint venture ended since neither company conducted a thorough needs analysis to fully understand the other side's primary agenda, and the companies never quite clarified their mutual expectations with each other.

〈**Position**〉 Therefore, I think cultural understanding should precede any joint venture efforts.

alliance 동맹, 제휴

end in …으로 끝나다

collide 충돌하다

norm 규범

merge 통합하다

case study 사례 연구

joint venture 합작 사업

conduct (특정한 활동을) 하다

thorough 철저한

fully 충분히

primary 주요한, 주된

agenda 안건

mutual 상호간의

precede …에 앞서다

〈**입장 밝히기**〉 글로벌 전략 제휴는 다른 문화들이 충돌할 때 실패할 수 있습니다.

〈**이유**〉 두 개의 다른 문화와 회사의 규범은 쉽게 통합될 수 없기 때문입니다. 많은 사례 연구가 이런 논점을 증명해 줍니다.

〈**근거**〉 예컨대 AT&T와 올리베트의 합작 사업은 실패했습니다. 두 회사 모두 양측의 주요 안건을 충분히 이해하기 위한 철저한 니즈 분석을 하지 않았고 서로 상호간의 기대를 전혀 확실하게 하지 않았기 때문입니다.

〈**입장 강조**〉 따라서 문화적인 이해는 어떠한 합작 사업 노력보다 앞서야 한다고 봅니다.

③ 청중에게 자신의 의견을 전달할 때, 견해형 본론(SRR 구조)

SRR은 Statement-Reason-Restatement의 약자로, 주관적 경향이 짙은 의견 중심의 내용을 전달할 때 유용합니다.

Statement(진술)에서 자신의 의견을 주장하고, Reason(이유)에서 이유를 들어 부연 설명이나 의견을 뒷받침합니다. 이때 추가로 주장한 내용의 이유를 뒷받침하는 근거 자료를 제시할 수도 있어요. 마지막으로, Restatement(재진술)에서 다시 한 번 의견을 정리하며 마무리 짓습니다.

임원들의 협상 테이블 참여가 협상 과정에 도움이 된다는 것을 주장하는 본론 내용입니다.

⟨**Statement**⟩ Executive managers should join the negotiating table of global alliances.

⟨**Reason 1**⟩ First, it provides them with an opportunity to learn.

⟨**Reason 2**⟩ Second, it provides continuity of the negotiation.

⟨**Reason 3**⟩ Third, they can help structuring a workable contract.

⟨**Reason 4**⟩ Finally, they can become more committed and responsible.

⟨**Restatement**⟩ Therefore, the inclusion of key members offers benefits to the negotiation process.

executive manager 임원

negotiating table 협상 테이블

continuity 지속성

structure 구성하다

workable (계획 등이) 실행 가능한

contract 계약

committed 헌신적인

inclusion 포함

⟨**진술**⟩ 임원들은 글로벌 제휴의 협상 테이블에 참석해야 합니다.

⟨**이유 1**⟩ 첫째, 그로 인해 그들은 배움의 기회를 얻을 수 있습니다.

⟨**이유 2**⟩ 둘째, 협상의 지속성을 제공해 줍니다.

〈이유 3〉 셋째, 그들은 실행 가능한 계약을 구성하는 것을 도울 수 있습니다.

〈이유 4〉 마지막으로, 그들은 더욱 헌신적이고 책임감 있게 행동할 수 있게 됩니다.

〈재진술〉 따라서 핵심 멤버를 포함시키는 것은 협상 과정에 이득을 제공합니다.

④ 청중에게 역사적 사실이나 사례 등을 전달할 때, 상황 설명형 본론 (SAR 구조)

SAR은 Situation-Action-Result의 약자로, 상황을 설명하기 위한 본론 구조를 말합니다. 역사적인 사실이나 사례, 이야깃거리 등을 전달할 때 사용하기 적절하죠. 스토리텔링식의 프레젠테이션에서도 많이 사용됩니다.

Situation(상황 소개)에서 에피소드나 사례 등의 상황을 설명하고, Action(행동 설명)에서는 당사자들의 행동을 육하원칙(언제, 어디서, 누가, 무엇을, 어떻게, 왜)을 기준으로 설명합니다. 그리고 Result(결과)에서는 이 행위의 결과가 어떠했는지를 설명하면서 마무리 짓습니다.

두 기업 간의 전략 제휴에 있어 이전 협력 관계에서의 성공이 가치 있는 자원 시너지를 만들어 냈다는 본론 내용입니다.

⟨**Statement**⟩ Semiconductor 300 is a global strategic alliance in Germany established by Siemens AG and Motorola.

⟨**Action**⟩ In 1995 Siemens and Motorola signed a MOU to form a $1.5 billion venture to establish a plant for building semiconductors in White Oak, Virginia.

⟨**Result**⟩ Siemens' and Motorola's successes in past cooperative relationships aided this new partnership. They created a valuable resource synergy.

semiconductor 반도체

MOU 양해각서

cooperative 협력적인

⟨**상황 소개**⟩ Semiconductor 300은 독일에서 지멘스 AG와 모토롤라에 의해 수립된 글로벌 전략 제휴입니다.

⟨**행동 설명**⟩ 1995년 지멘스와 모토롤라는 버지니아 화이트 오크에 반도체 생산을 위한 공장을 세우기 위해 15억 달러짜리 공동 사업을 성립시키기 위한 양해각서에 서명하였습니다.

⟨**결과**⟩ 지멘스와 모토롤라의 이전 협력 관계에서의 성공이 이 새로운 제휴를 도왔습니다. 그들은 가치 있는 자원 시너지를 만들어 냈습니다.

Chapter 10
본론 시작하기

본론에 들어가면서 시작을 알리는 표현으로 청중을 준비시키면 좋습니다.

1. 소주제 소개하기

본문의 첫 단락의 첫 번째 소주제부터 소개하며 본론을 시작해 주세요.

Let's start with … …부터 시작해 보죠

* 먼저 전달하고자 하는 내용을 강조할 때 효과적

Let's start with our company's recent project outcomes.

저희 회사의 최근 프로젝트 결과부터 시작해 보죠.

▶ outcome 결과

Let's start with a simple question for you.

간단한 질문을 드리며 시작해 보죠.

So first things first, 자, 우선 첫 번째로,

So, first things first, cars should be energy efficient.

자, 우선 첫 번째로, 자가용은 연료 효율이 좋아야 합니다.

So, first things first, online shopping has already been overtaken offline shopping.

자, 우선 첫 번째로, 온라인 쇼핑이 오프라인 쇼핑을 벌써 넘어섰습니다.

My first point is on … 제 첫 번째 포인트는 …에 관한 것입니다

My first point is on technical features.

제 첫 번째 포인트는 기술적 특징에 관한 것입니다.

▶ feature 특징

My first point is on my research background.

제 첫 번째 포인트는 제 연구 배경에 관한 것입니다.

So the first thing I want to tell you is …

자, 우선, 첫 번째로 말씀드리고 싶은 것은 …입니다

So the first thing I want to tell you is that we need to revise our current plans.

자, 우선, 첫 번째로 말씀드리고 싶은 것은 우리의 현재 계획을 변경할 필요가 있다는 것입니다.

▶ revise (계획을) 변경하다

So the first thing I want to tell you is consumers today are very difficult to please.

자, 우선 첫 번째로 말씀드리고 싶은 것은 오늘날 소비자는 만족시키기에 매우 어렵다는 것입니다.

What I'm going to talk about first is …

먼저 말씀드리고자 하는 것은 …입니다

What I'm going to talk about first is the cause of inequity.

먼저 말씀드리고자 하는 것은 불평등의 원인입니다.

▶ inequity 불평등

What I'm going to talk about first is how we developed To-do-box.

먼저 말씀드리고자 하는 것은 우리가 어떻게 투두박스를 개발했느냐입니다.

2. 소주제문에 대한 부연 설명하기

소개된 소주제문에 대한 부연 설명이 필요한 경우 추가 설명 및 예를 들어 설명해 주세요.

Let me explain further what I mean by …

…이 무엇을 의미하는 것인지 자세히 설명해 드리도록 하죠

Let me explain further what I mean by inequity.

불평등이 무엇을 의미하는 것인지 자세히 설명해 드리도록 하죠.

Above all/ What's more/ On top of that,

무엇보다도/ 뿐만 아니라/ 게다가

Above all, more investment is the key for Korea to recover its growth momentum.

무엇보다도 한국이 성장 속도를 회복하기 위해서는 보다 많은 투자가 관건입니다.

▶ growth momentum 성장 속도

What's more, a gift can be misunderstood as a bribe.

뿐만 아니라 선물은 뇌물로 오해받을 수 있습니다.

▶ misunderstand 오해하다 bribe 뇌물

On top of that, GXP improved the shareholder value.

게다가 GXP는 주주 가치를 개선했습니다.

▶ shareholder value 주주 가치

For example, 예컨대

For example, Russia ratified the treaty in 1990.

예컨대 러시아는 그 조약을 1990년에 비준하였습니다.

▶ ratify 비준하다 treaty 조약

3. 소주제문에 대한 근거 제시하기

소주제에 대한 근거를 제시할 때 통계자료, 전문가 의견, 자료 등을
인용하면서 설명해 주세요.

As you see by these statistics, 이 통계에서 보시는 것처럼,

As you see by these statistics, most victims of child abuse are girls.

이 통계에서 보시는 것처럼, 대부분의 아동학대 피해자는 소녀들입
니다.

Based on/ As described in …, …에 따르면,

* 자료를 인용할 때 효과적

Based on the recent *Wall Street Journal* article, China and India are the best places for future investment.

최근 〈월스트리트 저널〉 기사에 따르면, 중국과 인도가 미래 투자에 가장 좋은 장소입니다.

As described in Dr. Welch's research, about 80 percent of pregnant mothers plan on breast feeding.

웰치 박사의 연구에 따르면, 임산부 중 약 80%가 모유 수유를 계획합니다.

According to …, …에 따르면,

* 전문가의 의견이나 자료를 언급, 또는 인용할 때 효과적

According to the European Automobile, the future automobile concept is green technology.

유럽 자동차 연맹에 따르면, 미래의 자동차 콘셉트는 바로 그린 기술입니다.

According to an article found in The Wall Street Journal, investors are unsure about investing in China.

월스트리트 저널의 한 기사에 따르면 투자자들은 중국에 투자하는 것에 확신이 없다고 합니다.

Experts estimate that … 전문가들은 …라고 평가합니다

Experts estimate that by year 2030 tropical fruits can be produced in Korea.

전문가들은 2030년쯤 열대 과일이 한국에서도 생산될 것이라고 추정합니다.

▶ tropical 열대의

• 본론 시작하기 샘플
　회사상황에 관한 설명 포함하기

So the first thing I want to tell you is about our struggle in this financial crisis. The last three years have been very tough in the export market. On top of that, we lost many jobs and many employees were let go. For example, we stopped hiring new employees and instituted salary freeze. As you see these statistics, the Board of Directors wants to keep salaries low to maintain their competitive edge. According to the HR survey, there is growing pressure from the workforce for salary increases. Our senior accountants estimate that by year 2025 business will pick up and we can reward our employees for being very flexible over the last few years.

자, 우선 첫 번째로 말씀드리고 싶은 것은 경제 위기에서 회사의 어려움에 관한 내용입니다.

지난 3년간은 수출시장에서 힘든 기간이었습니다. 게다가 이 기간에 많은 일자리와 직원을 잃었습니다. 예를 들어, 우리 회사는 신입사원 채용을 멈추고 급여 동결을 도입했습니다.

이 통계에서 보시는 것처럼, 이사회는 경쟁력을 유지하기 위해 급여를 낮게 유지하고자 합니다.

인사부의 조사에 따르면, 급여 인상을 주장하는 직원들의 압력이 증가하고 있습니다. 저희 주임회계사들은 2025년까지는 사업이 다시 활성화되어, 지난 몇 년간 굉장히 유동성을 보여 준 직원들을 보상할 수 있을 거라 평가합니다.

pick up 회복하다, 증진하다

export market 수출시장

salary freeze 급여동결

competitive edge 경쟁우의

pressure 압력

reward 보상하다

flexible 융통성 있는, 유동성이 있는

Chapter 11
전개하기

프레젠테이션 주제에 따라 더욱 논리적인 진행이 필요한 경우가 있습니다. 문제를 제시하고 대안이나 해결 방안을 제공하는 내용이거나 목표와 전략, 그에 따른 계획 등을 체계적으로 설명해야 하는 경우가 그렇습니다. 논리적인 진행을 할 때 프레젠테이션의 기본 구조는 [문제] → [대안] → [해결 혹은 목표] →[전략] → [계획] 등의 순서가 되는데요. 본론의 내용을 효과적으로 전개하기 위해서, 행위나 상황을 시간순으로, 단계적으로, 혹은 중요도 순으로 정리할 수 있습니다.

1. 시간순 전개법

회사 연혁이나, 과거 이력 등을 설명, 현재 상황을 알리고, 앞으로의 계획 및 일정을 전달할 때 시간순으로 전개합니다. 또한 시제에 맞춰 정확하게 과거, 현재, 미래 시점으로 나눠 주도록 하세요.

예를 들면 과거에 있었던 상황을 먼저 설명한 다음, 현재 상황과 연결해 차이점이나 유사점을 강조하고, 마지막으로 향후 목표나 예측 결과를 전달하는 구조이지요.

〈과거의 상황 설명〉 → 〈현재의 상황 설명〉 → 〈미래의 목표 제시〉 → 〈목표 달성 방법〉과 같이 시간순에 따른 전개를 활용해 보세요.

Prior to + 시간 : ~ 이전에

Prior to last quarter, our revenues grew at an annual rate of 20%.

지난 분기 이전, 본사 수익은 연간 20% 성장했습니다.

Prior to this research, few researchers were interested in this topic.

이 연구 전, 연구자들은 이 주제에 거의 관심이 없었습니다.

Back in (년도), 주어 + 동사: …년에는 …였습니다.

Back in the mid 1950's, no computer exhibited intelligence skills.

1950년대 중반에는 지능을 보이는 컴퓨터가 없었습니다.

Back in 2018, we had only 5 employees.

2018년도에는 직원이 다섯 명밖에 없었습니다.

1970's: 1970년대

1970's saw rapid economic growth and industrialization.

(1970's = nineteen seventies라고 읽습니다)

1970년대는 고속 성장과 산업화의 시기였습니다.

The early 2000's was very thriving for our business.

2000년대 초반은 저희 회사가 번영하던 시기였습니다.

in the past decade: 지난 10년 동안

The Japanese government has made great efforts in creating new jobs in the past decade.

지난 10년 동안 일본 정부는 새로운 일자리 창출에 힘을 써 왔습니다.

Our company's revenues doubled in the past decade.

지난 10년 동안 저희 회사 매출은 두 배가 되었습니다.

over the past decade: 지난 10년 동안

Over the past decade, our revenues have been going up at double digits.

지난 10년간 수익이 두 자리 숫자로 증가했습니다.

Over the past decade, we opened 20 more branches worldwide.

지난 10년간 저희는 세계 곳곳에 지점을 20군데 더 열었습니다.

The ensuing(=following) ____ years: 그 이후 ____년 동안

The ensuing 15 years have seen the company soar as the new

market leader.

그 이후 15년 동안 그 기업이 새로운 시장의 리더로 부상하는 것을 보았습니다.

The following five years will be very rocky for the manufacturing industry.

향후 5년간은 제조업에 있어 매우 어려움이 있을 것 같습니다.

Meanwhile(=in the meantime): 그러는 동안

Meanwhile, we have to increase our revenue.

그러는 동안 수익을 증가시켜야 합니다.

Meanwhile, our company will focus on our key businesses.

그러는 동안, 저희 회사는 주요 사업에 집중해야 합니다.

From then on: 그 이후로 계속

From then on, our profits have been decreasing 15% a month.

그 이후로 계속 이윤이 매달 15%씩 감소하고 있습니다.

From then on, he became one of the richest persons in Asia.

그 이후로, 그는 아시아에서 가장 부자 중 한 명이 되었지요.

Since: ~이래로

Since March, customers have been complaining about our product quality.

3월 이후로 소비자들이 품질에 대한 불평을 하고 있습니다.

Since the government opened the market two years ago, 14 foreign brands have entered.

정부가 2년전 시장을 연 이후, 14개의 해외 브랜드가 들어왔습니다.

In the coming … years: 다가오는 …년 내에

In the coming five years, our goal is to reach 100 billion KRW in revenue.

다가오는 5년 내에 본사의 목표는 매출액 1000억 원을 달성하는 것이다.

In the coming three years, we will open more than 20 new branches.

다가오는 3년 내에 저희는 새로운 지점을 20개 넘게 열 것입니다.

over the course of ~ 하는 동안(기간)

Over the course of this year, the number is going to grow into tens of thousands of factories.

올해 한 해 동안 그 수는 수만 개의 공장으로 증가할 것이다.

Over the course of four years, we are going to launch a new business line.

다음 4년 동안, 저희는 새로운 영업 분야를 출시할 것입니다.

by the end of this (next) year: 올해(내년) 말까지

Our goal is to have 250,000 users by the end of next year.

저희 목표는 내년 말까지 25만 명의 사용자를 확보하는 것입니다.

By the end of this year, we will be able to invent a new vaccine.

올해 말까지 저희는 새로운 백신을 개발할 수 있을 겁니다.

TIP 시제 활용하기

과거시제: 행동의 시작과 마무리가 과거의 시점에서 이뤄진 경우 단순 과거시제를 사용합니다.

Our company built its first overseas plants in Vietnam in 1997.

우리 회사는 1997년에 베트남에서 첫 해외 공장을 세웠습니다.

과거 진행형: 과거의 일정 시점에서 지속된 행위를 묘사할 때 과거 진행형을 사용합니다.

At that time, we were trying to hire and educate local employees.

그때 저희는 현지 직원을 고용하고 교육시키려 노력하였습니다.

When we started our business in Singapore, the local government was helping us a lot.

저희가 싱가포르에서 사업을 시작할 때, 현지 정부가 많은 도움을 주었습니다.

현재시제: (1) 사실, 기정사실인 정보, (2) 습관, (3) 일반적으로 반복되는 일정을 전달할 때 단순 현재시제를 사용하세요.

(1) We make e-learning devices for schools and private academies.

저희는 학교와 사설 학원을 위한 이러닝 기기를 만듭니다.

(2) On average, our employees spend about two hours for meetings daily.

평균적으로, 저희 직원들은 매일 2시간 정도 회의에 소비합니다.

(3) The flight leaves in two hours.

항공편은 2시간 뒤에 떠납니다.

(이 경우 미래라고 해서 will leave라고 하지 않음)

Our CEO speaks tomorrow. 저희 사장님은 내일 발표를 하실 겁니다.

* 확정된 일정에 대해 말할 땐 현재형으로 표현하기도 함.

현재진행형: (1) 현재 진행되고 있는 일이나 (2) 단기적으로 지속되는 행위 (3) 가까운 미래에 확정된 계획을 설명할 때 사용합니다.

(1) We are currently building two new factories in Ulsan.
저희는 현재 울산에서 공장 2곳을 새로 짓고 있습니다.
(2) The marketing team is using new AI-based advertising tools.
마케팅팀은 새로운 AI기반 광고 도구를 사용하고 있습니다.
(3) We are launching a new project this coming Monday.
저희는 다가오는 월요일에 새로운 프로젝트를 런칭할 예정입니다.

현재완료형 (have + p.p.): (1) 과거에 시작되어 최근(현재)에 완료된 행위 (2) 경험해 본 것 (3) 과거에 시작되어 현재에도 계속되는 행위에 사용됩니다. 한국어에 없는 시제이기 때문에 다음과 같이 이해하면 편합니다.

(1) We have just hired 100 more employees.
저희는 최근에 (방금 전에) 직원 100명을 더 채용한 상태입니다.
(2) I have stayed in that hotel once before.

저는 전에 한번 그 호텔에서 묵은 적 있어요.

(3) I have lived in Paris for five years.

저는 5년 동안 파리에서 쭉 살아왔어요.

현재완료진행형: 과거(최근)에 시작하여 현재 계속되며 가까운 미래에도 지속될 행위에 사용하는 시제입니다. 현재완료의 계속되는 용법처럼 행동의 지속적인 기간이 for, since 등과 동반되는 경우가 많습니다.

We have been working on several projects at the same time for more than five weeks.

저희는 5주 이상이나 동시다발적으로 몇 가지의 프로젝트를 지속해 왔습니다 (왔고 앞으로도 당분간 그럴 예정입니다).

Our project manager has been training local employees successfully so far.

저희 프로젝트 매니저는 지금까지 현지직원들을 성공적으로 훈련시켜 왔습니다. (앞으로도 당분간 그럴 예정입니다).

과거완료형(had + p.p.): 과거의 시점 이전의 행위(완료(결과), 경험, 계속)를 설명할 때 사용합니다. 과거의 어느 시점보다 더 앞선 행위, 즉 대과거를 설명할 때도 사용하지요.

(1) We had finished the project when new manager came. (완료)

새로운 매니저가 왔을 때 저희는 그 프로젝트를 완료한 상태였습니다.

(2) I had never worked overseas until then. (경험)

그때까지 저는 해외에서 일한 적이 없었습니다.

(3) I had lived in London for a few years when a new branch opened there. (계속)

저는 새로운 지점이 열렸을 때 런던에서 이미 몇 년간 살고 있었습니다.

(4) I had been studying Chinese for two years when I was dispatched to Beijing. (과거완료진행형)

베이징에 파견되었을 때 저는 이미 중국어를 2년동안 공부해 왔습니다.

(5) We had to return the gift that one of our clients had sent us for Christmas. (대과거)

저희 고객 중 한 분이 크리스마스를 위해 보내 주었던 선물을 다시 돌려 주어야 했습니다.

미래형: 의지를 설명하는 미래형은 조동사 will를 계획을 설명하는 미래형은 be going to를 주로 사용합니다.

We will complete the project by next Friday.
다음 주 금요일까지 프로젝트를 완성하겠습니다. (의지)
We are going to complete the project by next Friday.
다음 주 금요일까지 프로젝트를 완성할 예정입니다. (계획)

미래완료형: 미래의 기준 시점까지의 완료(결과), 경험, 계속을 나타냅니다.

(1) He will have finished the project by five o'clock. (완료/결과)
그는 5시까지 프로젝트를 완성하게 될 것입니다.

(2) If he visits Seoul again, he will have been here three times. (경험)
그가 서울에 또 오게 되면, 세 번째 방문하는 것이 될 것입니다.

(3) Susan will have lived in Tokyo for ten years next year. (계속)
내년이면 수잔이 동경에서 산 지 10년이 될 것입니다.

(4) Susan will have been living in Tokyo for ten years next year. (미래완료진행형)

내년이면 수잔이 동경에서 산 지 10년이 될 것입니다. (그 후에도 아마 거기서 계속 살 것입니다)

2. 단계별 전개법

순차적으로 언급되어야 하는 경우, 소주제문을 단계별로 나눠 설명해 주세요.

정보를 두서없이 나열하는 것보다, 몇 개의 단계로 순차적으로 설명하면 복잡한 내용도 수월하게 전달할 수 있습니다.

I've divided my presentation into … parts.

제 프레젠테이션을 …부분으로 나누었습니다.

I've divided my presentation into three parts.

제 프리젠테이션을 세 부분으로 나누었습니다.

I've divided my presentation into several parts.

제 프리젠테이션을 몇 개로 나누었습니다.

I've divided my lecture into five parts.

제 강연을 5개 부분으로 나누었습니다.

First of all, Secondly, Thirdly, Lastly,: 첫 번째는, 두 번째는, 세 번째는, 마지막으로

First of all, I would like to talk about this year's revenue.

첫 번째는 올해 수익에 대해 말씀드리고자 합니다.

Secondly, I am going to share our research results.

두 번째로, 저희 연구 결과를 공유해 드리겠습니다.

Thirdly, let me end with some implications of our research.

세 번째로, 저희 연구의 영향을 설명하며 마치겠습니다.

… must be addressed. …가 언급되어야 합니다.

Lastly, the issue of pricing strategy must be addressed.

마지막으로 가격정책에 대한 언급이 있어야 하겠습니다.

The problem of pollution must be addressed.

공해 문제가 언급되어야 합니다.

The research limitations must be addressed as well.

연구의 한계가 언급되어야 합니다.

Let me add + 명사 ~을 덧붙이겠습니다.

Finally, let me add the time factor.

끝으로 시간요인에 대해 덧붙이겠습니다.

Let me add another thing before I get to that.

그 점에 대해 설명을 드리기 전에 한 가지만 덧붙이겠습니다.

Let me add my thoughts on our research process.

저희 연구 단계에 관한 제 생각을 덧붙이겠습니다.

There are ~ stages involved in + 명사/ 동명사: ~ 단계가 있습니다.

There are six different stages involved in making an interview standard.

면접 기준을 만드는 것과 연관이 있는 6개의 다른 단계가 있습니다.

There are three advantages and two disadvantages to this proposal.

이 제안서에는 세가지 장점과 두 가지 단점이 있습니다.

3. 중요도순 전개법

첫 번째 포인트가 가장 강조되고 청중의 기억에도 오래 남는 경향이 있습니다.

청중의 집중력은 발표를 시작할 때 가장 높은 상태라는 점을 이용해 강조하고 싶은 중요한 포인트를 먼저 설명하세요.

The first subject is …. 첫 번째 주제는 …입니다.

The first subject I'd like to cover is our policy on returns and exchanges.

제가 다루고 싶은 첫 번째 주제는 저희의 반품 및 교환 관련 정책입니다.

▶ return 반품 exchange 교환

The first point I'd like to bring up is that offering sample products can lead to increased sales.

제가 언급하고 싶은 첫 번째 포인트는 샘플 제품을 나눠 주는 것이 매출 증가로 이어질 수 있다는 것입니다.

▶ bring up (화제를) 꺼내다 trial size 테스트용 제품

The most important point I'd like to emphasize is that we are moving into a new world.

제가 강조하고 싶은 가장 중요한 포인트는 우리는 새로운 세계로 이동하고 있다는 것입니다.

I would like to get start with …

…와 함께 시작하고 싶습니다.

I would like to get started with the first topic.

첫 번째 주제와 함께 시작하겠습니다.

I would like to get started with the following remarks.

다음과 같은 방침과 함께 시작하겠습니다.

I would like to start off with the importance of product diversification.
제품 다각화의 중요성을 시작하고 싶습니다.

Most importantly, (주어 + 동사) 가장 중요한 점은 …라는 것입니다.

Most importantly, our new policy has been very effective.
가장 중요한 점은 저희의 새로운 정책이 매우 효과적이라는 것입니다.

More important point is that this year's revenue is much bigger than the last year's.
더 중요한 점은, 올 수익이 작년 수익보다 훨씬 높다는 것입니다.

Most importantly, as you see the best way to illustrate is actually through a demo.
가장 중요하게도, 보시는 것처럼 이것을 보여드릴 수 있는 가장 좋은 방법은 데모입니다.

• 전개하기 샘플

All right, let's get the ball rolling. I've divided my presentation into three parts. Frist of all, on slide 2, you see our existing core competencies. As some of you already know, these include telecommunications and tourism. In the past decade, they have brought about economic benefits to the local community. There are several stages involved in diversifying and stabilizing economy. Among them, telecommunications have become the core business of the 21st century with rising investment opportunities. Meanwhile, this has led to creating local jobs and business opportunities. Since 2000's, the tourism industry has brought new money into the local economy, creating economic multipliers. More importantly, we have recently developed a system that oversees our core industries.

자 그럼 시작해 보죠. 제 프레젠테이션을 세 부분으로 나누었습니다. 첫 번째로, 슬라이드 2페이지에, 저희 회사의 현존하는 핵심 역량을 보실 수 있습니다. 몇 분은 이미 아시다시피, 저희의 역량은 전자통신과 여행을 포함합니다. 지난 10년 동안, 이 두 분야가 지역사회에 경제적 이득을 가져다 주었습니다. 경제가 확장하고 안정되는 데는 몇 가지 단계가 있습니다. 그들 중, 전자통신은 증가하는 투자 기회와 함께 21세기의 핵심 사업분야가 되었습니다. 그러는 동안, 국내 일자리와 사업 기회를 만드는 데 기여하였죠. 2000년대부터 여행산업은 경기증가요인을 만들어, 지역경제에 자금을 가져다주었습니다. 가장 중요한 점은, 최근 저희가 핵심 산업을 감독하는 시스템을 개발했다는 것입니다.

core competency 핵심 사업분야
telecommunication 전자통신
local community 지역사회

multiplier 증가시키는 사람, 것

oversee 감독하다

Chapter 12
질문하기

　가장 쉽게 청중과의 공감대를 쌓는 기법으로 '질문 던지기'가 있습니다. 청중 한 사람 한 사람에게 물어보며 답변을 요구하는 질문이 아니라, 말하고자 하는 핵심 내용을 질문이라는 형식만을 빌어 하는 수사의문문(rhetorical question)을 사용해서 말이죠. 예컨대 '계속 담배 피우면 오래 못 산다.'라는 지시적 접근보다 '담배는 건강에 좋지 않은데 끊지 못하는 이유가 뭘까요?'와 같은 질문을 통해 공감을 이끌어 내고 금연에 대한 동기 부여를 할 수 있게 됩니다. 질문 속에 프리젠터가 전달하고자 하는 메시지를 포함시키거나 핵심 단어를 사용하여 은연중에 중요한 메시지가 전달되도록 해 주는 거죠. 예를 하나 더 들자면, 고객 만족에 관한 프레젠테이션을 하는 경우 '오늘은 고객 만족에 대해 말씀드리겠습니다.'라고 하기보다는 '여러분이라면 어떻게 고객을 만족시키겠습니까?'라고 질문하면 '고객 만족'이란 핵심 단어가 청중의 공감대를 보다 자극하게 됩니다.

단, 이 기법을 활용할 때 한 가지 주의할 점이 있습니다. 너무 극명하게 찬반이 나뉘거나 논쟁의 여지가 있는 질문은 하지 않도록 하세요. 예컨대 "FTA is bad, isn't it?(FTA는 좋지 않아요. 그렇죠?)"과 같은 부가의문문 형식의 질문이나 "Why is globalization so beneficial for developing countries?(왜 세계화가 개발도상국들에게 그렇게 이득이 될까요?)"와 같이 보편적으로 반대 의견이 더 많은 질문은 피하는 것이 좋습니다. 중립적이며 누구나 공감할 수 있는 내용의 질문일 때 훨씬 효과적이에요.

다음은 질문 던지기 기법을 사용할 때 효과적인 패턴입니다.

1. 핵심 내용을 질문처럼 던지기

How would you like to …? 여러분은 어떻게 …하시겠습니까?
* 청중의 입장에서 주제를 생각해 보게 하는 질문
How would you like to satisfy our new customers?
여러분은 우리의 새로운 고객을 어떻게 만족시키겠습니까?

How many of you think …? 여러분 중 몇 분이나 …라고 생각하십니까?

How many of you think there are more males or more females in the world? 여러분 중 몇 분이나 이 세상에 남자가, 또는 여자가 더 많다고 생각하십니까?

Did you know that …? 여러분은 …라는 사실을 알고 계셨습니까?
* 깜짝 놀랄 만한 사실, 수치 등을 질문으로 딘져 청중의 관심을 끔
Did you know that 75% of the Earth is covered with water?
여러분은 지구의 75%가 물로 덮여 있다는 사실을 알고 계셨습니까?

Do you know why …? 여러분은 왜 …인지 알고 계십니까?
* 청중의 궁금증을 자아내 관심을 끔
Do you know why the education expenses are on the steady rise in Korea? 여러분은 왜 한국에서 교육비가 지속적으로 오르는지 알고 계십니까?

How would you go about …? 여러분은 어떻게 …하시겠습니까?
* 청중에게 직접 문제 해결 방안을 물어 답을 이끌어 냄
How would you go about training your employees?
여러분은 어떻게 직원들을 교육시키겠습니까?

Have you ever wondered why …?
여러분은 왜 …인지 생각해 보신 적이 있습니까?

Have you ever wondered why there are fewer women in the executive level?

여러분은 왜 임원급에 여성이 거의 없는지 생각해 보신 적이 있습니까?

▶ executive level 임원급

Have you thought about why we are working longer hours in spite of office automation and technology advancement?

사무자동화와 기술의 발달에도 불구하고 우리가 왜 더 많은 시간을 일하고 있는지에 대해 생각해 보신 적이 있습니까?

I am sure you have all thought about potential risks or danger. But have you thought about what you can do about it?

일어날 수 있는 위험에 대해 생각해 보셨으리라 믿습니다. 그렇지만 그에 대해 어떻게 대처해야 하는지는 생각해 보셨습니까?

How many of you here agree with me that …?

여기 계신 여러분 중 몇 분이나 …라는 것에 동의하십니까?

* 대다수의 사람들이 동의할 만한 내용인 경우 그 질문에 동의하는 내용으로 진행

How many of you here agree with me that language skills are a must for leaders?

여기 계신 여러분 중 몇 분이나 언어 능력이 리더에게 필수라는 것에 동의하십니까?

Let me take a poll, how many of you think …?

여러분의 생각을 알아보죠. 여러분 중 몇 분이나 …라고 생각하시나요?

Let me take a poll, how many of you think vegetarians are healthier?

여러분의 생각을 알아보죠. 여러분 중 몇 분이나 채식주의자가 더 건강하다고 생각하시나요?

▶ vegetarian 채식주의자

What is the most important factor for + 명사: ~에는 어떤 요소가 중요합니까?

What is the most important factor for good companies to become great?

좋은 회사가 위대한 기업이 되기 위해서는 어떤 요소가 중요합니까?

How do you define + 명사: 우리는 ~을 어떻게 정의할 수 있나요?

Then how do we define the asset?

그렇다면 우리는 자산이란 것을 어떻게 정의할 수 있죠?

That brings me to my next question: 그것은 제 다음 질문으로 연결됩니다.

That brings me to my next question, "Then how can we break out of our safety zone and venture into the new? The answer really is within yourselves.

그것은 저의 다음 질문인 "그렇다면 우리는 어떻게 기존의 안전한 방식을 벗어나 새로운 곳으로 개척해 나갈 것인가?"로 연결되는군요. 그 대답은 여러분에게 달려 있습니다.

The question (issue) is ~: 여기서의 질문(이슈)는 ~이다.

The question is, what is the best way to motivate our employees?

여기서의 이슈는, 직원들에게 동기부여를 해 줄 수 있는 가장 좋은 방법은 무엇인가 하는 점입니다.

2. 소크라테스식 문답법

좀 더 청중과 교류할 수 있는 세미나 형식의 프레젠테이션이라면 앞서 살펴본 수사의문문을 한 단계 업그레이드시킨 소크라테스식 문답법(Socratic Method)을 사용할 수 있습니다. 수사의문문은 답을 얻기 위해 질문을 하기보다는 핵심 내용을 강조하기 위해 문장을 질문으로 던지는 기법인 반면, 소크라테스식 문답법은 프리젠터나 강연자의 일방적인 발표나 강의 대신 청중에게 계속 질문을 던져 청중 스스로 답을 도출해 내도록 유도함으로써 진리를 터득하게 하는 기법입니다. 즉 프리젠터나 강연자가 청중과 지속적인 질문과 답을 통해 활발하게 교류하는 방식이죠. 예컨대 교수가 던지는 질문에 학생들이 답을 하면 그 답에 대해 교수는 "왜 그렇게 생각하나요?", "A란 무엇입니까?", "구체적으로 설명해 보겠어요?" 등으로 계속 질문을 던지며 토론을 이어 갑니다.

물론 프레젠테이션 전체를 이 같은 문답식으로 진행할 수는 없지만, 발표시작 부분이나 중간중간에 부분적으로 넣어 활용하게 되면 청중의 관심을 지속적으로 유지시키는 데 그만이죠.

다음은 소크라테스식 문답법을 활용할 때 유용한 패턴입니다. 언제 (When), 어디서(Where), 누가(Who), 무엇을(What), 어떻게(How), 왜(Why)로 질문해 보세요.

What is …? …는 무엇입니까?

What is justice? 정의란 무엇입니까?

What are some of the actions we can take in preparation of FTA?
자유무역협정에 대비하여 우리가 취할 수 있는 행동은 무엇입니까?

Why do you think so? 여러분은 왜 그렇게 생각하나요?

Why do you think like that? 왜 그렇게 생각하시죠?

Why do people think that they are always short? 왜 사람들은 그들이 항상 쪼들린다고 생각할까요?

Why is that? 왜 그렇죠?

Why is this the case? 왜 이 상황일까요?

Why is this? 왜 이렇죠?

Why would you …? 왜 …하겠다는 건가요?

Why would you pull the trigger? 왜 방아쇠를 당기겠다는 건가요?

▶ trigger 방아쇠

Why would you work in a team? 왜 팀으로 일을 하겠습니까?

Why would you still purchase financial products at the bank? 왜 여전히 금융상품을 은행에서 구입하시겠다는 건가요?

What would be your reason? 이유가 뭔가요?

What would be the reason for this long-term economic downturn? 이런 장기적 경기침체의 이유가 무엇일까요?

What would be the reason behind our recent software update? 저희의 최근 소프트웨어 업데이트의 이유가 무엇일까요?

Who's willing to volunteer …? 누가 (자발적으로) …을 한번 말해 볼까요?

Who's willing to volunteer a reason? 누가 이유를 한번 말해 볼까요?

Who's willing to participate in this activity? 이 활동에 참여해 보고 싶으신 분 있으세요?

Where is …? …는 어디입니까?

Where is the best place for summer vacation?

여름 휴가로 가장 좋은 곳이 어디일까요?

Do you know where our first headquarters was?

저희의 최초 본사가 어디였는지 아세요?

How would you …? 여러분은 …을 어떻게 하시겠습니까?

How would you think about this issue? 이 사건에 대해 어떻게 생각하세요?

Socrates once said, "KNOW YOURSELF". How well do you think you know yourself?

소크라테스는 "네 자신을 알라"라고 했습니다. 당신은 당신 자신을 얼마나 잘 안다고 생각하십니까?

Could you elaborate on? 구체적으로 설명해 보겠어요?

Could you elaborate on your point? 이 점에 대해 구체적으로 설명해 보겠어요?

Could you elaborate on this further? 이 점에 대해 더 구체적으로

설명해 주시겠어요?

• 질문하기 샘플

What is a bricks-and-clicks business?

How do you define brick and click here?

Yes, 'brick' means offline presence and 'click' means online presence.

With the advent of information technology and the internet, companies now have more fluid virtual management options. The question is how to take full advantage of both non-virtual and virtual properties.

We do this by integrating both offline and online business modes. How would you go about doing that? What do you think? The answer lies in information technology and lean management.

What does that mean?

You got it—entirely new ways of working across both time and space.

벽돌과 클릭 사업이란 무엇인가요?

여기서 벽돌과 클릭을 어떻게 정의하시겠어요?

네, 벽돌은 오프라인 존재, 클릭은 온라인 존재를 의미해요.

정보 기술과 인터넷의 도입으로 회사들은 이제 유동적인 가상 관리 선택이 가능해졌습니다.

여기에서 질문은 어떻게 비가성적, 그리고 가상적 특성을 충분히 활용하냐입니다.

우리는 이것을 오프라인과 온라인 사업 방식을 통합하여 실행합니다.

여러분이라면 어떻게 하시겠습니까? 어떻게 생각히세요? 정답은 정보통신과 린경영에 있어요.

무슨 뜻일까요? 네 맞습니다. 시공을 가로지르는 전반적으로 새로운 업무 방식입니다.

advent 출현
fluid 유동적인
property 자산, 구성요소
bricks-and-clicks business 오프라인과 온라인을 통합한 회사

Chapter 13
전환하기

다음 주제로 내용을 전환하거나, 내용을 추가할 때, 다른 관점을 소개할 때 무작정 다음 내용을 연결하기보다는 전환하는 연결 표현을 넣어 주어, 이후의 내용을 유추할 수 있도록 해 주세요.

자연스럽게 전환하는 표현을 살펴봅시다.

1. 다음 주제로 자연스럽게 넘어갈 때

바로 앞에서 설명한 사항과 연관이 있거나 보충하는 이야기로 넘어갈 때 자연스럽게 연결할 수 있는 표현들입니다. 관계대명사 which, that, who 등을 사용하여 보충설명을 해 주세요.

That brings me to my next point, which/ that … 그 내용은 …로 연결됩니다.

That brings me to my next point, which is a way for our company to lower taxes.

그 내용은 제 다음 포인트인 우리 회사가 세금을 줄이는 방법으로 연결됩니다.

This brings us to the next point, which is the importance of new employee training.

이 내용은 다음 포인트인 신입사원 교육의 중요성으로 연결됩니다.

This brings me to my conclusion that the global environment is deteriorating at an alarming rate.

이 내용은 지구 환경이 급속도로 악화되고 있다는 제 결론으로 연결됩니다.

▶ deteriorate 악화하다 at an alarming rate 급속도로

Moving on to …, I would say that … …로 넘어가면, 제가 드릴 수 있는 말씀은 …입니다.

Moving on to the question of the US market, I would say that the prospect is positive.

미국 시장 문제로 넘어가면 제가 드릴 수 있는 말씀은 전망이 밝다는 것입니다.

Moving on to the research limitations, I would like to suggest a bigger number of subjects in the future research.

연구한계점으로 넘어가면, 저는 미래 연구에는 좀 더 큰 연구대상 숫자를 제안하고 싶습니다.

As for (새로운 주제소개), 주 + 동 ~에 관해서는 ~는 어떤가 하면

as for (명사)는 그 대상에 관하여 세부적인 설명을 할 때 효과적입니다.

As for the rest of the company, there will be no more lay-offs.

회사에 나머지 인력에 대해서는 더 이상의 해고 조치가 없을 겁니다.

As for the using the new technology, we have more configurations to complete.

새로운 기술을 사용할 경우 우리는 완전한 사용을 위해 더 많은 (시스템) 설정을 합니다.

2. 추가 사항을 덧붙일 때

내용을 추가할 때 습관적으로 and와 next를 남용하지 마시고, 다음과 같은 연결 표현을 사용해 보세요.

Furthermore/ Moreover/ On top of that, 주어 + 동사 더욱이 ~이다

Furthermore, Dr. Kim is a prominent researcher of human cloning.

또한, 김박사님은 유전자복제 분야의 탁월한 연구가이십니다.

▶ prominent 탁월한 human cloning 유전자복제

Moreover, our business has just started to pick up after a long recession.

더욱이, 긴 불경기 끝에 우리 사업이 회복하기 시작했습니다.

On top of that, ATT Corporation's business has just opened several branches in Europe.

뿐만 아니라, ATT사의 사업은 유럽에 몇 군데 지점을 오픈하였다.

To add to that, 주어 + 동사 게다가 ~입니다

In addition, furthermore, additionally, 아울러 …입니다.

To add to that, our company froze salaries instead of firing employees.

게다가, 우리 회사는 직원을 해고하는 대신 급여를 동결시켰습니다.

To add to that, negotiations have failed between management and the labor union.

게다가, 경영진과 노조간의 협상이 무산되었습니다.

In addition, it's important to explore the potential demand.

아울러 잠재적 수요를 모색하는 것이 중요합니다.

Furthermore, we should manage teams more efficiently.

또한 우리는 팀들은 더 효율적으로 관리해야 합니다.

Additionally, it is vital to train new employees in the first three months.

아울러 신입사원들은 첫 3개월 동안 교육하는 것이 중대합니다.

Besides, 주어 + 동사: 그 밖에 ~이다

Besides, there is growing pressure from the public for reform measures.

그 밖에도, 대중들로부터 개혁에 관한 압력을 받고 있습니다.

Besides, I hope the results of this study will help us boost up our productivity.

그 밖에도, 이 연구의 결과가 저희의 생산력을 올리는 데 기여하기를 바랍니다.

Therefore,/ That's why 주어 + 동사: 그래서 ~이다

Therefore, investors are unsure about investing in China.

따라서, 투자자들은 중국에 투자하는 것에 확신이 없다고 합니다.

That's why, we are less likely to suffer from financial crisis.

그래서, 우리 회사는 금융위기에 처할 가능성이 적습니다.

As with the first (previous) case, 주어 + 동사: 첫 번째(이전) 경우와 같이 ~이다

As with the first case, the on-the-job training will help him forward his career.

첫 번째 경우와 같이 실무 연수는 그의 승진에 도움이 될 것입니다.

As with the previous study, we used basic statistical analysis.

지난번 연구와 같이 저희는 기초 통계 분석을 사용하였습니다.

As with the previous case, most employees were very satisfied with this training.

지난번과 같이, 대부분의 직원들은 이번 교육에 만족했어요.

3. 다른 관점을 소개할 때

발표자의 의견과 반대되거나 다른 주장이지만 설명을 해 두는 것이 필요한 경우가 있습니다. 내용 비교 차원에서 다른 관점을 살펴보는 것도 효과적이니까요.

However/ Yet/ Still/ But, (주어 + 동사) 그러나 ~이다

However, we expected to do better this year.

그러나, 저희는 이번 년도는 더 나을 거라 예상했었지요.

Yet, I can assure you that our online service will not disappear.

그러나 저희 온라인 서비스가 없어지는 것이 아니라고 확신해 드릴
수 있습니다.

Still, we're short the number of computers needed to upgrade our
system.

여전히(그러나), 시스템을 업그레이드 하는 데 필요한 컴퓨터의 수
가 부족합니다.

But, we lack a sophisticated and integrated computer system to
manage external communication.

하지만 우리에게는 해외 커뮤니케이션을 관리할 세련되고 통합된
컴퓨터 시스템이 없습니다.

▶ sophisticated 세련된 integrated 통합된

On the other hand, 주어 + 동사 한편으로는 ~이다

On the other hand, we provide our customers with all the data
that they would need to make these decisions.

한편으로 우리는 고객들에게 이러한 결정을 내리기 위해 필요한 데
이터를 제공하지요.

On the other hand, the story of our shift into other markets is
ongoing.

한편으로, 다른 시장으로 이동하는 현상은 계속됩니다.

Though/ Although/ Even though + 주어 + 동사 비록 ~이지만

Though economic conditions remain uncertain, we remain optimistic about our share price.

비록 경제적 상황이 확실치 않으나 저희의 주가에 관해 긍정적입니다.

Although you may get the impression that it's simple, it's actually quite complex.

간단하게 들릴지 몰라도 사실 굉장히 복잡하지요.

Even though the process appears simple, many consumers struggle to download the app.

비록 절차가 간단해 보여도, 많은 소비자들은 앱을 다운로드하는 데 어려움을 겪지요.

In spite of the fact that + 주어 + 동사/ Despite the fact that + 주어 + 동사 ~라는 사실에도 불구하고

In spite of the fact that all employees attended the training, only half of them actually applied what they had learnt.

모든 직원들이 교육에 참가한 사실에도 불구하고, 그들 중 반정도가 배운 것을 실제로 응용했습니다.

Despite the fact that the rapid economic growth made South Korea into the fourth largest economy in Asia, the quality of life has failed to make improvements.

급격한 경제 성장이 한국을 아시아에서 네 번째로 큰 경제국으로

만들었다는 사실에도 불구하고, 삶의 질은 개선되지 못했습니다.

Another view worth considering is to (동사).

생각해 볼 만한 또 다른 관점은 …라는 것입니다.

Another view worth considering is to rely on advertising revenue.

생각해 볼 만한 또 다른 관점은 광고 수입에 의존하는 것입니다.

Another view worth noticing is expanding our e-business areas.

눈여겨볼 만한 또 다른 관점은 저희의 인터넷 사업 영역을 확장하는 것입니다.

Another point worth considering is to resort to profitable overseas investment.

고려해 볼 만한 또 다른 점은 수익성이 좋은 해외 투자에 의존하는 것입니다.

▶ resort to ~에 의존하다

4. 잠시 본론에서 벗어날 때

잠시 주제에서 벗어난 얘기를 할 때는 동사 digress(주제에서 벗어나다)를 사용하세요. 이때 주제와 너무 동떨어지지 않는 내용을 고르도록 합니다.

I'd like to digress for a minute and explain … 잠시 본론에서 벗어나 …를 설명하고자 합니다.

I'd like to digress for a minute and explain what flexible policy means. 잠시 본론에서 벗어나 융통성 있는 정책이 무엇을 의미하는지 설명하고자 합니다.

I'd like to digress for a moment and look instead at some exceptional cases. 잠시 본론에서 벗어나 예외적인 상황을 대신 검토해 보고자 합니다.

I'd like to digress for a second and look instead at the infant mortality. 잠시 본론에서 벗어나 유아 사망률을 대신 살펴보고자 합니다.

▶ infant mortality 유아사망률

Let us pause for a while here and (동사). 여기서 잠깐 멈추고 …합시다.

Let us pause for a while here and look at this advertisement. 여기서 잠깐 멈추고 이 광고를 봅시다.

Let us pause for a moment here and be reminded of our company's founding philosophy. 여기서 잠깐 멈추고 우리 회사의 설립 이념을 되새겨 봅시다.

Let us stop for a moment here and think realistically about the problems we're facing. 여기서 잠깐 멈추고 저희가 직면한 문제에 대해 현실적으로 생각해 봅시다.

To digress a little bit, let me/ let us (동사). 잠깐 옆길로 새서 …해 보죠.

To digress a little bit, let us talk about some of the other options we have.

잠깐 옆길로 새서 우리가 가진 다른 선택사항에 대해 이야기해 봅시다.

To digress a little bit, let me briefly introduce our advisor, Doctor Jae-pil Seo.

잠깐 옆길로 새서 저희 고문인 서재필 박사님을 간단히 소개시켜 드리겠습니다.

Digressing for a moment, let me explain our research analysis method.

잠깐 옆길로 새서 저희 연구분석방법에 대해 설명해 드리지요.

By the way, (주어 + 동사). 참고로 …. 입니다.

By the way는 대화 주제를 바꿀 때 쓸 수 있는 표현이죠. 문득 생각난 얘기를 꺼내거나 새로운 대화를 끌어내는 느낌을 줍니다. 약간 캐주얼한 분위기의 발표에 사용하세요.

By the way, let me show you this graph.

참고로 이 그래프를 보여 드리죠.

By the way, Star Tower is a brilliant multi-complex building that we built. 참고로 스타 타워는 저희(회사)가 지은 뛰어난 복합 건물입

니다.

By the way, the best way to master a foreign language is to live and study in that country. 참고로 외국어를 터득하는 최선의 방법은 그 나라에 체류하면서 공부하는 것입니다.

5. 원래의 주제로 돌아갈 때
- -

본론에서 벗어난 얘기를 했다가 다시 본론으로 돌아갈 때는 go back to(~로 돌아가다)라는 표현을 사용합니다.

Let's go back to … …로 다시 돌아갑시다.
Let's go back to the issue of illegal workers.
불법 노동자 문제로 다시 돌아갑시다.
Let's go back to the issue of restructuring our businesses.
우리 사업의 구조조정 문제로 다시 돌아갑시다.
Let's go back to the impact of inflation on economy.
인플레이션이 경기에 미치는 영향으로 되돌아갑시다.

Let me return to … … 얘기로 돌아가겠습니다.
Let me return to what I was talking about before.
제가 앞서 하던 얘기로 돌아가겠습니다.

Let me return to what Professor Kim was talking about.

김 교수님이 하시던 얘기로 돌아가겠습니다.

Let me go back to what I was discussing at the seminar.

세미나에서 제가 논의하던 부분으로 돌아가겠습니다.

Going back to the question/ problem of …, I would say… …의 문제로 되돌아가서 말씀드리자면, …라고 봅니다.

Going back to the question of M&A, I would say we have no choice.

인수 합병 문제로 되돌아가서 말씀드리자면 저희는 선택의 여지가 없다고 봅니다.

Going back to the problem of global warming, I would say we should find alternative energy.

지구 온난화 문제로 되돌아가서 말씀드리자면 저는 대체 에너지를 찾아야 한다고 봅니다.

▶ global warming 지구 온난화 alternative energy 대체 에너지

Going back to our long-term plan, I would say we make a step-by-step approach to achieve our goals.

장기 계획으로 되돌아가서 말씀드리자면 저는 저희 목표를 달성하기 위해 단계적인 접근을 해야 한다고 봅니다.

▶ step-by-step approach 단계적인 접근

• 전환하기 샘플

Now, that brings me to my next point on the limiting factors to rural telecommunications. First, there's a lack of infrastructure. That's why, we need a high-speed data transmission system. Furthermore, there's an inadequate supply of human capital. As for the maintenance of those high-speed systems, we do not have enough personnel in the operation or in the maintenance. As with the first case, there is a lack of awareness regarding the benefits of rural telecommunications. They need technology that goes beyond leisure time activity. By the way, to overcome these challenges, it is essential to develop the infrastructure and the human capital. In addition, it's important to explore the potential demand for expanded technological services, finances, and future partnership.

그럼 다음 포인트인 외각지역의 이동 통신을 활성화하는 데 있어 부딪치게 되는 제한요소로 연결하겠습니다. 첫째, 전자 통신에 필요한 인프라의 수요가 부족합니다. 그렇기 때문에, 고속 데이터전송 시스템이 절실하게 필요합니다. 더욱이, 인적 자본의 공급이 충분하지 않습니다. 이런 고속시스템의 운영에 관해서는, 저희는 운영과 유지에 필요한 충분한 인력이 없습니다.

첫 번째 경우와 같이, 외각지역 이동통신의 이득에 관한 인식이 부족합니다. 여가활동 이상의 기술이 필요합니다. 그 밖에도 이런 어려움을 극복하기 위해, 인프라와 인적 자원을 개발하는 것이 절대적으로 필요합니다. 아울러 폭넓은 기술 서비스와 자금, 그리고 미래의 파트너십에 대한 잠재적 수요를 모색하는 것이 중요합니다.

limiting factors 제한요소

rural 외각지역, 농촌, 시골의

telecommunication 이동, 전자통신

infrastructure 인프라

transmission 전송

lack 결여

awareness 인식

leisure 레저, 여가활동의

human capital 인적자원

potential demand 잠재적 수요

Chapter 14

스토리텔링 하기

사례를 소개하거나 이야기를 통해 내용을 전개할 때는 스토리텔링 기법을 사용해 보세요.

상품 스펙 소개보다는 직접 사용한 사람의 경험담, 제안의 실용성을 강조하기 위한 성공 사례, 혹은 어떤 가상의 상황에서 청중이 대신 경험을 할 수 있도록 가상의 이야기로 내용을 전개하면 효과적입니다.

(11과 전개하기의 시제활용을 참고하여 이야기나 사례를 시제에 맞게 전달해 보세요.)

1. 이야기 시작하기

갑자기 이야기를 꺼내기보다는 이야기 시작을 알리는 전환 표현을 사용하여 이야기나 사례를 소개하세요.

Let me tell you a story of … …의 이야기를 전해 드리겠습니다.

Let me tell you a story of John who underwent chronic depression.

만성 우울증을 겪었던 존의 이야기로 시작할게요.

Let me tell you a case of a 35-year-old female patient.

35세 여성 환자의 케이스를 전해 드리겠습니다.

Let me tell you a story of my own childhood.

제 어린 시절 이야기로 시작하겠습니다.

To start off with,/ To begin with,/ Initially, (주어 + 동사) 시작하면, …입니다.

To start off with, we decided our destination was New York. 시작하자면, 저희는 목적지를 뉴욕으로 정했습니다.

Initially, I thought it was a bad idea. 처음에는 그게 좋지 않은 아이디어라고 생각했어요.

To begin with, I began my education in London. 시작하면, 교육은 런던에서 시작했어요.

It all began … 이 모든 것은 …로 시작되었습니다.

It all began on one stormy night in May 1998.

1998년 5월의 한 폭풍치는 밤 이 모든 것이 시작되었습니다.

It all began on the day I met Jenny for the first time.

이 모든 것은 제가 처음으로 제니를 만난 그날에 시작되었습니다.

It all began with what I told to my family that lunch.

이 모든 것이 그 점심때 제 식구들에게 제가 말한 것으로 시작되었습니다.

2. 이야기 연결하기

시작한 이야기를 연결할 때 전후 관계를 생각하여 연결하는 표현을 사용해 주세요.

11과의 시간순으로 전달하는 표현도 함께 참고하면 도움이 됩니다.

Then,/ After that,/ Next, (주어 + 동사). 그리고 나서, …입니다.

Then, I started to get worried.

그리고 나서, 저는 걱정하기 시작했습니다.

After that, we knew that there would be no problem!

그리고 나서, 저희는 아무 문제가 없다는 것을 알았습니다!

Next, we decided on our strategy.

그리고나서, 저희는 전략을 세웠습니다.

As soon as/ When + (주어 + 동사). …하자 마자/ …할 때 …입니다.

As soon as we arrived, we unpacked our bags.

저희는 도착하자마자, 가방을 풀었습니다.

When you arrive at the train station, you are taped as you buy your ticket and board the train.

기차 역에 도착하였을 때 당신은 표를 사고 열차에 탑승하는 동안 녹화됩니다.

but then (주어 + 동사) 그러나 …였습니다.

We were sure everything was ready, but then we discovered some unexpected problems.

모든 것이 준비되었으나, 예상치도 못한 문제를 발견했습니다.

But then from the perspective of the homeowners, the housing bubble was truly a shock.

그러나 자택 소유자들의 관점에서 보아, 부동산 거품은 정말이지 충격이었습니다.

It sounds easy, but then it is actually very difficult.

쉽게 들릴지 몰라도 사실 굉장히 어려운 점입니다.

Immediately, (주어 + 동사) 즉시 …했습니다.

Immediately, I telephoned my friend Tom.

즉시, 저는 톰에게 전화를 했어요.

Immediately, I ran away from the shop.

즉시, 저는 상점에서 뛰어나왔습니다.

there I was/ we were 저는 그때 …였습니다.

So there I was, up to my waist in icy water.

그래서 그때, 찬물이 제 허리까지 차올랐습니다.

There I was, 36 years old, without any plan.

저는 36살이었고 아무 계획이 없었습니다.

And there I was out of work for the first time in 27 years.

그리고 거기서 나는 27년 만에 처음으로 실직 상태였습니다.

with that (주어 + 동사). 그리고 나서 …였습니다.

'Good luck!' he shouted, and with that he walked off into the darkness.

'좋은 소식 있기를!'이라고 그가 소리쳤습니다. 그리고 나서 그는 어둠속으로 걸어갔습니다.

Tom said, 'This shall be the last time to see you.' With that he went away.

톰은 '이번이 당신을 만나는 마지막이 되겠네요.' 그렇게 말하고 그는 떠나 버렸습니다.

3. 깜짝 놀랄 만한 이야기로 전환하기

스토리텔링 시에는 중간에 생각지도 못할 반전이나, 놀랄 만한 전개로 이어지게 됩니다. 이때 유익한 전환 표현을 활용해 보세요.

Suddenly, (주어 + 동사) 갑자기
Suddenly, a child burst into the room with a note for Ms. Smith.
갑자기, 아이가 스미스씨에게 전달할 메모를 들고 뛰어들어왔습니다.
Suddenly, I became an orphan and homeless.
순식간에 저는 집 없는 고아가 되어 버렸습니다.
Suddenly, he received worldwide fame and recognition.
순식간에 그는 전 세계적인 유명세와 관심을 받았습니다.

Unexpectedly, 생각지도 못하게
Unexpectedly, the people in the room didn't agree with the mayor.
생각지도 못하게, 그 방에 있던 사람들은 시장과 동의하지 않았습니다.
Unexpectedly, only 17% of Bush supporters agreed with his foreign policy.
생각지도 못하게 부시의 지지자의 17%만 그의 외교정책에 동의하였습니다.
Unexpectedly, he gained huge popularity on the Internet.

예상치 않게, 그는 인터넷에서 엄청난 인기를 얻었답니다.

To my surprise,/ Surprisingly, (주어 + 동사) 놀랍게도

Surprisingly, the moment they met, they recognized each other right away.

놀랍게도 만난 순간 그들은 바로 서로를 알아보았습니다.

Surprisingly, the pumpkin is four times heavier than the boy!

놀랍게도, 그 호박은 소년보다 4배가 더 무겁습니다.

To my surprise, I saw wild rabbits in his back yard!

놀랍게도, 난 그분의 뒷마당에서 야생토끼를 봤어요!

4. 이야기 마무리하기

전달한 이야기를 마무리할 때 적절한 표현이 있습니다. 스토리텔링이 너무 장황해지지 않도록 기승전결 기법으로 마무리해 주세요.

Finally,/ In the end, (주어 + 동사) 궁극적으로/ 마지막으로/ 결국 …입니다.

Finally, I flew to London for my meeting with Jack.

결국, 저는 잭과의 회의 때문에 런던으로 날아갔습니다.

In the end, he decided to postpone the project.

궁극적으로, 그는 그 프로젝트를 연기하기로 결정했습니다.

In the end, he went back to doing what he was the best at.

결국, 그는 가장 잘하던 일로 돌아왔다.

Eventually, (주어 + 동사) 마침내, 결국

Eventually, we became tired and returned home.

마침내, 저희는 피곤해서 집으로 돌아왔습니다.

Eventually, people found him and took him to a hospital.

마침내, 사람들이 그를 찾아 병원으로 데려갔습니다.

Eventually, it will result in no problem at all.

마침내, 전혀 문제될 것이 없습니다.

Well, the long and the short of it is that … 자, 긴 이야기를 마무리하자면….

Well, the long and the short of it is that they got divorced last year.

자, 긴 이야기를 마무리하자면, 그들은 작년에 이혼을 했습니다.

Well, the long and the short of it is that here's where I came to.

자, 긴 이야기를 줄이자면, 이곳이 제가 오게 된 곳입니다.

To cut a long story short, … 이야기를 마무리하자면….

To cut a long story short, we both spent the night in jail.

이야기를 마무리하자면, 우리 둘 다 그날 감옥에서 보냈습니다.

To cut a long story short, she was convicted at the time.

긴 얘기를 짧게 말하자면, 그녀는 그 당시에는 유죄를 선고받았습니다.

• 스토리텔링 샘플

Well, let me tell you a story of John who underwent chronic depression for years. Initially, he thought taking some anti-depressants will do. Afraid of social stigma, he never dared to consult any professional psychiatrist. It all began on one sunny day in June 2010 when John visited my clinic. That day, he made a first baby step to find a proper help from someone. As soon as John entered my office, I felt the moodiness and lack of confidence in him. He looked weary and hopeless. "Please have a seat, John." He sat without any reply. Then, I waited calmly for him until he started to speak. He was restless, avoiding looking at me. I smiled and asked him gently, "What brought you here John? Let me listen to your story." Immediately, he raised up his head and looked around my office. There I was, quietly waiting for him to speak. 'I need your help! He shouted, and with that he stood up. Suddenly, he walked around my office, looking through the books on the shelf. I felt a bit threatened but pretended to be okay. To my surprise, he told me that he used to study psychiatry, but quit studying because of depression and panic attack. Well, the long and the short of it is that after months of consultation, he overcame depression and went back to the medical school to become a psychiatrist. Five years passed, and eventually John became a psychiatrist himself, helping people with mental problems.

오랫동안 만성우울증에 시달린 존의 이야기로 시작해 보죠. 처음엔 존은 그냥 항우울제를 먹으면 될 줄 알았습니다. 사회적 낙인을 두려워한 존은 정신의학 전문의와 상담할 엄두를 내지 못했어요. 이 모든 것이 2010년 6월 어느 맑은 날 존이 제 병원에 찾아오면서 시작되었어요. 그날 그는 누군가로부터 적절한 도움을 찾기 위한 작은 첫걸음을 내디뎠습니다. 존이 제 진료실에 들어오는 순간, 그에게 침울함과 자존감의 결여를 느꼈어요. 그는 피곤하고 희망이 없어 보였어요. "존, 앉으세요." 그는 답변을 하지 않고 앉았습니다. 그리고 나서, 저는 그가 이야기를 시작할 때까지 기다렸습니다. 그는 불안해했고 절 보길 꺼려했어요. 저는 미소를 지으며, 친절하게 물었어요. "존, 여기는 어떻게 오셨나요? 이야기를 들려 주세요." 즉시, 그가 고개를 들어 올리고, 제 진료실을 둘러 보았어요. 저는 그때 조용히 그가 말할 때까지 기다렸습니다. "도움이 필요해요!"라고 그가 소리치고 나서 자리에서 일어났어요. 갑자기, 존은 진료실을 걸어 다니면서 책장 위에 책을 살펴보았어요. 저는 약간 위협을 느꼈으나 아무렇지도 않은 것처럼 행동했죠. 놀랍게도, 그는 정신의학을 공부했었는데, 우울증과 공황장애로 휴학했다고 했습니다. 자, 긴 이야기를 마무리하자면, 몇 개월간의 상담으로, 그는 우울증을 극복하고, 정신과의사가 되기 위해 의과대학으로 돌아갔어요. 5년이 흘러, 마침내 존은 정신과의사가 되었고, 정신질환이 있는 사람들을 돕고 있어요.

chronic depression 만성우울증
dare to ~할 엄두를 내다
anti-depressant 항우울제
psychiatry 정신의학과
psychiatrist 정신과 의사
weary 지친, 피곤한
panic attack 공황장애

Chapter 15
비교&대조하기

프레젠테이션의 대가라고 할 수 있는 스티브 잡스는 상품 간의 품질을 비교하는 것으로 프레젠테이션을 시작하곤 합니다. 서로 다른 상품이나 아이디어를 비교하는 방법은 둘 사이의 차이점 혹은 유사성을 들어가며 자사 제품의 우월성을 강조할 수 있지요. 비단 상품뿐만이 아니라 새로운 전략이나 아이디어 등을 소개할 때도 비교 기법만큼 효과적인 것이 없을 정도입니다. 옛것과 새것을 비교하고 경쟁사의 것과 자사의 것을 비교함으로써 제품이나 서비스, 전략, 아이디어를 보다 효과적으로 판매, 홍보할 수 있습니다.

1. 비슷한 점 비교하기

두 개 이상의 상품이나 서비스의 세부적인 범주를 비교 분석할 때 활용할 수 있는 패턴입니다.

Similarly, 비슷하게도,

Similarly, both the Plaza Hotel and the Hilton Hotel have hypoallergenic rooms. 비슷하게도, 플라자 호텔과 힐튼 호텔 둘 다 저자극성 객실이 있습니다.

▶ hypoallergenic 저자극성의

Similarly, our design needs to be improved to be more attractive. 마찬가지로, 우리의 디자인도 더 매력적으로 개선되어야 합니다.

In the same way, 비슷한 방법으로,

In the same way, T-Phone has access to free applications. 비슷한 방법으로, T폰은 무료 앱을 이용할 수 있습니다.

In the same way, individual investors and institutes made heavy purchases, at 197.2 billion won and 170.8 billion won respectively. 비슷하게, 개인 투자자들과 기관들도 각각 1,972억 원과 1,708억 원의 대량 매수를 기록했습니다.

▶ make a purchase 구입하다, 구매하다 heavy 대량의, 다액의

Likewise, 마찬가지로

Likewise, T-Phone 2 has free access to the wireless Internet.

마찬가지로, T폰 2로 무선 인터넷을 무료로 이용하실 수 있습니다.

▶ wireless Internet 무선 인터넷

Likewise, sales by exporting companies rose by 5 percent, compared to the previous quarter's minus 5 percent.

마찬가지로 수출 기업들의 매출은 지난 분기의 마이너스 5퍼센트에 비해 5퍼센트 상승하였습니다.

A is quiet similar to B A는 B와 꽤 비슷합니다

The display of Talk-Zune is quite similar to that of iPhone.

토크준의 디스플레이는 아이폰의 디스플레이와 꽤 비슷합니다.

Our strategy is way too similar to our competitor's in several ways.

우리의 전략은 몇 가지 점에서 경쟁사의 전략과 너무 흡사합니다.

▶ way too 너무

A is more … than B A는 B보다 더 …입니다

We are more specialized in training than BWC.

우리는 BWC사보다 교육 면에서 더 전문적입니다.

Our policy is more aggressive than what we have done in the past.

저희의 정책은 우리가 과거에 했던 것보다 더 공격적입니다.

Hiptic is lighter by 100 grams and thinner by 20 millimeters

Hiptic 이 100 그램 더 가벼울 뿐 아니라, 20 밀리 더 날씬합니다.

A is less … than B A는 B보다 덜 …입니다

Plan B is less risky than Plan A.

플랜 B는 플랜 A보다 덜 위험합니다.

The new model is less noisy than the old one.

새 모델은 구모델보다 소음이 덜합니다.

This option is cheaper than the one you picked.

선택하신 옵션보다 이 옵션이 더 저렴합니다.

Brinks Reader has more color choices than other brands.

블링크스리더가 다른 브랜드보다 더 많은 색상 종류가 있죠.

Brinks Reader has the most chic design among these products.

블링크스 리더가 다른 상품 중 가장 시크한 디자인을 가지고 있습
니다.

A is as … as B A는 B만큼이나 …입니다

Our 245 model is as stylish as the previous model.

저희 245 모델은 이전 모델만큼이나 멋지죠.

Smart watches are as convenient as mobile phones.

스마트워치는 핸드폰만큼이나 편리해요.

There are several similarities between A and B

A와 B 사이에는 몇 가지 비슷한 점이 있습니다

There are several similarities between iPhone 4 and Galaxy.

아이폰 4와 갤럭시 사이에는 몇 가지 비슷한 점이 있습니다.

There are many similarities between economic uncertainty and political one.

경제적 불확실성과 정치적 불확실성 사이에는 많은 유사점이 있습니다.

There are a lot of similarities in the views on our products between the middle class and high-income earners.

중산층과 고소득층 사이에는 저희의 상품에 대해 의견 상의 많은 유사점이 있습니다.

▶ middle class 중산층 high income earners 고소득층

2. 차이점을 설명하기

프레젠테이션에서 가장 효과적인 비교 방법은 자사의 신제품과 시장에서 가장 경쟁력이 있는 상품을 비교하는 것입니다. 비교·설명하면서 신제품이 기능과 가격 면에서 손색이 없을 뿐만 아니라 탁월한 차이점이 있다는 것을 강조합니다.

A is different from B in many ways. 많은 점에서 A와 B는 다릅니다.

Our new strategy is different from the previous one in many ways.

저희의 새로운 전략은 지난번 전략과 많은 점에서 다릅니다.

The FTA is different from the NAFTA in many ways.

FTA(자유무역협정)는 많은 점에서 NAFTA(북미자유무역협정)와
다릅니다.

▶ FTA (= Free Trade Agreement) 자유무역협정

▶ NAFTA (= North American Free Trade Agreement) 북미자유무
역협정

These two models are different in several ways.

이 두 모델은 여러 면에서 다릅니다.

A differs from B in … …의 면에서 A는 B와 다릅니다.

Our new product differs from our competitor's in price.

우리의 신상품은 가격 면에서 경쟁사의 신제품과 다릅니다.

We differ from our competitors in sales strategies.

우리는 영업 전략 면에서 우리 경쟁사들과 다릅니다.

Y-watches vary from Tibo-watches in the fact that their designs
are unique.

Y워치는 디자인이 특이하다는 점에서 티보워치와 다릅니다.

There are several differences between … …사이에는 몇 가지 차
이점이 있습니다.

There are several differences between 234-mode and 345-mode.

234-모드와 345-모드 사이에는 몇 가지 차이점이 있습니다.

There are several differences between the 24 MXT project and the 25 MYT project.

24MXT 프로젝트와 25MYT 프로젝트 사이에는 몇 가지 차이점이 있습니다.

Unlike …, (주어 + 동사) …와 다르게 …입니다.

Unlike the previous model, the new model has an auto alarm mode.

이전 모델과는 달리, 신모델은 오토알람기능이 있습니다.

Unlike ThinPad, Z-Shoot has an intuitive touch screen.

씬패드와는 달리 제트슛은 직관적인 터치 스크린을 보유합니다.

3. 대조하기

어떤 서비스나 상품이 다른 것보다 월등할 때, 혹은 뭔가 다르고 새로운 것을 부각시켜 소개할 때 활용할 수 있는 패턴입니다.

In contrast/ Contrarily/ On the contrary, 주어 + 동사 반대로 ~이다

In contrast, Yespi has limited access to free music and movies.

반면, 예스피는 무료 음악과 영화 이용이 제한되어 있습니다.

Contrarily, our product has a three-year warranty period.

반면, 저희 상품은 3년 품질 보증 기간이 있습니다.

▶ warranty 보증(서)

On the contrary, we thought it imperative to make the rules and regulations precise and clear.

반대로, 우리는 규칙 및 법규들을 정확하고 명백히 하는 것이 필수적이라고 생각하였습니다.

On the contrary, you should be worried about your credit score.

반면에 여러분의 신용점수에 대해 걱정하셔야 합니다.

In fact/ Actually, 사실상

In fact, K6 costs 20 percent more for monthly maintenance.

사실, K6는 월별 유지비가 20% 더 듭니다.

▶ maintenance 유지, 보수 관리

In fact, this new system costs extra 100,000 dollars.

사실상 이 새로운 시스템은 추가로 십만 달러가 더 듭니다.

Actually, our new system requires only one training session.

사실상, 저희 새 시스템은 단 한 번의 교육 세션만 요구됩니다.

whereas …에 반하여, …인 반면에

The current tax law only includes bribes given to civilians in the taxation articles whereas political bribes given to politicians are not stated.

현행 세법은 민간인에게 제공된 뇌물만을 과세 대상으로 포함시키고 있는 반면에, 정치인에게 제공된 정치적 뇌물에 대해선 명시하고 있지 않습니다.

▶ tax law 세법 civilian 민간인

Whereas other similar products cost about 15 percent more than ours, our product is more reliable and durable than any other products in the market.

비록 다른 비슷한 상품은 15% 량 값이 더 나가지만, 저희 상품은 시장의 다른 어떤 상품들 보다 더 믿을 만하고 오래갑니다.

▶ reliable 믿을 만한 durable 내구성이 있는, 오래가는

• 비교, 대조하기 샘플
경쟁사 상품과 비교하며 소개하기

Now let me introduce new ZenBook 10, the most up-to-date, multifunctional reading gadget. You may wonder why we need another e-book reader. What's the difference from other readers in the market? Well yes, similarly, like all readers out there, the core function of ZenBook 10 is to read e-books and web-based news. ZenBook10 is quite similar to functional design of a typical e-reader in the market. But is it? Let me assure you they are very much different. As you see from this side, ZenBook is lighter by 200 grams and thinner by 5 millimeters than i-book, for example. Here I have the two devices side-by-side and you can see the difference. ZenBook10 is way thinner than the width of a pen whereas i-book is approximately 12 millimeters in thickness. Actually, ZenBook10 is only 7 millimeters! It is as stylish as T-Zet, the thinnest mobile phone available in the market.

That's pretty amazing, right? It can't get any better than that. Did I mention that we are offering the Reader in five vibrant colors? Five vibrant color choices for those of you who don't do "boring". Of course, for those who want to keep it simple, sleek silver is always a nice choice.

이제 여러분께 가장 최신의 다기능 독서기기인 새로운 젠북10을 소개해 드리지요. 왜 우리가 또 다른 이북이 필요한지 궁금하실 겁니다. 시장의 다른 리더와 무슨 차이가 있을까요?

그래요 네, 비슷하게도, 시장의 모든 독서기기처럼, 젠북10의 핵심 기능은 이북과 웹뉴스를 읽는 것이겠지요. 젠북10은 시장의 일반적인 전자책단말기의 기능적인 디자인과 매우 비슷합니다. 하지만 정말 그럴까요? 사실 매우 다르다는 것을 확신시켜 드리지요. 이 면에서 보시면, 예를 들어, 젠북은 아이북보다 200그램 더 가볍고, 5미리 더 얇아요. 여기, 두 기기가 바로 옆에 있어 차이점을 보실 수 있는데요. 젠북은 팬의 두께보다 훨씬 가늘지만, 반면에 아이북은 두께가 약 12밀리입니다. 사실 젠부10은 경우 7밀리입니다! 시장에서 가장 얇은 핸드폰인 티젯만큼이나 멋지죠.

이거 놀랍지 않나요? 이 이상 더 좋은 게 어디 있을까요? 젠북10이 5가지 멋진 색상들로 출시된다는 것을 혹시 저희가 언급했나요? 여러분들을 위해 5가지 선택옵션이 준비되어 있으니, "지루할" 필요가 없답니다. 물론, 단순성 추구하시는 분들을 위해, 언제나 좋은 대안으로 마련된 유광 은색도 있습니다.

gadget 기기, 기계

considerably 비교적으로

width 너비

approximately 대략

vibrant 강렬한, 멋진

sleek silver 유성의, 윤이 나는 은색

뛰어난 발표자는 청중의 입장에서 생각하여 발표 내용을 쉽고 정확하게 전달하는 사람입니다. 청중이 이해를 하건 말건 자기 식대로 장황하게 이야기하는 발표자는 결국 혼자 떠드는 것밖에 되지 않습니다. 특히 본론에서 다뤄야 할 내용이 너무 많을 경우 발표자가 적절하게 내용 정리를 해 주지 않으면 청중은 무척 혼란스러워 합니다. 본론에서 중요한 부분을 강조하고 장황한 내용을 알기 쉽게 요약할 때 쓰는 표현들을 익혀 봅시다.

1. 중요한 사항을 강조할 때

문장 앞부분에서 중요한 사항을 말할 거라고 미리 알려 주어 청중의 주의를 환기시킬 필요가 있습니다. 그래야 딴 생각을 하고 있던 청중도 집중할 수 있으니까요.

The point that I'd like to emphasize is that … 제가 강조하고 싶은 점은 …입니다.

The point that I'd like to emphasize is that our profits have risen after we implemented Business Process Management.

제가 강조하고 싶은 점은 비즈니스 성과관리를 도입한 후 우리 매출이 늘었다는 것입니다.

▶ business process management 비즈니스 성과관리

The point that I'd like to focus on is that all new employees should attend all workshops.

제가 중점을 두고 싶은 점은 모든 신입 사원들은 모든 워크숍에 참석해야 한다는 것입니다.

The point that I'd like to reiterate is that irregular weather patterns and ecological disasters are caused by global warming.

제가 다시 말하고 싶은 점은 불규칙한 날씨 패턴과 생태계 재난은 지구 온난화로 인한 결과라는 것입니다.

▶ reiterate 다시 말하다 ecological 생태계의

What I'd like to stress/ focus/ emphasize is that … 제가 강조하고 싶은 것은 …입니다.

What I'd like to stress is that we need to arrange sales training workshops.

제가 강조하고 싶은 것은 영업 교육 워크숍을 마련할 필요가 있다는 것입니다.

What I'd like to stress is that our company needs more administrative assistants.

제가 강조하고 싶은 것은 우리 회사는 더 많은 행정 보조직원들이 필요하다는 것입니다.

What I'd like to focus on is this 42-inch LCD monitor.

제가 중점을 두고자 하는 것은 바로 이 42인치 LCD 모니터입니다.

What I'd like to emphasize is that there are few highly qualified consultants in public enterprises.

제가 강조하고 싶은 것은 공기업에는 아주 능력 있는 컨설턴트가 거의 없다는 것입니다.

The important point here that I'd like to emphasize is that … 제가 여기서 강조하고 싶은 중요 포인트는 … 것입니다.

The important point here that I'd like to emphasize is that we need restructuring.

제가 여기서 강조하고 싶은 중요 포인트는 우리에게는 구조조정이 필요하다는 것입니다.

The important point here that we need to understand is that safety comes before anything.

여기서 우리가 이해해야 할 중요한 점은 무엇보다 안전이 중요하다는 점입니다.

The interesting point here that I'd like to point out is that none of our competitors have thought of this function.

여기서 제가 말씀드리고 싶은 흥미로운 점은 저희의 어느 경쟁사도 이런 기능을 생각하지 못했다는 것입니다.

2. 어려운 내용을 쉽게 풀어 줄 때

발표자는 청중이 쉽게 이해할 수 있도록 도와주는 가이드 역할을 해야 합니다. 자신이 청중보다 한 수 높다는 자만심에 혼자만 알아듣는 내용으로 청중을 혼란스럽게 하는 것은 어리석은 일입니다. 항상 청중의 입장에서 어렵거나 요약이 필요한 사항을 알아서 정리·해석해 주는 세심함이 필요합니다.

Simply put/ To put it simply/ Basically, (주어 + 동사) 간단히 말하자면 …입니다.

Simply put, we need to cut prices.

간단히 말하자면 우리는 가격을 내려야 합니다.

To put it simply, the AI training has helped us increase productivity.

간단히 말하자면 인공지능 교육을 도입한 후 생산성이 증가하였습니다.

Basically, we need a solution, and we need it now.

근본적으로 우리는 해결책이 필요하고, 그 시기는 바로 지금입니다.

Generally, we have done much better than our competitors expected.

대체로 우리는 경쟁사들이 예상했던 것보다 훨씬 너 잘해 왔습니다.

That is/ This means/ This is to say/ Namely, (주어 + 동사) 즉 …입니다.

That is, we should not have to redesign our manufacturing system to accommodate a new design.

즉, 우리는 새로운 디자인을 따라가기 위해 제조 시스템을 재설계해서는 안 된다는 것입니다.

This means, we can cover a lot of areas in the development process.

이는 우리가 개발 과정에서 많은 영역을 커버할 수 있다는 것을 뜻합니다.

Namely, no one will be able to keep up with our advances.

즉, 누구도 우리의 발전을 따라오지 못한다는 것을 의미합니다.

This is to say, we can achieve our annual goal without delay.

이는 우리가 지연 없이 우리의 연례 목표를 달성할 수 있다는 것을 의미합니다.

3. 특정 사항에 관해 언급할 때

무엇에 관한 설명인지 언급할 때 about만 반복하지 말고 '~에 관해 보자면'이란 의미로 with regard to, regarding, concerning, in connection with, as for, as far as ~ is concerned 등의 표현도 사용해 보세요.

With regard to/ Regarding/ Concerning/ In connection with … (주어 + 동사) …에 관해 보자면 …입니다.

With regard to local economic conditions, our position in the global market has never been better.

국내 경제 여건에서 보면 국제 시장에서 우리의 위상은 최상입니다.

▶ have never been better 이보다 더 좋았던 적은 없다, 최상이다.

In connection with the illegal transactions, brokerages have launched unified and stricter regulations.

불법 거래와 관련하여 증권사들은 규제를 통합하고 더욱 강화했습니다.

▶ illegal transactions 불법 거래 · brokerage 증권사

We can anticipate an increased role for ATN Telecom in settling issues concerning the distribution of 5G services.

저희는 5G통신서비스 유통과 관련된 문제 해결에 있어 ATN텔레콤사의 역할 증대를 기대할 수 있습니다.

As far as … is concerned, (주어 + 동사) …에 관한 한 …입니다.

As far as price is concerned, the cheaper the product, the worse the quality.

가격에 관한 한 싼 물건일수록 품질이 좋지 않습니다.

As far as customer satisfaction is concerned, we are second to none.

고객 만족에 관한 한 우리는 누구한테도 지지 않습니다.

▶ be second to none 아무에게도 뒤지지 않는다

As far as technology is concerned, our product is the most advanced in the market. 기술에 관한 한 우리 상품이 시장에서 최첨단 입니다.

4. 부연해서 설명할 때

앞서 설명한 내용을 다시 정리해 주거나 쉽게 이해할 수 있도록 부연 설명하는 것 역시 청중에 대한 배려입니다.

In other words, (주어 + 동사) 다시 말하면, …입니다.

In other words, our estimates on the market trend were right.

다시 말하면 시장 추세에 관한 저희의 예상이 옳았습니다.

In other words, the city estimates sales tax revenues will be down by 7 percent this year.

다시 말해서 시는 올해 판매세 수입이 7% 감소할 것으로 추산하고 있습니다.

In other words, knowledge about the cultural background of the target foreign language and interaction with foreign associates are essential in making a successful deal.

다시 말하자면 성공적인 계약을 체결하는 데 있어 해당 외국어의 문화적 배경에 관한 지식과 외국 거래처와의 교류는 필수적입니다.

▶ interaction 상호 작용 associate (사업·직장) 동료

To put it another way, (주어 + 동사) 달리 표현하면, …입니다.

To put it another way, semiconducting businesses will suffer without new breakthroughs.

달리 표현하면 반도체 기업들은 새로운 돌파구 없이는 어려움을 겪을 겁니다.

To put it another way, you must respect your employees.

다시 말해 직원들을 존중해야 합니다.

To put it another way, our product is the most advanced in the market.

다시 말해서 우리 상품이 시장에서 최첨단입니다.

If I rephrase what I just said, (주어 + 동사) 방금 제가 한 말을 바꿔 표현하면 …입니다.

If I rephrase what I just said, you must enjoy what you are doing.

방금 제가 한 말을 바꿔 표현하면 자기가 하고 있는 일을 즐겨야 한다는 것입니다.

If I rephrase what I just said, fusion products should be developed based on the related technology.

방금 제가 한 말을 바꿔 표현하면 퓨전 제품은 관련 기술에 기초해 개발되어야 한다는 것입니다.

▶ fusion product 여러 기능이 융합된 제품

If I can rephrase what I just said, the essence of advertising is to persuade people to buy a particular product.

방금 제가 한 말을 바꿔 표현하면 광고의 본질은 특정 제품을 사도록 사람들을 설득하는 것입니다.

In more technical terms, (주어 + 동사) 좀 더 엄밀한 의미에서 …입니다.

In more technical terms, the view of the media varies from person to person.

좀 더 엄밀한 의미에서 미디어에 관한 견해는 사람마다 다릅니다.

In more technical terms, administrative duties should be minimized in a corporation.

좀 더 엄밀한 의미에서 기업의 행정 업무는 최소화되어야 합니다.

In more technical terms, customer surveys must be conducted first before marketing.

좀 더 엄밀한 의미에서 마케팅 전에 고객 설문 조사가 먼저 실시되어야 합니다.

Perhaps, Probably, Possibly, (주어 + 동사) 아마도 …입니다.

Perhaps the best thing about Eviden is its portability and affordable price.

에비덴의 가장 좋은 점은 아마도 이동성과 부담스럽지 않은 금액입니다.

Probably employees' loyalty toward their company boosts up overall productivity.

아마도 회사에 대한 직원들의 충성심이 전반적인 생산성을 증대시킨다고 봅니다.

Possibly, the growing influence of women may have changed the characteristics of certain industries.

아마도 여성의 영향력이 증가하면서 특정 산업의 특징을 바꿨다고 말하는 것이 맞을 겁니다.

• 부연설명하기 샘플

긍정적인 재정상황에 관해 부연 설명하기

With regard to our current financial situation, it has been another excellent year.

The forecast for the next quarter is equally good. What I'd like to emphasize is that profits from abroad are also on the rise because of the U.S. stimulus package. Simply put, our performance overall has been good.

As far as overseas markets are concerned, it's now a good time to finance expansion.

Starting from Asia, we also plan to increase our investment in manufacturing plants and equipment before expanding further into the European market. We are particularly pleased with last year's performance in France and Germany. Basically, as a result of using a new distributor, our costs were reduced giving us a gross margin of 40 percent on our main product line. This means, we will use any extra cash to invest. If I rephrase what I just said, this year will be a year of further growth.

저희의 현재 재정상황에 관해 보자면, 올해도 좋은 한 해였습니다.

다음 분기의 예상도 이번 분기만큼 좋습니다. 제가 강조하고 싶은 것은 미국의 경기부양책으로 해외 매출이 증가하고 있다는 것입니다. 간단히 말씀드리자면, 전반적인 성과는 좋습니다.

해외 시장에 관한한, 확장을 위해 자금을 대기 좋은 시기이지요.

아시아를 시작으로 유럽시장에 더 확장하기 전에 공장과 시설 투자를 늘릴 계획입니다.

특히 프랑스와 독일에서의 작년 성과에 만족하고 있지요. 근본적으로, 새로운 배급업체를 이용함으로 비용이 감소하여 저희의 주요상품군의 매상 총이익이 40%나 올랐습니다. 즉, 우리는 남은 현금으로 투자를 할 것입니다. 방금 제가 한 말을 바꿔 표현하자면, 올해는 추가 성장의 한 해가 될 것입니다.

forecast 예상

quarter 분기

stimulus package 경기부양책

performance 성과

overall 전반적으로

issue 발행하다

finance 재정, 자금을 대다

expansion 확장

distributor 공급자, 배송업체

gross margin 매상 총 이익

Chapter 17
시각 자료 설명하기

　프리젠터의 스피치가 아무리 뛰어나도 오로지 스피치만을 통해서는 프리젠터의 이야기가 100% 청중의 귀에 들어오지 못합니다. 따라서 구구절절 설명을 늘어놓기보다는 전달하고자 하는 메시지와 관련된 시각물을 직접 보이며 설명하는 것이 효과적입니다. 특히 청중에게 확실히 인식시켜 주고 싶은 어떤 문제나 주요 메시지를 전하고자 할 때 관련 시각물을 활용하면 그 효과가 배가되는데요. 그만큼 시각적인 전달이 청중의 이해를 돕고 그들의 주목을 끄는 데 확실한 역할을 해 주기 때문입니다.

1. 준비한 시각자료를 보여 줄 때

준비한 시각자료를 보여 주기 전에 청중에게 시각자료의 형태, 제목, 목적 등을 간략하게 소개하면서 쓸 수 있는 표현입니다.

I have some flow charts/ slides/ pie charts/ diagrams to show you.
여러분께 보여 드릴 순서도/ 슬라이드/ 원 그래프/ 도표가 있습니다.

I have some flow charts to show you.
여러분께 보여 드릴 순서도가 있습니다.

I have some slides to show you.
여러분께 보여 드릴 슬라이드가 있습니다.

I have some pie charts to explain what I just said.
제가 방금 말씀드린 내용을 설명해 주는 원그래프가 있습니다.

I have some diagrams which will help you understand my point easily.
제 의견을 쉽게 이해하실 수 있도록 도표 몇 개를 준비했습니다.

I have prepared some visuals to 동사. …하기 위해 몇 가지 시각자료를 준비했습니다.

I have prepared some visuals to make the focus of my presentation a bit more clear.
제 프레젠테이션의 초점을 좀 더 명확히 하기 위해서 몇 가지 시각자료를 준비했습니다.

I have prepared some diagrams to help you understand the distributing channels of our products.

우리 상품의 유통 채널 이해를 돕고자 몇 가지 도표를 준비했습니다.

I prepared flow charts to explain this point in detail.

이 점을 상세히 설명해 드리고자 순서도를 준비했습니다.

Let me explain/ illustrate ~ with ……을 통해 ~을 설명해 드리겠습니다.

Let me explain this part with some charts.

몇 가지 차트를 가지고 이 부분에 대해 설명해 드리겠습니다.

Let me illustrate the consumption of wheat in the last decade with this table.

이 표를 통해 지난 10년간의 밀가루 소비를 설명해 드리겠습니다.

▶ illustrate (예·그림 등을 이용해) 설명하다 decade 10년

Let me show you the sales figures of the first quarter with a bar graph.

1/4분기의 판매 실적을 막대그래프로 보여 드리겠습니다.

2. 시각자료에 청중을 주목시킬 때

시각자료에 청중의 시선을 끌 때 쓸 수 있는 표현입니다

I'd like to draw your attention to … …에 주목해 주시기 바랍니다

I'd like to draw your attention to this graph.

이 그래프에 주목해 주시기 바랍니다.

I'd like to draw your attention to the markup.

이윤액에 주목해 주시기 바랍니다.

▶ markup 이윤폭

I'd like to draw your attention to our total net revenue from the previous quarter.

지난 분기의 총 순수익에 주목해 주시기 바랍니다.

Let us focus/ concentrate on … …에 집중해 봅시다

Let us focus on this chart for a moment.

잠깐 이 차트에 집중해 봅시다.

Let us concentrate on the sales figures.

판매 수치에 주목해 봅시다.

Let us pay attention to … …에 주목해 봅시다

Let us pay attention to the equity returns.

자기자본 수익률에 주목해 봅시다.

▶ equity returns 자기자본 수익(률)

Let us pay attention to what he is trying to say.

그가 말씀하고자 하는 내용에 집중해 주세요.

Can you see that? 잘 보이십니까?

Can you see this from the back? 뒷자리에서도 보이십니까?

Can everyone see that? 모두 잘 보이십니까?

3. 시각자료에 대해 설명할 때

시각자료를 통해 얻을 수 있는 정보나 시각자료가 보여 주는 사실, 전망, 가능성 등을 짚어 줄 때 활용할 수 있는 표현입니다.

If you take a look at ~, you will see … ~을 보시면 …을 알 수 있습니다.

If you take a look at this graph, you will see that our sales have been decreasing.

이 그래프를 보시면 저희 매출이 감소하고 있다는 것을 알 수 있습니다.

If you take a close look at this graph, you will see that his popularity has been decreasing.

이 그래프를 자세히 보시면 그의 인기가 하락하고 있다는 것을 알 수 있습니다.

If you take a look at these figures, you will see that there are more plants with high productivity in developed nations.

이 수치들을 보시면 선진국에 생산률이 높은 공장이 더 많다는 것을 알 수 있습니다.

This chart/ table/ slide shows … 이 차트/ 표/ 슬라이드는 …을 보여 줍니다.

This chart shows free contents are booming on the net.

이 차트는 무료 콘텐츠가 인터넷에서 인기를 누리고 있다는 것을 보여 줍니다.

This slide shows the sales and earnings to date.

이 슬라이드는 현재까지의 매출과 수익을 보여 줍니다.

▶ to date 현재까지

This table shows what I have been talking about.

이 표는 제가 지금까지 말씀드린 것을 보여 줍니다.

As you can see from this …, 이 …에서 알 수 있듯이,

As you can see from this graph, the number of Korean immigrants residing in New York City is on the rise.

이 그래프에서 볼 수 있듯이 뉴욕에 거주하는 한국 이민자의 숫자는 증가하고 있습니다.

As you can see from this graph, the divorce rate is on the rise in Korea. 이 그래프에서 알 수 있듯이, 한국에서의 이혼율이 증가하고 있습니다.

As you can see from this table, people in their early forties are the most health-conscious group.

이 표에서 알 수 있듯이 40대 초반의 사람들이 건강에 가장 관심을 갖는 그룹입니다.

▶ health-conscious 건강을 항상 의식하는

As you can see on the handout, we have five major areas to discuss.

핸드아웃에서 보시다시피 저희는 토론해야 할 5개의 중요사항이 있습니다.

These statistics show … 이 통계는 …을 보여 줍니다.

These statistics show that customers' expectations are fairly high.

이 통계는 고객들의 기대치가 꽤 높다는 것을 보여 줍니다.

▶ fairly 꽤, 아주

These statistics show that over 20% of the population knows someone with cancer.

이 통계는 인구 중 20%가 암으로 투병하는 사람을 알고 있다는 것을 보여 줍니다.

These statistics show that 1 in 10 Americans are overweight.

이 통계는 미국인 10명 중 1명은 비만이라는 것을 보여 줍니다.

The horizontal (y-)/ vertical (x-) axis/ solid line/ broken line
represents/shows …

가로축/ 세로축은/ 실선은/ 점선은 …을 나타냅니다/ 보여 줍니다

The horizontal axis represents the sales volume.

가로축은 매출량을 나타냅니다.

▶ sales volume 매출량

The vertical axis shows the time period.

세로축은 기간을 보여 줍니다.

The y-axis shows the population.

세로축은 기간을 보여 줍니다.

The solid line shows sales.

실선은 영업량을 보여줍니다.

In the rows/ columns, 가로줄/ 세로줄에는

In the rows, we have the yearly consumption of oil energy per
capita for each country.

가로줄에는 국가별 1인당 연간 석유 에너지 소비량이 나와 있습니다.

▶ consumption 소비량 per capita 1인당

In the columns, we have the different years.

세로줄에는 연도가 나와 있습니다.

In the rows, we have five major areas to discuss.

가로줄에는 저희는 토론해야 할 5개의 중요사항이 있습니다.

• 시각자료 사용하기 샘플

Now, I have some figures to show you. Let me show you our data on turnover. As you can see on this graph, I've plotted two lines. The solid line represents the group's turnover and the broken one represents the sales generated by our subsidiary in Singapore. The figures have been converted into dollars and are shown on this axis in thousands.

자, 여러분께 보여 드릴 수치가 있습니다. 거래액에 관한 저희 자료를 보여 드리지요.

이 그래프에서 보시다시피 두 개의 선으로 점을 연결해 보았습니다. 직선은 그룹 거래액을 나타내고, 점선은 싱가포르에서의 저희 계열사의 매출액을 나타냅니다. 수치는 달러로 전환되었고 이쪽 축에서 1000단위로 보여 드립니다.

figure 수치
turnover 거래액, 매상액

plot 좌표에 따라 점을 정하다, 점을 이어 그리다

represent 나타내다

generate 일으키다, 낳다

subsidiary 계열사

convert 전환하다

Chapter 18
수치 분석하기

시각자료를 사용하는 이유는 말이나 글로 표현하기에 복잡한 내용을 도표나 차트로 간단히 설명하기 위해서입니다. 그래서 시각자료에는 복잡한 수치나 기호 등이 제시되는 경우가 많은데 발표자는 이것을 청중이 쉽게 이해할 수 있도록 분석해서 전달해야 합니다. 시각자료에 나와 있는 수치를 그대로 읽어 주기만 한다면 청중은 숫자의 홍수 속에서 헤매고 말 것입니다. 발표자는 숫자를 읽어 주는 사람이 아니라 분석해 주는 사람이라는 것을 잊지 마세요. 시각자료의 수치나 기호를 청중이 쉽게 이해할 수 있도록 분석·전달하는 표현을 알아봅시다.

1. 증가한 수치를 분석할 때

increase 증가하다

peak 절정에 달하다 rise 오르다 jump 급증하다

grow 성장하다 soar/ skyrocket 치솟다

Profits rose 11% to $2.7 billion. 이윤이 11% 올라 27억 달러가 되었습니다.

Our business grew by 10% last year. 작년에 우리 사업은 10% 성장했습니다.

Profits soared 19%. 이윤이 19% 치솟았습니다.

Our surplus was increased by 30% over the last year.

지난 일 년간 우리의 잉여금이 30퍼센트 증가하였습니다.

Sales have increased steadily from this point on.

이 시점에서부터 매출이 꾸준히 늘고 있습니다.

Profitability skyrocketed due to greater efficiency.

효율성으로 인해 이윤이 급격히 증가했습니다.

The rents skyrocketed after the government introduced the new real estate regulations.

정부가 새로운 부동산 정책을 도입한 후로 월세가 급격히 올랐습니다.

▶ skyrocket 급등하다

significantly(상당히), steadily(끊임없이, 계속해서), gradually(점차

로), slowly(천천히), slightly(조금씩), suddenly(갑자기), rapidly(급속히), dramatically(극적으로), sharply(급격하게), steeply(가파르게)

'증가'를 나타내는 동사 뒤에 부사를 붙여 증가하는 양상을 구체적으로 표현할 수 있습니다.

Sales are increasing steadily from this point on.

이 시점부터 계속 매출이 꾸준히 늘고 있습니다.

Sales rose steeply in April as a result of the new campaign.

새로운 캠페인의 결과 4월에는 매출이 급격하게 올랐습니다.

Profitability climbed sharply due to efficiency.

효율성으로 인해 수익성이 급격히 증가했습니다.

▶ profitability 수익성 efficiency 능률, 효율

Export sales revenues have been soaring significantly.

수출 판매 수익이 두드러지게 상승했습니다.

▶ soar (가치·물가 등이) 급증하다

double 두 배가 되다 triple 세 배가 되다

* 숫자 + fold는 '(숫자)배'라는 표현이지요. Twofold는 double이라고도 하고 threefold는 triple, fourfold는 quadruple이라고도 하지요.

The investment has doubled.

The investment has increased twofold.

투자는 두배로 증가했다.

Their sales results tripled last year alone.

Their sales results increased threefold last year alone.

그들의 매출실적은 작년에만 3배로 증가하였습니다.

Their sales results quadrupled last year alone.

Their sales results increased fourfold last year alone.

그들의 매출실적은 작년에만 4배로 증가하였습니다.

Their stock prices increased fivefold in two years.

2년 안에 주가 다섯 배로 뛰었다.

… have gone up from X to Y …이 X에서 Y로 증가했습니다.

* 수치의 증가를 나타낼 때 동사 rise, soar, skyrocket (급상승하다),
increase, go up등을 사용합니다.

Shares have gone up from 12 dollars to 25 dollars.

주식이 12달러에서 25달러로 올랐습니다.

In the next slide you'll see that their profits have risen from 24 to
51 earnings per share.

다음 슬라이드에서는 이 회사의 이익이 이전 주당 24에서 주당 51
포인트로 증가한 것을 보시게 됩니다.

Their market value has gone up from 5 dollars per share to 15 dollars per share.

그들의 주가는 주당 5달러에서 주당 15달러로 올랐습니다.

… have gone up by X to Y …은 X 인상되어 현재 Y입니다

Profitability has gone up by 20% to 35,000 dollars of net profit.

이윤은 20% 올라 현재 순이익은 3만 5천 달러입니다.

▶ profitability 이윤, 수익성 net profit 순이익

The crude oil prices have risen by 30% to $40 per barrel.

유가가 30% 인상되어 현재 배럴당 40달러입니다.

Chris' incentives have gone up by 200% to 40,000 dollars.

크리스의 인센티브는200퍼센트로 올라 4만 달러입니다.

2. 감소한 수치를 분석할 때

decrease 감소하다 decline 하락하다 fall/ drop 떨어지다

shrink 위축하다 slump 폭락하다 contract 줄어들다 halve 반으로
줄다 plummet 곤두박질치다 collapse 무너지다

Sales fell sharply in April due to the political instability. 정치 불안
으로 인해 매출이 4월에 급감했습니다.

The domestic market has shrunk significantly due to the FTA.

FTA로 인해 국내 시장이 상당히 위축되었습니다.

Our productivity has declined this summer due to the typhoon.

태풍으로 인해 올 여름 우리의 생산성이 하락했습니다.

Sales volume dropped considerably this month due to the strike.

파업으로 인해 이번 달 매출액이 상당히 줄었습니다.

Profits are falling.

이윤이 떨어지고 있습니다.

Sales plummeted in January.

1월에 매출이 곤두박질쳤습니다.

There's been a decrease in annual sales of 1 million dollars.

연매출이 100만 달러 감소했습니다.

… have gone down from X to Y …이 X에서 Y로 감소했습니다

… have gone down by X to Y …은 X 감소되어 현재 Y입니다

The turnover rate has gone down from 9 percent to 5.5 percent.

이직률이 9%에서 5.5%로 감소했습니다.

▶ turnover rate 이직률

Our market share has gone down by 23 percent to about 15 percent.

저희 시장 점유율은 23% 감소되어 현재 약 15%입니다.

재정 상태가 좋지 않을 때 쓸 수 있는 표현

Our forecast for the next six months is that things will get even worse.

다음 6개월간의 예상으로는 상황이 악화될 수도 있습니다.

* 재무상황을 예상할 때 수치나 자료 등 근거자료를 포함시키도록 합니다.

Our financial situation will deteriorate.

우리의 재정상황이 악화될 것입니다.

Our financial forecast is very pessimistic.

우리의 재정예상은 굉장히 비관적입니다.

In the US, Jensons took a loss of 70 million dollars on revenues of 2 billion dollars.

젠슨스사는 미국에서 판매액 20억 달러 중 7천만 달러의 손해를 보았습니다.

* 수치를 제공하여 의견을 뒷받침합니다.

Revenues are down from last year.

작년과 비교하여 총수입이 내려갔습니다.

Last year's revenues are a foreshadowing of another bleak year.

작년의 총수입은 또 다가올 암울한 연도의 예시입니다.

Jensons expects to take another loss in revenue.

젠슨스사는 또 한 번 총수입 감소를 예상합니다.

This year's performance was much worse than expected.

이번 년도의 성과는 특별히 예상보다 좋지 않았습니다.

* 재무상황은 몇 년 동안의 내역을 비교 분석하세요.

Our forecasters have predicted another negative year.

저희의 예상은 이번 연도가 또 불화일 것이라는 겁니다.

Our performance over the last year was unexpectedly bleak.

저희의 작년 성과는 예상치도 못하게 침울합니다.

We are operating in a deficit this year.

우리는 금년에 적자로 운영되고 있습니다.

3. 오르락내리락하는 상태를 표현할 때

fluctuate/ roller-coaster/ show the ups and downs 오르락내리락하다

The oil price is fluctuating.

유가가 오르락내리락합니다.

Stock prices roller-coastered last week.

지난주에 주가가 오르락내리락했습니다.

The KOSPI shows the ups and downs.

코스피 지수가 오르락내리락합니다.

Every time anything happens at these companies, stock prices will fluctuate.

이들 회사에서 무슨 일이 생기기만 하면 주가가 요동을 칠 것입니다.

4. 변동 없이 유지되는 상태를 표현할 때

stand at … …에 머무르다

Last year profits stood at 2.4 million pounds.

작년 이윤은 240만 파운드에 머물렀습니다.

Inflation now stands at 5%. 인플레이션은 현재 5%에 머무르고 있습니다.

This year's cost of sales stood at $20 million by December 31 of this year.

이번 연도 12월 31일로 마감된 올해의 매출원가는 2천만 달러였습니다.

▶ cost of sales 매출원가

remain constant/ consistent 일정 상태를 유지하다

Our profits remain constant.

우리의 이윤은 일정 상태를 유지하고 있습니다.

Sales have been quite consistent this quarter.

매출이 이번 분기에는 꽤 변동 없이 유지되고 있습니다.

maintain …을 유지하다

We have managed to maintain our sales at last year's level.

우리는 작년 매출 수준을 간신히 유지하고 있습니다.

Despite the economic recession, we have managed to maintain our sales at last year's level.

경제 불황에도 불구하고 저희 매출은 작년 수준을 가까스로 유지했습니다.

be steady 안정세를 유지하다

Our stock prices have been steady.

우리의 주가는 안정세를 유지하고 있습니다.

Oil prices should be steady within the current range.

유가는 현재 범위 내에서 안정세를 유지해야 합니다.

The nation's economic growth rate will remain steady at 5 percent for the next five years.

한국의 경제성장률은 향후 5년 동안 5퍼센트대를 안정적으로 지켜 나갈 것입니다.

be stabilized 안정세를 찾다

▶ stabilize …을 안정시키다

Oil prices were stabilized last week with the new policy.
새로운 정책으로 인해 지난주 유가는 안정세를 찾았습니다.
This policy is designed to help stabilize the local property market.
이 정책은 국내 부동산 시장 안정을 돕기 위해 마련되었습니다.

5. 조사 결과 소개하기

Our survey was conducted with … respondents 우리 조사는 …명을 대상으로 이루어졌습니다.

* 조사 기간 및 응답자의 숫자에 대한 정보를 서론에서 제공합니다.
  추가로 조사기관이나 조사 전문가 단체에 대한 언급도 하세요.

Our survey was conducted with 5,000 respondents across Korea in May, 2020.
우리 조사는 2020년 5월에 한국 전역에 걸쳐서 5,000명을 대상으로 이루어졌습니다.
Our survey was conducted with 15,000 respondents jointly across Korea and the USA.

저희의 조사는 한국에 미국에 걸쳐 공동으로 15,000명의 응답자를 대상으로 이루어졌습니다.

Our study was done by 14 clinical practitioners in April, 2021.

저희의 연구는 2021년 4월 14명의 임상전문가로부터 진행되었습니다.

Our research was conducted with the help of Jamison Biological Lab.

저희의 리서치는 제미슨 생물학 연구소(Jamison Biological Lab)에 의해 진행되었습니다.

Of the total sample, (주어 + 동사) 총 대상자 중 …입니다.

* 조사대상의 성별 분포에 대한 설명을 포함합니다. 정확한 수치를 넣어 주세요.

Of the total sample, 49 percent were male, 51 percent were female.

총 대상자의 49퍼센트는 남성, 51퍼센트는 여성이었습니다.

Of the total sample, 48 percent were employed and 52 percent were unemployed.

총 대상자의 48퍼센트는 직업이 있었고 52퍼센트는 무직자였습니다.

Of the total respondents, 30 percent were single, 42 percent were married, and 28 percent were either divorced or widowed.

총 응답자중 30퍼센트는 미혼이었고 42퍼센트는 기혼이었으며 28퍼센트는 이혼자이거나 미망인이었습니다.

The respondents were comprised of … 대상자들은 …로 이루어져 있습니다.

* 대상자의 직업 등을 밝혀 조사의 특징에 대한 언급을 합니다.

The respondents were comprised of students, working professionals, retirees, and housewives.

대상자들은 학생, 전문 직장인, 은퇴자, 그리고 주부들로 이루어져 있습니다.

The respondents were comprised of both the employed and unemployed.

응답자들은 직장인과 무직자 둘 다로 이루어져 있습니다.

The respondents were comprised of professionals and non-professionals in the biochemical industry.

응답자는 생화학 분야의 전문인과 비전문인으로 구성되어 있습니다.

A account for … percent. A가 …퍼센트를 차지합니다.

Sales in August account for nearly 25% of our annual revenue.

8월 매출이 당사 연 매출의 25% 가까이 차지합니다.

Accountants account for nearly 26 percent of our workforce.

회계사들은 우리 인력의 거의 26퍼센트를 차지합니다.

Businesses with fewer than 500 employees account for roughly half of private-sector employment in the U.S.

500인 미만 사업체가 미국의 민간 부분 채용의 절반 가량을 차지합니다.

Of the A percent, a whopping B percent said … A퍼센트 중, 많게
는 B퍼센트나 …라고 말했습니다.

* of the # percent는 앞에 언급한 특정 비율의 응답자 중의 특징을
구체적으로 설명할 때 쓰입니다. a whopping [숫자] 큰 수치 앞에
강조하기 위해 쓰는 표현입니다. 같은 의미로 an overwhelming
(숫자) 혹은 an impressive (숫자)를 사용하기도 합니다.

Of the 65 percent, a whopping 75 percent said they prefer F&B
Foods to other brands.

이 65퍼센트 중, 많게는 75퍼센트나 되는 분들이 다른 상표보다는
F&B식품을 선호했습니다.

Of the 70 percent, a whopping 88 percent said they have a posi-
tive brand image about SONY Electronics.

70퍼센트 중 88퍼센트나 되는 분들이 SONY전자의 상품 이미지가
긍정적이라고 말했습니다.

Of the 68 percent, a whopping 60 percent said they have recom-
mended our products to others.

68퍼센트 중 60퍼센트나 되는 분들이 저희 상품을 다른 분들에게
추천한 적이 있다고 말했습니다.

TIP 숫자 읽기

시각자료 하면 빠질 수 없는 게 숫자인데요. 헷갈리기 쉬운
몇 가지 숫자 읽기를 정리해 보겠습니다.

· 숫자

숫자를 읽을 때 모든 수치를 정확히 다 읽어 줄 필요는 없습
니다. 바로 아래 예처럼 반올림 수치로 읽어도 상관없어요.

23,874,450,000 twenty-three billion eight hundred (and)
seventy-four million four hundred (and) fifty thousand
→ about 24 billion

3,560 three thousand five hundred (and) sixty

4,196 → four thousand, one hundred (and) ninety-six

9,003 → nine thousand and three

598,347 five hundred (and) ninety-eight thousand, three
hundred (and) forty-seven

1,300,402 one million three-hundred thousand, four
hundred (and) two

123,456,789 → one hundred (and) twenty-three million,
four hundred (and) fifty-six thousand, seven hundred (and)
eighty-nine

※ 기수에서 100 이상의 수는 hundred 다음에 and를 넣어

읽는 것이 보통이나(영국 영어), 미국 영어에서는 생략하는 경우가 많다.

※ 위의 4,196은 forty-one hundred and ninety-six로 읽어도 된다.

※ 위의 9,003의 경우, 100단위의 숫자가 0일 때는 and를 생략할 수 없다.

※ 백의 자리에는 hundred를, 천의 자리에는 thousand를, 백만의 자리에는 million을 붙여 읽되, 백 단위로 세 자리씩 끊어 읽는다.

· 연도

2002 two thousand (and) two

2010 two thousand (and) ten

1978 nineteen seventy eight

2011 twenty eleven

2021 twenty twenty one

· 분수 (fraction)

분수를 읽을 때는 분자는 기수로, 분모는 서수로 읽으며, 분자가 2이상이면 분모에 복수형 어미 -s를 붙여 읽습니다.

1/2 → a half (one-half)

1/3 → one-third

1/4 → a quarter (one-fourth)

3/4 → three-fourths (three quarters)

3 +4/5 → three and four-fifths

1/8 → an eighth (one-eighth)

152/287 → one hundred and fifty-two over two hundred
and eighty-seven

* 대분수는 정수와 분수 사이에 and를 두어 읽으면 된다.
* 위의 와 같이 복잡한 분수(두 자리 수 이상-10단위 이상)는
  분자와 분모 사이에 over[by]를 쓰고 분자, 분모 모두를 기
  수로 읽는다.

· 소수 (decimal)

3. 14159 → three point one four one five nine

소수점 역시 반올림 수치로 읽어도 상관없습니다.

23. 789 twenty-three point seven eight nine

→ twenty three point eight

0. 92 (oh/ zero) point nine two

0. 05 → point zero five [point oh five]

0. 068 → naught point naught six eight

17. 43 → seventeen point four three

16. 5 sixteen point five

17. 38% seventeen point three eight percent

* 소수점은 point로 읽는다.

* 소수점까지는 보통 기수로 읽으며, 소수점 이하는 한 자씩 읽는다.

· 기수(Cardinal Numeral)

1,000 -- one thousand (일천)

10,000 -- ten thousand (일만)

100,000 -- one hundred thousand (십만)

1,000,000 -- one million (일백만)

1,000,000,000 -- one billion (십억)

1,000,000,000,000 -- one trillion (일조)

※ hundred, thousand, million, billion, trillion 등은 그 앞에 복수의 수가 붙어도 복수형으로 하지 않는다.

예) two hundred, three thousand, four million, five billion

· 수치 분석하기 샘플

First, let's look at the group's turnover. Five years ago, it stood at $1. 1 million. It rose steadily over the following five years and now stands at $1. 45 million. We have forecasted the next five years and we anticipate a flattening out at around $1. 5 million as price competition has increased dramatically.

Let me outline our performance in detail. Our share price fell sharply by 10 percent due to oil price increase. Our market share has gone down by 23 percent to about 15 percent.

As you see from the chart, our debt increased by 8 percent over the last three years. If things go on as they are, our financial situation may deteriorate.

먼저 저희 그룹의 거래액을 살펴봅시다. 5년 전 110만 달러를 유지했지요. 지난 5년 동안 꾸준히 증가하여 지금은 145만 달러에 이릅니다. 다음 5년간의 예상금액을 계산해 보았습니다. 약 150만 달러 지점에서 수평으로 돌아갈 것이라 예상합니다. 가격 경쟁이 극적으로 높아졌기 때문이지요.

상세하게 저희의 성과를 정리해 보죠. 저희 주가가 유가상승으로 10퍼센트 급락했습니다.

저희 시장 점유율은 23% 감소되어 현재 약 15%입니다.

이 차트에서 보시는 것처럼, 저희 채무가 지난 3년간 8퍼센트가 증가하였습니다. 만약 사태가 계속 이렇게 유지된다면, 회사의 재정사항이 악화될 거라 봅니다.

stand at ~에 유지하다

rise 증가하다

forecast 예상, 예지

anticipate 예상, 기대하다

flattening out 수평선, 수평유지

price competition 가격경쟁

share price 주가

debt 채무

deteriorate 악화되다

Chapter 19
제안 및 의견 전달하기

청중이 집중하는 분위기를 조성하고 발표자에게 주목하게 만들려면 메시지를 효과적으로 전달하고 발표자의 의견을 제시할 필요가 있습니다. 특히 상품을 홍보하거나 의견을 제안하는 등 상대방을 설득해야 하는 프레젠테이션에서는 표현이나 기법의 미묘한 차이가 성패를 좌우할 수도 있습니다. 따라서 이번에는 경우에 따라 효과적으로 사용할 수 있는 제안 및 의견 제시 표현 기법을 배워 봅시다.

1. 일반적인 의견을 전달할 때

발표자의 주장만 전달하면 설득력이 부족할 수 있습니다. 그런 경우 일반적인 의견을 먼저 전달해 보세요. Most people, Most experts

등을 사용하면 됩니다.

Most people may argue that … 대부분의 사람들은 …라고 주장합니다.

* 대다수의 의견을 빗대어 주장할 때 효과적입니다.

Most people may argue that the merger with J&B was a bad choice for us.

대부분의 사람들은 J&B와의 합병이 우리에게는 안 좋은 선택이었다고 주장하지요.

Most farmers may argue that their sales are moving toward online.

대부분의 농민들은 그들의 영업이 온라인으로 이동하고 있다고 주장합니다.

▶ agricultural industry 농업

To tell you the truth, most people may argue that our logo is rather outdated.

솔직히 말씀드리면 대부분의 사람들은 우리 로고가 조금 유행이 지났다고 합니다.

Generally/ Generally speaking, (주어 + 동사) 일반적으로 …입니다.

Generally, it is said that our brand loyalty is high among young consumers.

일반적으로 우리 브랜드에 대한 충성도는 젊은 소비자 사이에서 높다고 합니다.

▶ brand loyalty 브랜드 충성도

Generally speaking, it is said that customers find our software products rather expensive.

일반적으로 고객들은 저희 소프트웨어 제품이 비싼 편이라고 합니다.

Generally speaking, people are never satisfied with what they have.

일반적으로 사람들은 자신이 소유한 것에 절대 만족하지 않습니다.

2. 나의 의견을 주장할 때

자신의 의견을 상대방에게 권유하듯이 표현하기에는 should가 가장 무난합니다. 한편 사태의 심각성을 강조하면서 약간 지시·명령하는 톤으로 강조할 때는 must나 ought to를 사용하세요.

(주어) should/ ought to/ had better ~해야 합니다.

We should pursue this plan to increase output.

생산을 늘리기 위해서는 이 계획을 밀고 나가야 합니다.

The government's new legislation ought to be banned.

정부의 새로운 법안은 폐지되어야 합니다.

▶ ban 금지하다

Our associates had better confirm their current status before signing the contract with us.

협력업체들은 우리와 계약하기 전에 자신들의 현 상황을 확인해야 합니다.

▶ associate 제휴업체, 협력업체

must/ have to … …해야만 합니다

* 강경한 표현으로 회사의 의견을 전달하는 공지 사항에서 많이 사용 must는 권위적인 느낌이 강합니다. 발표자가 해당 분야의 최고 권위자가 아닌 이상 너무 강한 느낌을 주는 must보다는 should나 had better 등을 사용하세요.

Our associates must confirm their current status.

우리 조합원들은 자신들의 현황을 확인해야만 합니다.

▶ associate 조합원, 동업자 current status 현황

We must weigh up the pros and cons.

장단점을 잘 따져 보아야 합니다.

The issue must be brought into sharper focus.

그 쟁점에는 더 분명히 초점을 두어야 한다.

As far as I'm concerned, 제가 볼 때,/ To my knowledge, 제가 아는 한

As far as I'm concerned, we are ahead of other companies when it comes to technology.

제가 볼 때, 우리는 다른 회사들보다 기술 면에서 앞서 있습니다.

▶ when it comes to …의 면에서, …에 관해서라면

To my knowledge, our new product is taking over the market share gradually.

제가 아는 한, 우리 신상품은 점진적으로 시장 점유율을 장악하고 있습니다.

▶ take over 장악하다 gradually 점진적으로

As far as I'm concerned, our product is the most advanced in the market.

제가 아는 한, 우리 상품이 시장에서 최첨단입니다.

I think ~ should/ ought to/ may as well …

저는 ~가 …하는 것이 좋겠다고 생각합니다.

* 권유하는 표현으로 부드럽게 의견을 전달할 때 효과적

I think we should expand our overseas production.

저는 우리가 해외 생산을 확장하는 것이 좋겠다고 생각합니다.

I think every training course ought to consist of several modules.

각 교육과정은 몇 개의 모듈로 구성되어야 한다고 생각합니다.

I think we may as well cut back on excessive packaging.

우리는 과도한 포장을 줄여야 한다고 생각합니다.

I contend/ maintain/ argue that … 저는 …라고 주장합니다.

I contend that this is only meant to be a temporary solution to reducing cost.

저는 이것이 비용을 줄이는 임시방편에 불과하다고 주장합니다.

▶ contend (강력히) 주장하다

I contend that our delay in responding to the complaint costs us a valuable client.

저는 불만에 늑장 대응을 해서 소중한 고객 한 분을 잃었다고 주장합니다.

▶ cost 잃게 하다, 희생시키다

I maintain that every training course should consist of some practice modules.

저는 각 교육 과정은 각각 몇가지 연습 모듈로 구성되어야 한다고 주장합니다.

▶ maintain (다른 사람들이 동의하지 않는데도 계속) 주장하다

I argue that this is only meant to be a temporary solution to reducing cost. 저는 이것이 단지 가격을 줄이기 위한 일시적인 해결책임을 주장합니다.

▶ temporary 일시적인 reduce 줄이다

I insist that … 저는 …라고 주장합니다.

I insist that we can saturate a market with inexpensive online advertisements.

저는 저렴한 온라인 광고로 시장을 독점할 수 있다고 주장합니다.

▶ saturate a market 시장을 독점하다 inexpensively 많은 비용을 들이지 않고

I insist that the best alternative to litigation should be an out-of-court settlement.

소송을 피하는 가장 좋은 방법은 당사자들끼리 해결을 보는 것이라고 주장합니다.

▶ litigation 소송 out-of-court settlement 민사상의 분쟁을 당사자들끼리 해결하는 것

I insist that we avoid making a contract with foreign companies.

저는 해외 업체와는 계약하지 말아야 한다고 주장합니다.

I would say that … 제 의견은 …입니다.

I would say that this is the most important point.

이게 가장 중요한 포인트라고 감히 말씀드릴 수 있습니다.

I would say that this is the time to make a move.

지금이 행동할 때라고 말씀드릴 수 있습니다.

I would say that free trade is what keeps this world economy going.

자유무역이 이 세계 경제를 유지시킨다고 말씀드릴 수 있습니다.

3. 확신하기

의견의 확신도에 따라서 약한 확신, 즉 예상하는 표현과 강한 확신에 쓸 수 있는 표현이 다르니, 상황에 맞게 확신의 정도를 명확하게 표현해 보세요.

Probably/ Perhaps/ Maybe, … 아마도 …일 것입니다.

* 불확실한 추측의 경우 사용합니다.

Perhaps we should consider downsizing.

아마도 우리는 규모를 줄이는 것을 고려해야 할 것 같아요.

Probably the best feature of all is that Brinks Reader is simple to use and operate.

아마 블링크스리더의 가장 뛰어난 구성은 바로 쓰고 운영하기 간편하다는 것이지요.

Maybe I was too hasty in rejecting his offer.

아마 내가 너무 성급하게 그의 제의를 거부한 것 같습니다.

I'm certain/ convinced/ positive/ sure that … 저는 …라는 것을 확신합니다

* 좀 더 주관적인 견해를 자신감 있게 전달할 때 효과적

I'm certain that our collaboration is mutually beneficial.

저는 저희의 협업이 상호 이익이 있음을 확신합니다.

I'm convinced that we should hire additional programmers.

저는 우리가 프로그래머들을 추가 채용할 필요가 있다는 것을 확신합니다.

▶ additional 추가의

I'm convinced that sales cannot go through as planned.

판매가 계획대로 성사되지 못할 거라 확신합니다.

▶ go through 매듭짓다, 끝나다

I'm sure that our new products will be very attractive in the market.

저는 저희 신상품이 시장에서 굉장히 매력적일 거라고 확신합니다.

I'm quite positive that we should wait until the new fiscal year.

저는 새 회계연도까지 기다려야 한다고 확신합니다.

▶ fiscal year 회계연도

Obviously,/ Without a doubt, (주어 + 동사) 명백하게도 …입니다.

* 확신에 찬 견해를 전달할 때 적절한 부사구입니다.

Obviously, after you have high-definition television, you'll never go back to standard TV.

명백하게도 당신이 고화질 TV를 가지게 된 후에는 표준 TV로 돌아가지 못할 것입니다.

Without a doubt, after one week on the Nex Diet Plan, you will see results.

명백하게도 당신이 Nex Diet Plan을 사용한 1주일 후에 결과를 보게 될 것입니다.

Obviously, the best thing about Eviden is its portability and affordable price.

명백하게도 에비덴의 가장 좋은 점은 이동성과 부담스럽지 않은 금액입니다.

We are 100 percent positive that, (주어 + 동사) …라고 100% 확신합니다.

We are 100 percent positive that after you spend a few minutes tinkering with Reader, you'll appreciate its simplicity and clarity.

저희는 여러분이 리더를 몇 분 동안 조작해 보신 후에 리더의 간편함과 명료함을 알게 될 것이라고 100% 확신합니다.

We are 100 percent positive that once you buy the TicTac, you will come back for more.

우리는 당신이 틱택을 일단 구입하시면, 더 구입하기 위해 다시 오실 것이라고 100% 확신합니다.

We are 100% positive that the best thing about PassPius is that it is recyclable.

패스파이어스의 가장 뛰어난 점은 재활용 가능하다는 것이라고 100%

확신합니다.

4. 강조하기

　의견을 주장하는 것과 내용을 강조하는 것은 다릅니다. 자신이 주장한 의견에 대해 청중의 동의와 공감을 얻고자 한다면 그것을 뒷받침하는 내용을 강조해 줄 필요가 있습니다.

　What I want to stress is that … 제가 강조하고 싶은 점은 …입니다.

　강조 사항을 말하기 전에 '내가 강조하고 싶은 점은' 하면서 청중의 이목을 끄는 방법입니다.

　What I want to stress is that we have the advantage of technology.

　제가 강조하고 싶은 점은 우리에게 기술력의 이점이 있다는 것입니다.

　What I want to emphasize is that our reputation in the market is not very positive.

　제가 강조하고 싶은 점은 시장에서 우리의 평판이 그다지 긍정적이지 않다는 것입니다.

　What I'd like to focus on is that we should increase the promotion budget this quarter.

　제가 강조하고 싶은 점은 이번 분기에 판촉 예산을 증액해야 한다는 점입니다.

There is no alternative but to (동사). …하는 수밖에 없습니다.

* 본인의 주장을 부각시킬 때 이것 외에는 다른 방법이 없다는 표
  현만큼 절박한 것은 없습니다. alternative(대안)나 chance(기회),
  choice(선택) 등을 사용하여 절박한 표현을 만들어 보세요.

There is no alternative but to lay off some staff.

일부 직원을 해고하는 수밖에 없습니다.

▶ lay off 해고하다

There is no alternative but to develop a new product.

신상품을 개발하는 수밖에 없습니다.

There is no other choice but to give it one more try.

한 번 더 시도해 보는 수밖에 없습니다.

The problem (at hand)/ issue/ thing is that … (당면한) 문제는/ 쟁
점은/ 사실은 …입니다.

문제점, 쟁점, 중요한 점을 강조할 때는 The problem/ issue/ thing
을 주어로 사용하세요.

The problem at hand is that we are not a market leader.

당면한 문제는 우리가 시장 선두주자가 아니라는 것입니다.

The issue here is that Korean students lack creativity and innovation.

지금 쟁점은 한국 학생들은 창의력과 혁신이 부족하다는 것입니다.

The thing is that we need to be alarmed by the shrinking market size.

중요한 사실은 우리는 줄어들고 있는 시장 규모에 위협을 느낄 필

요가 있다는 것입니다.

▶ the thing 중요한 사실 (= the important fact)

Strongly, Totally, Sincerely, Particularly (In particular), Especially
… 강력하게/ 전적으로/ 진심으로/ 특히/ 특별히

부사로 문장 전체를 강조할 수 있습니다. 문장 앞에 부사를 두거나
강조하고자 하는 동사 앞이나 be동사 뒤에 부사를 넣어 주세요.

I strongly argue that customers come first.

저는 고객이 우선이라고 강력하게 주장합니다.

We are totally happy with the final offer JP suggested to us.

저희는 JP 사가 우리에게 제시한 최종 제안에 전적으로 만족합니다.

I sincerely wish that our marketing strategies succeed.

저는 저희의 마케팅 전략이 성공하기를 진심으로 바랍니다.

Our members will be particularly interested in new business
opportunities.

우리 회원들은 새로운 사업기회에 관해 듣는 것에 특히 관심을 가
질 것입니다.

In particular, we will be involved in international marketing strategies.

특히 저희 회사는 국외 마케팅 전략을 계획할 것입니다.

Our leather goods are prized in many countries, especially among
the newly rich in Asia.

저희의 가죽 제품은 많은 나라에서 호평을 받는데 특히 아시아의

신흥 부유층 사이에서 인정받고 있습니다.

▶ be prized 가치를 인정받다, 호평받다

Interestingly/ Ironically/ Expectedly/ Surprisingly, (주어 + 동사)
··· 재미있게도/ 아이러니컬하게도/ 예상했듯이/ 놀랄 만하게도 ···입
니다.

* 예상외의 결과나 중요한 사항들을 알릴 경우 충분히 청중의 주목
  을 끌을 수 있도록 interestingly, what is surprising is that (놀랄 만
  한 사항은~), unexpectedly (예상외로) 등의 표현을 넣어 주면 효
  과적입니다.

Interestingly, 83% of the respondents think Coffeeholics is old-
fashioned.

재미있게도 83%의 응답자들은 커피홀릭스가 시대에 뒤떨어졌다고
생각합니다.

Ironically, only 20% of the respondents think our products are up-
to-date.

아이러니컬하게도 20%의 응답자들만 저희 상품이 최신이라 생각
합니다.

Expectedly, 85% of those who voted for Obama thought he would
be elected President.

예상했듯이 오바마를 뽑은 85%는 그가 대통령이 될 거라 생각하였

습니다.

Surprisingly, only 17% of Bush supporters agreed with his foreign policy.

놀랄 만하게도, 부시의 지지자의 17%만 그의 외교정책에 동의하였습니다.

5. 제안하기

Please bear in mind/ Please remember/ Please keep in mind,

…를 명심/ 기억하시기를 바랍니다.

Please bear in mind that this should be done way before actual negotiations and paperwork take place.

실제 협상과 서류작업이 있기 훨씬 전에 이 일이 수행되어야 한다는 것을 명심바랍니다.

* please bear in mind that~의 표현은 '~을 명심하세요, 잊지 마세요, 기억하세요'의 의미로 중요한 내용이라는 것을 강조할 수 있습니다.

Please bear in mind that he is a new hire and doesn't know much about the job yet.

그가 신입이고 아직 그 일을 잘 모른다는 점을 명심하기 바랍니다.

Please remember that this is just a prototype, and the actual product won't be produced until next year.

이것은 제품원형일 뿐이고, 실 제품은 내년에 생산된다는 것을 기억하시기 바랍니다.

Please keep in mind that this may take a while.
이 일은 시간이 좀 걸린다는 것을 명심하기 바랍니다.

Rest assured that …… 사실을 믿고 안심하시기 바랍니다.
* rest assured는 '안심하다'라는 의미로 상대에게 어떤 사실에 대해 걱정하지 말라면 안심시키는 경우 사용하세요. 프레젠테이션에서 확신하는 내용을 전달할 때 사용하기도 합니다.

Rest assured that both firms share common objectives from this joint venture.
양 사는 이 합작법인의 목표가 일치한다는 사실을 믿고 안심하시기 바랍니다.

Rest assured that the economy can go nowhere else but up.
경기는 좋아지지 않을 수 없으니 믿고 안심하십시오.

Rest assured that we are doing everything we can to rectify the situation.
그 상황을 개건하기 위해 할 수 있는 모든 것을 다 하려고 하니 안심하고 계십시오.

• 제안 및 의견 전달하기 샘플
핵심내용 강조하기

Before I sum up, I would like to emphasize once more that the way people develop is through the 70-20-10 rule. I would say that seventy percent of the way they develop is on the job; twenty percent is through coaching by somebody else, and ten percent is through training.

So, without a doubt, the vast majority of how we learn anything is through training. And particularly how we learn to be a better leader is through on-the-job training. I'm convinced that we learn and experience different types of activity and face challenges through a career. Please bear in mind when you are trained through a career, you can start to build up experiences and skills in leading people in different situations.

요약해 드리기 전에 사람들이 개선하는 데는 70, 20, 10 전략이 필요하다는 것을 다시 한번 강조해 드리고 싶습니다. 그들이 개선하는 방법의 70퍼센트는 직업에서 오고 20퍼센트는 다른 사람을 코칭하면서 얻게 되며, 나머지 10퍼센트는 교육을 통해 얻게 된다고 말씀드릴 수 있습니다.

따라서 명백하게도, 우리가 어떻게 무엇인가를 습득하는 대부분의 경우는 훈련을 통해서입니다.

그리고, 특별히, 뛰어난 리더가 되는 방법은 실무훈련을 통해서입니다. 우리가 직업을 통해 다른 종류의 활동을 배우고 경험하며, 도전을 직면한다고 확신합니다.

실무를 통해 교육을 받아야지만 다른 상황에서 사람들을 통솔하는 다양한 경험과 기술을 쌓기 시작할 수 있다는 것을 기억하시길 바랍니다.

to emphasize 강조하다

the vast majority of ~의 대부분의 경우

on-the-job training 실무교육, 훈련

to face challenge 도전을 직면하다, 어려움을 겪다

한 가지 소주제문에 대한 설명이 끝나고 그 다음 소주제문으로 넘어가기 전에 앞서 언급한 내용의 핵심을 한 번 더 요약해 주거나, 다음 포인트로 넘어간다는 것을 알릴 때 필요한 패턴입니다. 각 소주제의 내용을 정리하고 다음 소주제 단락 혹은 결론으로 넘어갑니다.

1. 소주제문 요약하기

설명한 소주제에 관한 내용을 다음 주제로 넘어가기 전에 간단하게 요약해 주세요.

So this sums up my first point on …

바로 이것이 …에 관한 제 첫 번째 포인트를 요약해 줍니다.

So this sums up my first point on our new business strategies.

바로 이것이 저희 새 사업 전략에 관한 제 첫 번째 포인트를 요약해 줍니다.

So this sums up my last point on future directions.

바로 이것이 미래의 방향에 관한 제 마지막 포인트를 요약해 줍니다.

So this sums up my second point on research results.

바로 이것이 연구결과에 관한 제 두 번째 포인트를 요약해 줍니다.

So what I have been telling you so far is …

즉 지금까지 제가 말씀드린 내용은 …입니다.

So what I have been telling you so far is the effectiveness of nanotechnology.

즉 지금까지 제가 말씀드린 내용은 나노기술의 효과입니다.

▶ effectiveness 유효성, 효과

So what I have been telling you so far is the possible merger with EBT Korea.

즉 지금까지 제가 말씀드린 내용은 이비티코리아와의 합병 가능성입니다.

So what I have been telling you so far is that we have the advantage of superior technology.

즉 지금까지 제가 말씀드린 내용은 우리에게 더 나은 기술력의 이점이 있다는 것이지요.

In sum, this means …
정리하자면, 이것은 …을 의미합니다.
In sum, this means we need to pursue our initial goal without delay.
정리하자면, 이것은 지체 없이 우리의 초기 목표를 추구할 필요가 있다는 것을 의미합니다.

▶ pursue 추구하다 initial 초기의 delay 지연, 지체

In sum, this means it is the time to make a move.
정리하자면, 지금이 행동할 때라는 것을 의미합니다.
In sum, this means we need to cut prices.
정리하자면, 가격을 내려야 한다는 것입니다.

2. 주요내용 강조하면서 정리하기

다음 주제로 넘어가기 전에 주요 내용을 강조하면서 정리해 주세요. 이미 설명한 내용의 핵심내용이 무엇인지를 정리, 강조해 주세요.

Once more, I'd like to emphasize that …
다시 한번 …라는 것을 강조하고자 합니다.

Once more, I'd like to emphasize that you can make the change now.

다시 한번 여러분이 지금 변화를 만들 수 있다는 것을 강조하고자 합니다.

Once more, I'd like to emphasize that the cheaper the product, the worse the quality.

다시 한번 가격이 쌀수록 품질이 좋지 않다는 것을 강조하고자 합니다.

Once more, I'd like to emphasize that you must respect your employees.

다시 한번 직원들을 존중해야 한다는 것을 강조하고자 합니다.

What I'm saying/ emphasizing is …

제가 말씀드리는/ 강조하고자 하는 것은 바로 …입니다.

What I'm saying is climate change is affecting our daily lives.

제가 말씀드리는 것은 바로 기후 변화는 우리의 일상생활에 영향을 미친다는 것입니다.

What we are emphasizing is the importance of mentoring at work.

저희가 강조하고자 하는 것은 직장에서의 맨토링 중요성에 관해서입니다.

What we are emphasizing is the advantage of superior technology.

제가 강조하고자 하는 것은 고도 기술의 장점에 관해서입니다.

3. 다음 소주제로 이동하기

현재 본론의 단락을 마무리하고, 다음 소주제로 넘어가거나, 마지막 포인트의 경우, 바로 결론으로 이동합니다.

So this brings us to my next point, which is …
자, 이 내용은 제 다음 포인트로 넘어갑니다. 그것은 바로 …입니다.

So this brings us to my next point, which is about taking action to make change.
자, 이 내용은 제 다음 포인트로 넘어갑니다. 그것은 바로 변화를 만들기 위해 행동을 취하는 것에 대한 것입니다.

So this brings us to my next point, which is about the importance of location for small businesses.
자, 이 내용은 제 다음 포인트로 넘어갑니다. 그것은 바로 소상공인에 있어서 상점위치의 중요성에 대한 것입니다.

So this brings us to my next point, which is about intra-office relationships.
자, 이 내용은 제 다음 포인트로 넘어갑니다. 그것은 바로 사무실 내 관계 융화에 대한 것입니다.

This brings me to my next point which is …
이 내용은 …라는 제 다음 번 포인트로 넘어가게 합니다.

This brings me to my next point which is the overview of our current strategies.

이 내용은 우리의 현 전략의 개요라는 제 다음 번 포인트로 넘어가게 합니다.

This brings me to my next point which is the cutting edge of fashion.

이 내용은 패션의 선두주자라는 제 다음 번 포인트로 넘어가게 합니다.

▶ cutting edge 선두주자, 선두주자의

This brings me to my next point which is the research methodology.

이 내용은 연구 방법론이라는 제 다음 번 포인트로 넘어가게 합니다.

Let me move on to … …로 넘어가겠습니다

Let me move on to my second point on culture.

문화에 관한 제 두 번째 포인트로 넘어가겠습니다.

Let me move on to the third suggestion on employment training.

직원 교육에 관한 제 세 번째 제안으로 넘어가겠습니다.

Let me move on to conclusion.

결론으로 넘어가겠습니다.

• 소주제 요약하기 샘플

So this sums up my second point on virtual office management.

What I have been telling you so far is some suggestions carry out e-business more successfully.

Once more, I'd like to emphasize that we should incorporate the advantages of non-virtual management including existing supplier networks, distribution channels, and customer base.

Now, let me move on to the third suggestion on the integrated system that manages both internal and external communication.

바로 이것이 가상 사무실 운영에 관한 제 두 번째 포인트를 요약해 줍니다.

지금까지 제가 말씀드린 내용은 전자상거래를 더욱 성공적으로 진행하기 위한 제안입니다.

다시 한번, 우리는 현존하는 공급원 네트워크, 분배 채널, 고객 기반을 포함하는 비가상적 관리의 장점을 병합해야 하는 것을 강조하고자 합니다.

자, 그럼 내부와 외부 커뮤니케이션을 관리하는 통합 시스템에 관한 세 번째 제안으로 넘어가겠습니다.

carry out 진행하다
incorporate 병합, 통합하다
distribution channel 분배 채널
integrated 통합된

Chapter 21
청중의 마음을 움직이는 결론 만들기

　프레젠테이션의 결론은 발표자가 자신의 의견이나 주장을 어필할 수 있는 마지막 기회입니다. 따라서 청중이 결단을 내리고 행동할 수 있도록 보다 효과적인 마무리를 준비해야 하죠. 지금부터 그 요령을 배워 보세요.

　결론은 앞에서부터 전개해 온 프레젠테이션의 내용을 총괄해서 마무리 짓는 부분입니다. 서론에서 밝힌 주제나 메시지를 다시 한번 강조하면서 청중에게 남기고 싶은 이야기를 전하는 마지막 기회죠. 따라서 마무리를 할 땐 청중의 기억 속에 오래 남을 수 있도록 보다 인상적이고 박력 있게 이야기를 전개해 나가야 합니다. 프레젠테이션의 핵심이 되는 주제를 마지막까지 논리적이면서도 감동적으로 이끌어 낼 수 있는 것, 그것이 바로 성공적인 프레젠테이션의 최고 비결입니다.

자, 그럼 결론은 어떻게 꾸려 나가야 할까요? 3·3·3 법칙에서 살펴봤듯이, 결론 부분은 프레젠테이션 요약·정리, 핵심 내용 강조 및 제안, 프레젠테이션 마무리, 이렇게 세 부분으로 구성합니다.

1. 프레젠테이션 요약·정리하기

이제껏 발표했던 내용 중 핵심이 되는 사항들을 요약해 주는 부분입니다. 대부분 청중이 프레젠테이션 내내 프리젠터의 이야기에 집중하는 것은 그리 쉬운 일이 아닙니다. 자신도 모르게 멍해 있기도 하고 잠깐 한눈을 파는 경우도 있죠. 그러다 보면 이야기의 흐름을 놓쳐버리게 되기 때문에 본론 발표가 모두 끝난 후에는 반드시 앞서 전달한 핵심 내용이 무엇인지 요약해 주어야 합니다. 이때 발표에서 다룬 모든 내용을 순서대로 다루지 않도록 주의하세요. 요약이란 청중이 꼭 기억해야 할 사항만을 최종적으로 정리해 주는 것이니까요.

그리고 요약에 들어가기 바로 전에는 '이제 발표의 마지막 부분이 되겠습니다', '자, 이제 프레젠테이션의 마지막으로 넘어가죠'와 같은 표현으로 프레젠테이션이 결론에 도달했음을 알려주어 청중이 집중할 수 있도록 해 주세요.

To sum up, our new strategy will make this process more effective.

요약하자면, 우리의 새로운 전략은 이 과정을 보다 효과적으로 만들어 줄 것입니다.

That's all I have to say for now. 일단 제가 하고 싶은 말은 이게 전부입니다.

In short, I can say the future is bright. 간단히 말씀드리자면, 미래는 밝습니다.

2. 핵심 내용 강조 및 제안하기

지금까지 전달한 내용 중 가장 중요한 내용을 한 번 더 강조해 주거나, 자신의 견해나 대안 등을 제안하는 부분입니다. 이때 주의할 점은, 마지막에 큰 감동을 선사하겠다고 이제까지의 발표에서 언급하지 않았던 새로운 이야기를 꺼내서는 안 됩니다. 발표 내용을 마무리하는 시점에서 새로운 정보나 사실을 던지게 되면 발표 내용과 마무리 메시지가 뒤섞여 청중은 혼란스러워합니다. 따라서 결론에서 전하는 내용은 서론에서 미리 제시한 프레젠테이션의 목적 등과 관련된 것이라야 하죠. 결론의 목적은 새로운 사실로 청중을 놀라게 하는 것이 아니라 지금까지 전달한 내용을 다시 한번 확인시키는 데 있다는 것을 잊지 마세요.

Let me stress that the presence of unions would benefit this industry.

제가 강조하고 싶은 것은 노동 조합의 존재가 이 업계에 이득을 가져다줄 것이라는 겁니다.

I'd like to propose that further research should be made.

더 많은 연구가 이루어져야 한다는 것을 제안하고 싶습니다.

I'd like to urge you to make change now.

여러분이 지금 변화를 만들기를 권합니다

3. 프레젠테이션 마무리하기

발표를 마치는 부분으로, 발표 종료를 알리는 표현이나 상투적인 감사 인사로만 끝내기보다는 발표 내용과 관련된 인용구나 짧은 에피소드 등을 활용해 청중의 가슴속에 무엇인가를 남겨 줄 수 있는 감성적인 마무리를 준비하는 것이 좋습니다.

That ends my talk.

이것으로 프레젠테이션을 마치겠습니다.

This completes what I have to say.

제가 말씀드리고자 하는 것은 이것으로 마치겠습니다.

Thank you for coming. 와 주셔서 감사합니다.

"Believe in yourself." That's all I have for you.

"스스로를 믿으세요." 이것으로 마치겠습니다.

프리젠터의 발표가 모두 끝난 후 발표 내용과 관련해 청중으로부터 질문을 받는 시간을 갖는 경우가 많은데요. 이때 발표가 끝났다고 방심하면 안 됩니다. 형식적으로 진행하며 건성으로 시간을 때웠다간 앞서 마친 발표가 아무리 훌륭했다 하더라도 청중에게 부정적인 인상을 남길 수 있기 때문이에요. 따라서 어떠한 질문에도 최선을 다해 성의 있게 답변해 주려는 마음가짐과 태도가 중요합니다. 프레젠테이션은 쌍방향 커뮤니케이션이니만큼 청중과 대화를 나누면서 새로운 시각으로 주제를 다시 한번 정리해 보는 시간이라고 생각하세요.

4. 청중에게 감동을 주는 다양한 결론

발표 막바지에서는 이성적이거나 논리적인 이야기보다는 청중의 가슴속에 오랜 감동과 여운을 남기거나 행동을 제안하며 마무리하는 것이 효과적입니다. 아래 소개된 다양한 방식을 활용해 발표 내용을 청중의 가슴속 깊이 새겨 주기 위한 감동과 행동을 유도하는 메시지를 만들어 보세요.

(1) 중요한 점을 부각시키며 마무리할 때, 핵심 내용 강조형 결론

지금까지 언급한 내용 중 가장 핵심이 되는 내용을 부각시키고 강조하며 마무리하는 방식입니다.

This is the first time that … (…한 것은 이번이 처음 있는 일입니다), This is unprecedented. (이것은 전례가 없는 일입니다.), This is an important point that I'd like to emphasize. (이 점이 제가 강조하고 싶은 중요한 점입니다.), I need your undivided attention on this. (이 점에 집중해 주시기 바랍니다.) 등과 같은 표현들을 활용할 수 있죠.

(2) 개인적인 의견을 내세우며 마무리할 때, 자신의 의견 주장형 결론

전문가 프레젠테이션의 경우엔 자신의 개인적인 의견이나 주장으로 프레젠테이션에서 전달하려는 주제를 다시 한번 강조하며 감정에 호소할 수 있습니다. 여기서는 In my opinion/ view, (제 의견으로는,), To my knowledge, (제가 아는 한,), What I'm getting from here … (제가 여기서 이해하고 있는 점은 …) 등과 같은 구문이 자주 사용됩니다.

(3) 다른 사람의 일화로 마무리할 때, 에피소드형 결론

주제와 관련된 다른 사람의 이야기나 에피소드로 마무리하며 감정에 호소하는 방식입니다. 에피소드로 결론을 마무리할 땐 I'd like to share a personal story of mine. (제 개인적인 이야기를 나누고 싶습니다.), I have a story to tell you. (말씀드릴 이야기가 있습니다.), Let me share a story of … (…에 관한 이야기를 소개해 드리겠습니다) 등과 같은 구문을 활용할 수 있습니다.

(4) 짧은 인용구나 슬로건으로 마무리할 때, 슬로건형 결론

프레젠테이션의 주제, 그리고 청중에게 변화를 요구하는 메시지와 관련된 짧지만 강력한 슬로건과 인용구 등으로 프레젠테이션의 내용을 함축시키며 마무리하는 방식입니다. 예컨대 Let me quote Steve Jobs who said "Stay hungry. Stay foolish."("배고픈 채로. 어리석은 채로."라고 말한 스티브 잡스를 인용하겠습니다.)처럼 유명인의 말을 인용하거나 "Just go for it." This has been the message of this presentation. ("그냥 밀고 나가라". 이것이 바로 이 프레젠테이션에서 전해 드린 메시지입니다.)과 같이 지금까지 했던 프레젠테이션의 내용을 간략하게 줄여 마무리할 수 있습니다.

Chapter 22
발표 내용 강조 및 요약하기

결론 단계는 발표자가 프레젠테이션의 목적을 완수하는 마지막 기회로 청중이 결단을 내리고 행동할 수 있도록 지금까지 설명했던 내용을 요약하고 반복하면서 중요한 부분을 강조해야 합니다. 이 과정에서 새로운 아이디어나 주장은 가급적 배제하세요. 결론 부분에서는 지금까지의 내용을 다시 한번 전달하는 것에 의미를 두어야 합니다. 그럼 프레젠테이션에서 주장한 내용을 효과적으로 요약하는 방법에 대해 살펴보도록 합시다.

프레젠테이션의 마무리는 본론 못지않게 중요합니다. 청중이 지금까지의 발표에서 얻은 느낌을 그대로 간직하고 갈 수 있도록 마무리하는 데 유용한 패턴들을 꼭 챙기세요.

1. 프레젠테이션 결론에 도달했음을 알리기

본론 설명을 마치고, 발표의 최종 파트인 결론에 도달했음을 알려, 주위를 환기시켜 주세요.

Okay, that leads me to the concluding remark.
네 좋아요. 이제 발표의 결론을 언급할 부분이 되겠습니다.
That covers the major parts of my presentation today.
지금까지 오늘 발표의 주요 부분을 전달해 드렸습니다.
That brings us to the end of my presentation.
이제 프레젠테이션의 마지막으로 넘어가죠.

Let me wrap up the main points of today's talk on …
…에 관한 오늘 발표의 주요 내용을 정리해 드리면서 마무리 짓겠습니다.
Let me wrap up the main points of today's talk on magnetic therapy.
자석치료에 관한 오늘 발표의 주요 내용을 정리해 드리면서 마무리 짓겠습니다.

2. 프레젠테이션 내용 요약 · 정리하기

중요한 내용을 간단히 요약해 줄 때 쓸 수 있는 표현입니다. 결론을 알리기 전에 내용을 요약해 주면 자연스럽게 발표의 마무리로 연결됩니다.

Let me sum up the main points again. 주요 내용을 다시 한번 요약해 드리죠.

Let me sum up my points regarding the new government policy again. 새로운 정부 정책에 관한 제 의견을 다시 요약해 드리겠습니다.

Let me give you a recap of what we have explained throughout. 지금까지 저희가 설명해 드린 것을 요약해 드리겠습니다.

▶ recap 요점의 되풀이, 요약 (= recapitulation) throughout ~하는 동안 죽, 내내

Let me run over my key points again. 핵심 내용을 다시 한번 정리해 보도록 하겠습니다.

The key points of my conclusion are as follows. 제 결론의 핵심 내용은 다음과 같습니다.

To wrap up/ To sum up/ Briefly, 요약하자면, 간단히

To wrap up, I would like to emphasize that we need to make the change now.

요약하자면, 제가 강조해 드리고자 하는 점은 지금 변화를 만들어야 한다는 것입니다.

To wrap up, I'd just like to recap the four key points I've discussed.

마무리 짓기 위해 지금까지 논의한 네 가지 핵심 사항을 다시 한번 요약해 드리고자 합니다.

▶ wrap up 마무리 짓다, 요약하다 recap 요점을 되풀이하다 (= recapitulate)

To sum up, New IBT50 Technology is what we need to boost up our production.

요약하자면, New IBT50 테크놀로지는 우리의 생산을 증진시키기 위해 필요한 것입니다.

▶ boost up 증진시키다

Briefly, we need soft power in our management.

요약하자면, 우리는 우리 경영의 소프트 파워가 필요합니다.

▶ soft power 소프트 파워(물리적인 힘보다는 보이지 않지만 가치를 중심으로 드러나는 힘)

In short/ In brief/ To put it briefly,

간단히 말씀드리자면, …입니다.

In short, we need to make a new investment choice soon.

간단히 말씀드리자면, 우리는 곧 새로운 투자 선택을 해야 합니다.

In brief, I will summarize my key points again.

간단히 핵심 내용을 다시 한번 요약해 드리겠습니다.

To put it briefly, with this new technology, we will be able to increase our production capacity.

간단히 말씀드리자면, 이 새로운 기술과 함께 우리의 생산력을 증진시킬 수 있습니다.

In short, more and more staff members are complaining about the new employment policy.

간단히 말씀드리자면 점점 더 많은 직원들이 새로운 고용 정책에 불만을 갖고 있습니다.

… is/ are as follows. …은 다음과 같습니다.

주요사항을 간단하게 정리해 둔 슬라이드를 보면서 요약하는 방법입니다. 이때는 ~ as follows로 문장을 끝낸 후 슬라이드를 보면서 설명합니다.

My recommendations are as follows.

제 당부 말씀은 다음과 같습니다.

The key points of my conclusion are as follows.

제 결론의 중심 내용은 다음과 같습니다.

So to recapitulate, the main points are as follows.

다시 정리해 드리자면, 주요 내용은 다음과 같습니다.

3. 프레젠테이션 핵심 내용 강조하기

Last but not least, 마지막으로 가장 중요한 점은,

Last but not least, I'd like to emphasize that …마지막으로 중요한 말씀을 드리자면 … 것을 강조하고 싶습니다.

Last but not least, I believe our future is bright.

마지막으로 가장 중요한 점은, 저는 우리의 미래가 밝다고 믿습니다.

Last but not least, I'd like to emphasize the need to purchase the latest high-tech medical equipment for the hospital.

마지막으로 중요한 말씀을 드리자면 병원에 최신 기술의 의료 장비를 구매할 필요가 있다는 것을 강조하고 싶습니다.

Last but not least, I'd like to emphasize that all of these efforts are geared to bring you more return on your investment.

마지막으로 중요한 말씀을 드리자면 이 모든 노력은 여러분의 투자에 보다 많은 이익을 드리기 위한 것이라는 점을 강조하고 싶습니다.

▶ be geared to ~하고자 계획되다[조정되다]

Before I finish, let me stress again … 마치기 전에, …을 다시 한번 강조해 드리고자 합니다

Before I finish, let me stress again how you can use these skills in your training.

마치기 전에, 이런 기술을 교육 중에 어떻게 사용할 수 있는지 다시

한번 강조해 드리고자 합니다.

Before I finish, let me stress why reducing the shipping cost should be our priority.

끝내기 전에 왜 선적 비용을 줄이는 것이 우리의 우선순위가 되어야 하는지 강조해 드리겠습니다.

▶ shipping cost 선적 비용 priority 우선순위

Before I finish, let me stress again why big companies like ours have more advantages as places to work.

발표를 마치기 전에 왜 저희 같은 대기업이 직장으로서 더 많은 이점이 있는지 다시 강조할까 합니다.

4. 제안하기
- - - - - - - - - - -

발표자의 견해를 바탕으로 주요사항을 제안할 수 있습니다. 전혀 예상치 못한 새로운 사항을 전달하는 것이 아니라 이미 강조된 내용을 중심으로 관련 사항을 제안하는 것이 중요합니다. propose(제안하다), suggest(제안하다), urge(촉구하다, 부탁하다)와 같은 동사를 사용하세요.

I would suggest that … …을 제안해 드리고자 합니다

I'd like to propose that … …라고 제안하고 싶습니다

I'd like to urge you to … …라고 부탁드리고 싶습니다.

I would suggest that we should beef up our security level.

우리의 안보 레벨을 강화해야 한다는 것을 제안해 드리고자 합니다.

▶ beef up 강화하다

I'd like to propose that more money should be invested in R&D.

더 많은 돈이 연구 개발에 투자되어야 한다고 제안하고 싶습니다.

▶ R&D 연구 개발(= research and development)

I'd like to propose that you put all of your efforts into this campaign.

이 캠페인에 최선을 다하라고 제안하고 싶습니다.

I'd like to urge you to make your choices on whether to be leaders or followers in your organization.

조직에서 리더가 될지 부하직원이 될지는 여러분이 결정하시기 바랍니다.

5. 부탁이나 당부하고 싶은 말이 있을 때

중요한 사항을 꼭 기억하라고 당부하면 청중의 뇌리에 더 깊게 인식되기 마련입니다. 부탁이나 당부하고 싶은 메시지로 마무리해 보세요.

My parting wish for you is … 끝으로 당부 드리고 싶은 말씀은 …

입니다.

My parting wish for you is that our company does its best to contribute to the IT industry.

끝으로 당부드리고 싶은 말씀은 저희 회사는 IT 산업에 기여하기 위해 최선을 다한다는 것입니다.

My parting wish for you is that our company does its best to contribute to the IT industry.

끝으로 당부드리고 싶은 말씀은 저희 회사는 IT 산업에 공헌하기 위해 최선을 다한다는 것입니다.

▶ parting 이별의, 작별의

My parting wish for you is that our company does not sacrifice quality for low prices; that we are able to offer high quality at a low price.

끝으로 당부드리고 싶은 말씀은 당사는 낮은 가격을 위해 품질을 포기하지는 않는다는 것입니다. 저희는 저가로 고품질을 제공할 수 있습니다.

My parting wish for you is that you should practice the five key methods of communication skills to improve your communication ability at work.

끝으로 당부드리고 싶은 말씀은 여러분은 사내 의사소통 능력을 개선하기 위한 5가지 중요한 의사소통 스킬을 실천하셔야 한다는 것입니다.

What I need to draw from this audience is … 제가 여러분께 부탁드리고 싶은 것은 …입니다.

What I need to draw from this audience is to remember the steps I described in my talk if you want to succeed in your life.

제가 여러분께 부탁드리고 싶은 것은 만일 여러분이 인생에서 성공하고 싶다면 제 발표에서 설명해 드린 단계들을 기억하시라는 것입니다.

What I need to draw from this audience is to take advantage of this deal and sign up today.

여러분께 당부드리고 싶은 것은 이 거래를 잘 활용해서 오늘 계약하시라는 겁니다.

What I need to draw from this audience is to practice the steps I described in my talk to succeed in dieting.

여러분께 당부드리고 싶은 것은 제가 발표에서 설명해 드린 단계를 잘 연습해서 다이어트에 성공하시라는 겁니다.

6. 인용구나 일화 등으로 마무리할 때

청중에게 감정적으로 호소하거나 여운을 남기고 싶을 때 효과적인 방법입니다. 발표자의 경험담을 이야기하거나 관련된 에피소드, 격언 등을 활용해 보세요.

Let me close now with a story/ quote that …

…한 이야기/ 인용구로 마칠까 합니다.

Let me close now with a story that sums up my presentation.

제 발표를 요약해 줄 이야기로 마칠까 합니다.

Let me close now with a quote that pretty much summarizes what I have been talking about.

제가 말씀드린 내용을 아주 잘 요약한 인용구로 마칠까 합니다.

Let me wrap up with an anecdote of …

…의 일화를 말씀드리며 마칠까 합니다.

Let me wrap up with an anecdote of late-President Lee when he first founded our company.

고(故) 이 회장님이 저희 회사를 처음 설립하셨을 때의 일화를 말씀드리며 마칠까 합니다.

Let me wrap up with an anecdote of President Choi when he founded our company.

최 회장님이 우리 회사를 설립하셨을 때의 일화를 말씀드리며 마칠까 합니다.

Let me wrap up with my anecdote as you embark on a new and exciting stage of your lives.

이제 새롭고 흥미진진한 인생을 시작하는 여러분이기에 제 이야기로 마칠까 합니다.

▶ embark 시작하다

I would conclude with a story that ···

···한 이야기로 마치겠습니다.

I would conclude with a story that applies to all of us in this industry.

이 업종에 종사하는 우리 모두에게 적용되는 이야기로 마치겠습니다.

I would conclude with a story that is very popular among new employees.

신입사원들 사이에서 유행하는 이야기 하나를 말씀드리며 마치겠습니다.

I would like to leave you with a story that I believe you will find interesting.

여러분이 관심 있어 할 만한 이야기로 마치겠습니다.

"인용구" that's where we are heading at.

'···'이 말이 바로 저희가 나아갈 방향입니다.

"Nothing is impossible" that's our moto.

'불가능이란 없다'가 저희의 신념입니다.

"Slow and steady win the game" that's where we are heading at.

'천천히, 그리고 꾸준히 하면 이긴다'가 저희가 나아갈 방향입니다.

"No pain, no gain" that's what I believe in.

'고통 없이는 얻는 것도 없다'가 제가 믿는 신념입니다.

• 발표 내용 강조 및 요약하는 결론 샘플

Okay, that leads me to the end of my presentation. Let me wrap up the main features of ZenBook10.

If I haven't convinced all of you, I would suggest that you just take a moment to look at our device closely. I am 100 percent positive that after you spend a few minutes tinkering with ZenBook10, you'll appreciate its simplicity and clarity. My parting wish for you is that our company does not sacrifice quality for low prices; that we are able to offer high quality at a low price. "ZenBook10, reading can't be more creative!" that's where we are heading at. Thank you.

네 좋습니다. 이제 발표의 결론을 언급할 부분이네요. 젠북10의 주요 특징을 정리해 드리지요.

아직 여러분을 확신시켜 드리지 못했다면, 가까이 저희 기기를 한번 보시기를 제안해 드리고자 합니다.

여러분이 젠북10를 잠시 동안만 살펴보시면, 기기의 간편함과 명료함을 아시게 될 것이라고 100% 확신합니다. 끝으로 당부 드리고 싶은 말씀은 당사는 낮은 가격을 위해 품질을 포기하지는 않는다는 것입니다. 저희는 저가로 고품질을 제공할 수 있습니다. '젠북10, 더 이상 창조적일 수 없는 독서'가 저희가 나아갈 방향입니다. 감사합니다.

tinker with 조작하다

appreciate 감동하다, 감사하다, 인식하다

simplicity 간편함

sacrifice 희생하다, 포기하다

Chapter 23
발표 마무리, 인사하기

발표를 깔끔하고 명쾌하게 마무리 짓는 방법과 표현들을 익혀 보도록 합시다.

장황하지 않게 발표를 마무리하고 감사 인사를 전해 보세요.

1. 마무리 인사하기

모든 설명을 끝내고 마무리 인사를 할 때 Thank you. 만 반복하지 말고 That ends my talk. (이걸로 마치겠습니다.) 등으로 간결하게 마무리합니다.

From this talk, I hope you … 이 프레젠테이션을 통해 여러분은 …

를 바랍니다.

From this discussion I hope most of you got some ideas on how
leaders should develop their skills.

이 프레젠테이션을 통해 리더들이 어떻게 그들의 능력을 개선해야
하는지에 관한 아이디어를 갖게 되셨기를 바랍니다.

* 청중의 입장에서 강조되어야 할 내용을 다시 한번 정리해 줍니다.

From this talk, I hope most of you got some ideas on how you
can increase efficiency in your organization.

이 프레젠테이션을 통해 여러분은 귀사의 효율성을 높일 수 있는지
에 대한 아이디어를 얻으셨기를 바랍니다.

I hope this presentation gave you some tips to find investment
opportunities in Korea.

오늘 발표가 여러분께 한국에서의 투자 기회를 찾는 것에 관한 비
법을 드렸기를 바랍니다.

From this talk, I hope you gained confidence in yourselves.

이 프레젠테이션을 통해 여러분의 자신감을 충분히 찾으셨기를 바
랍니다.

That ends my talk. 이것으로 제 발표를 마치겠습니다.

That completes what I have to say. 제 발표는 이것으로 마치겠습
니다.

That brings us to the end of my presentation. 이것으로 제 발표를

마치겠습니다.

This concludes my presentation. 이것으로 제 발표를 마치겠습니다.

That covers my presentation.

이것으로 제 프레젠테이션을 마치겠습니다.

That covers all I wanted to deliver today.

이것으로 제가 오늘 전달하고자 했던 이야기는 다 한 것 같습니다.

I have covered all the topics that needed to be covered today.

오늘 다뤄야 할 주제를 모두 다뤘습니다.

So, that concludes my presentation on ⋯ 자, 이것으로 ⋯에 관한 제 프레젠테이션을 마치겠습니다.

So, that concludes my presentation on improving our bottom line.

자, 이것으로 우리의 순익 신장에 관한 제 프레젠테이션을 마치겠습니다.

▶ bottom line 순이익

So, that concludes my speech on why we need to manage software.

이것으로 왜 소프트웨어 관리가 필요한지에 대한 제 발표를 마치겠습니다.

So, that concludes my talk on the 2025 industry forecast.

이것으로 2025년 산업예상에 관한 제 발표를 마치겠습니다.

Okay, that ends my talk. 네, 이것으로 제 발표를 마치겠습니다.

* 프레젠테이션을 마치겠다는 표현을 불쑥 꺼내는 것이 조금 어색하게 느껴진다면 Okay나 So 같은 말을 앞에 붙여도 좋습니다.

So, that's all I have to say. 그럼 이것으로 제 발표를 마치겠습니다.

Well, that brings me to the end of my presentation. 자, 이제 제 프레젠테이션을 마칠 때가 되었습니다

Alright, that's it for now. 좋아요. 여기까지입니다.

So, that will wrap things up for today.

자, 오늘은 이걸로 끝입니다.

So, that's it folks.

자, 끝났습니다 여러분.

So, is there anything I left out?

자, 내가 뭐 빼먹은 것 있나요?

2. 감사의 인사 전달하기

Thank you for your time. 시간 내 주서서 감사합니다.

Thank you for your attention. 집중해 주셔서 감사합니다.

Thank you for coming. 와 주셔서 감사합니다.

Thank you for taking time out of your busy schedule.

바쁘신 와중에 시간 내주셔서 감사합니다.

Thank you all for taking time out of your busy schedules to be with us.

바쁜 와중에도 시간을 내어 함께해 주신 여러분 모두에게 감사드립니다.

Thank you again for the opportunity to be here today. It has been a great pleasure to be back here.

오늘 이 자리에 설 기회를 주셔서 다시 한번 감사드립니다. 이 자리에 다시 서서 정말 기뻤습니다.

Thank you for coming. I hope that I've shown you some ways to increase sales this coming year. I look forward to seeing you again at next year's conference.

와 주셔서 감사합니다. 제가 여러분에게 다가오는 해에 매출을 신장시킬 몇 가지 방법을 보여 드렸기를 바랍니다.

내년 컨퍼런스에서 다시 뵙기를 기대합니다.

Thank you for being such a great audience. 멋진 청중이 되어 주셔서 감사합니다.

TIP 기타 프레젠테이션을 마무리하는 방법

The formal part of my presentation is drawing to a close.
제 프레젠테이션의 공식적인 부분은 여기서 종료됩니다.
That is pretty much the end of my presentation.
이것으로 제 프레젠테이션을 마치겠습니다.

• 프레젠테이션 마무리하기 결론 샘플

From this talk, I hope you had fun experiencing ZenBook 10.

And because ZenBook10 offers so many great features, we've cleverly listed them in a wonderful brochure, so please take one with you and take one for a friend! So, that's it folks. This concludes our keynote speech. Thank you everyone for coming today. Now, if there are any questions, I will be happy to answer them.

이 프레젠테이션을 통해 여러분의 젠북10을 재미있게 사용해 보셨기를 바랍니다.

젠북10은 정말 많은 훌륭한 특징을 제공하기 때문에 잘 꾸며진 안내 책자에 그 특징들을 분명하게 열거해 놓았습니다. 하나씩 가져가시고, 여러분 친구분을 위해서도 하나 가져가시기 바랍니다.

자 이제 마치겠습니다 여러분. 저희 키노트연설을 마치겠습니다. 오늘 참석해 주서서 감사합니다.

질문이 있으시면 기쁘게 답변해 드리지요.

feature 특징
keynote 키노트, 상품설명 발표

Chapter 24
질의응답

프리젠터의 발표가 모두 끝난 후엔 청중의 질문을 받는 시간을 갖는 것이 일반적인데요. 이때 마지막까지 청중에게 긍정적인 인상을 남길 수 있도록 최대한 성의와 예의를 갖춰 청중의 질문에 응하는 것이 중요합니다.

대부분의 프레젠테이션은 질의응답으로 마무리합니다. 질의응답 시간은 지금까지 발표를 경청해 준 것에 대한 예의로 청중이 궁금해하는 질문을 받는 시간입니다. 따라서 대답하기 곤란한 질문을 받는 것이 두려워서 건성으로 진행한다면 지금까지 논리정연한 발표를 했다고 해도 청중에게 부정적인 인상을 남길 수 있습니다. 답변하기 어려운 질문이 들어와도 당황하지 말고 개괄적인 대답만 한 뒤 시간 관계상 다른 질문자에게도 기회를 줘야 하므로 프레젠테이션이 끝나고 따로 설명을 하겠다고 말하면 상황을 무난하게 넘길 수 있습니다.

1. 질문 받기

질문을 받을 때는 누구나 질문할 수 있는 편안한 분위기를 조성해 주고 질문을 제한하거나 질문 자체를 꺼리는 듯한 분위기가 되지 않도록 주의하세요.

I'd be happy to try and answer any questions.
어떤 질문이든 기꺼이 대답해 드리도록 하겠습니다.

I'd be happy to stay and answer any questions you might have.
어떤 질문이든 기꺼이 남아서 답변해 드리겠습니다.

I'd be glad to take any questions you may have now.
이제 여러분의 질문을 받도록 하겠습니다.

I'd be glad to listen to your concerns.
여러분의 궁금증을 들어 보도록 하겠습니다.

If there is anything you are not clear about, please ask. 뭐든 명확하지 않은 부분이 있으시면 질문해 주세요.

If there is anything you are not clear about, please feel free to ask.
뭐든 명확하지 않은 부분이 있으시면 맘껏 질문하세요.

If there is anything you are not clear about, please contact me via email. 뭐든 명확하지 않은 부분이 있으시면 이메일로 연락 주세요.

If you have any questions, I'll be happy to answer them. 질문사항이 있으시면 기꺼이 답변해 드리겠습니다.

If you have any questions, I'll do my best to answer them. 질문이 있으시면 최선을 다해 대답해 드리겠습니다.

If you have any questions on any of the topics covered today, please contact me. My contact details are on the last page of the booklet. 오늘 다룬 주제에 대해 의문이 드는 점이 있으시면 저에게 연락 주십시오. 자세한 연락처는 소책자의 마지막 페이지에 있습니다.

Any questions? 질문 있으세요?

Are there any questions about …? …에 대해 질문 있으십니까?

Before I wrap up my presentation, are there any questions about our management programs? 제 프레젠테이션을 마무리하기 전에 저희 관리 프로그램에 대해 질문 있으십니까?

Are there any questions about our fiscal budget distribution? 저희 회계 예산 분배에 대해 질문 있으십니까?

Are there any inquiries about the points that I just mentioned?

제가 방금 언급한 내용에 대해 문의사항 있으십니까?

I would like to open the floor for ⋯ 청중의 질문을 받겠습니다.

* 격식을 차린 회의에서 쓰이는 표현으로 여기서 floor는 '발언권'을
  의미합니다. open 뒤에 부사 up을 써서 그 의미를 강조하기도 하
  며, have the floor라고 하면 '발언권을 갖다'라는 뜻이 됩니다.

I would like to open the floor for any questions that you may
have. 이제 여러분의 질문을 받도록 하겠습니다.

Now, I'm going to open up the floor for questions. 이제 질문을 받
겠습니다.

Let me open up the floor for any questions. 질문을 위해 발언권을
부여해 드리죠.

2. 동시에 여러 사람이 질문할 때

많은 청중이 발표 내용에 반응을 보이고 질문을 한다는 것은 좋은
상황인데요.

누구부터 질문을 시켜야 할지 혼란스러워서 정리가 필요하다면 한
번에 한 분씩 질문해 달라고 하는 것이 좋습니다.

Please, one at a time. 한 번에 한 분씩만 질문해 주세요.

I will take one question at a time. 한 번에 하나씩만 질문을 받겠습니다.

Why don't you go ahead with your question and then I'll take yours next?

이분 질문을 먼저 받고 다음에 그쪽 분 질문을 받도록 하겠습니다.

3. 질문 확인하기

청중의 질문을 제대로 이해했는지 한 번 더 확인할 필요가 있거나 질문을 잘 알아듣지 못했을 때 사용할 수 있는 패턴입니다.

What do you mean by …? …라는 것이 무슨 말씀이신지요?

What do you mean by "organic management?"

"유기적 경영"이라는 것이 무슨 말씀이신지요?

Do you mean …? …라는 뜻입니까?

Do you mean this teaching method might not work in higher education?

고등교육에서는 이 교수법이 효과가 없을 것이라는 뜻입니까?

If I understand you correctly, you are saying …

제가 제대로 이해한 것이라면, …라는 말씀이시죠?

If I understand you correctly, you are saying technology makes us more human?

제가 제대로 이해한 것이라면, 기술이 우리를 보다 인간적으로 만들어 준다는 말씀이시죠?

If I understand you correctly, are you saying that the government should not implement the new transportation plan?

제가 제대로 이해한 것이라면 정부가 신 교통 계획을 시행하지 말아야 한다는 말씀이신 거죠?

If I understand you correctly, are you saying that our plans are premature?

제가 제대로 이해한 것이라면 저희의 계획이 시기상조라는 말씀이신가요?

Could you be a little more specific with your question? 질문을 좀 더 구체적으로 해 주시겠습니까?

What exactly is it that you are asking?

질문하시고자 하는 것이 정확히 무엇이죠?

I don't quite follow you. What exactly do you mean?

말씀을 이해 못했습니다. 정확히 무슨 뜻입니까?

Could you elaborate on your question?

좀 더 자세하게 질문해 주시겠습니까?

▶ elaborate on ~에 대해 상세히 설명하다

I'm not sure what you're getting at. Could you say that again?

무슨 말씀을 하시는지 잘 모르겠네요. 다시 한번 말씀해 주시겠습니까?

Sorry, I didn't catch that. Could you repeat it, please?

죄송하지만 이해하지 못했습니다. 다시 한번 말씀해 주시겠습니까?

I'm sorry. I was not paying attention. What was that again?

미안합니다만 집중을 못했습니다. 무슨 말씀이셨습니까?

I'm sorry. Could you repeat that a bit more slowly?

죄송합니다. 좀 더 천천히 다시 말씀해 주시겠습니까?

Could you speak a little more slowly, please? 좀 더 천천히 말씀해 주시겠습니까?

I'm sorry. I couldn't hear you clearly. Could you speak a little louder, please?

죄송합니다. 잘 들리지가 않네요. 조금만 더 크게 말씀해 주시겠어요?

4. 적절한 질문을 받았을 때

질문의 중요성을 짚어 주고 질문한 청중에게 감사의 말을 합니다.

That's a good question. 좋은 질문입니다.

That's a very important question. 매우 중요한 질문입니다.

That's an interesting question. 흥미로운 질문이군요.

That question's a good one, because it allows me to give some extra explanations.

제게 보충 설명할 기회를 주는 좋은 질문입니다.

I am glad you raised that point. 그 점을 제기해 주셔서 기쁘네요.

▶ raise a point 주제를 끄집어내다

5. 슬라이드를 보며 답변할 때
- -

질문이 나올 법한 내용에 대비하여 추가 슬라이드를 마지막 슬라이드 뒤에 덧붙여 두면 좋습니다. 그럼 슬라이드를 보면서 답변할 수 있습니다.

I have some slides to show you to answer your question. 질문에 답을 드리기 위한 슬라이드를 보여드리지요.

Let me show you this slide to answer your question.

질문에 답변을 드리기 위해 이 슬라이드를 보여드리지요.

I think this slide will answer your question.

이 슬라이드가 답변이 될 거라고 생각합니다.

6. 답변하기 힘든 질문을 받았을 때

답변하기 힘든 질문을 받았을 때는 당황하지 말고 질문한 사람에게 되묻거나 다른 청중의 의견을 구하는 것도 좋은 방법입니다.

What do you think? 선생님은 어떻게 생각하십니까?

How do you think that should be done?

그건 어떻게 해야 한다고 보십니까?

That has been a major concern for me as well. What is your opinion on this?

그것은 저에게도 크게 고민되는 부분입니다. 이에 대한 선생님의 의견은 어떻습니까?

Does anyone have any thoughts on this question?

여러분 중 이 질문에 대한 의견을 가지고 계신 분이 있습니까?

* 청중에게 되물으면 자연스럽게 답을 피하면서 청중의 토론을 장
  려할 수 있음.

I'm afraid that's not my field.

죄송합니다만, 그건 제 분야가 아닙니다.

I'm afraid that's outside the scope of this presentation.

그것은 제 프레젠테이션의 범위에서 벗어난 것 같습니다.

▶ scope 범위, 영역

I'm afraid that your question is a little off the topic of discussion.

죄송하지만 지금 토론하는 주제에서 질문이 조금 벗어난 것 같네요.

I'm afraid I don't have much experience in that field. 유감스럽게
도 저는 그 분야에 별로 경험이 없습니다.

Does anyone in the audience have an opinion on that?

여러분 중에 그에 대한 의견을 가지고 계신 분이 있습니까?

본인의 전문 분야가 아니라서 정확한 답변을 주기 힘든 경우, 회사
의 기밀 정보라 답변하기 어려운 경우, 또는 답을 모르는 경우에 사용
하기 적절한 패턴입니다.

That is a good question. Unfortunately, I don't have the answer.
Does anyone in the audience have an opinion on that?

매우 좋은 질문입니다만 아쉽게도 저에게는 그에 대한 해답이 없습
니다. 여러분 중에 그에 대한 의견을 가지고 계신 분이 있습니까?

Does anyone in the audience have an experience related to that?

여기 계신 분 중 그와 관련된 경험이 있으신 분이 계십니까?

I'm sure … can answer that question.

…가 그 질문에 답해 주실 거라 확신합니다.

* 함께 자리한 관련 분야 전문가나 담당자에게 답변의 기회를 건넬

수 있음.

I'm sure Mr. Kim can answer that question.

김 선생님이 그 질문에 답해 주실 거라 확신합니다.

I don't think I'm the right person to answer that question. Perhaps Mr. Smith can help with that question.

저는 그 질문에 답변할 적임자가 아니라고 생각합니다. 어쩌면 스미스 씨께서 그 질문에 답해 주실 수 있을 겁니다.

I'm sorry, I don't know the answer to that one.

죄송하게도 그에 대한 답은 모르겠습니다.

I'm sorry, I don't have that information offhand.

죄송합니다만 지금 당장은 그 정보를 가지고 있지 않습니다.

▶ offhand 즉석에서, 사전 준비 없이

I do not have a definite answer to that question now, but I'm happy to discuss this further via email.

그 질문에 대한 명확한 답이 지금은 없습니다만, 추후에 이메일로 논의하면 좋을 것 같군요.

I'm sorry, I don't know the answer to that one. I will have to get back to you on that.

죄송하게도 그에 대한 답은 모르겠습니다. 그 점은 다음에 알려 드리겠습니다.

I'm sorry, but that is confidential information.

죄송합니다만 그것은 기밀 정보입니다.

I'm sorry, I'm not permitted to give out that information.

죄송합니다만, 그 정보는 알려 드릴 수 없습니다.

I can't reveal that information at this time.

지금은 그 정보에 대해 밝힐 수 없습니다.

I'm afraid I can't discuss that.

유감이지만 그 점에 대해서는 논의할 수 없습니다.

I'm sorry, but we're unable to offer any further information at this point.

죄송합니다만 지금 시점에서는 그 이상의 정보는 드릴 수 없습니다.

I'm unable to comment on that at the moment.

지금 당장은 그것에 대해 언급할 수 없습니다.

7. 답변에 대한 이해나 만족도 확인하기

답변을 해 준 후 질문자가 잘 이해했는지, 청중은 만족하는지 확인하는 것이 좋습니다.

Have I made that clear? 명확한 답이 되었는지요?

Is that clear now? 이제 명확합니까?

Does my answer satisfy you? 제 답변이 만족스러우신가요?

Does that answer your question? 질문에 답이 되었나요?

I hope I've answered your question. 질문에 답이 되었길 바랍니다.

8. 질문이 더 있는지 묻는 방법

질문이 더 있는지 물을 때는 further나 other questions과 같은 표현을 사용하세요. further는 '이것과 관련해서 더'라는 의미이고, other는 별로 연관성이 없어도 되는 '또 다른'이라는 의미입니다.

I think we're out of time, but if anyone has any further questions, please come talk to me after the meeting.

시간이 다 된 것 같으니 질문이 더 있으신 분은 회의가 끝난 후에 저에게 오셔서 말씀해 주세요.

Are there any other questions? 다른 질문 있습니까?

청중이 "질문해도 괜찮겠습니까?"라고 물었을 경우에는 Go ahead. 라고 말하면 됩니다.

Please, go ahead. / Certainly. / Sure. 그렇게 하세요. / 물론입니다.

That brings me to the end of my presentation. If you have any questions, please go ahead.

제 프레젠테이션은 여기까지입니다. 질문 있으시면 하세요.

9. 질의응답 종료 알리기

더 이상 질문이 없는 경우 질의응답 시간을 자연스럽게 마무리하세요. 질문이 적거나 질문을 전혀 하지 않는 청중의 경우 어색하게 마무리하지 말고, 추가 질문은 이메일로 달라고 하면 좋습니다.

If there are no other questions, why don't we wrap it up here?

다른 질문이 없으시다면 여기서 마무리 짓죠.

If there are no further questions, perhaps we should stop here.

더 이상 질문이 없으시다면 여기까지 하는 것이 좋겠네요.

If there are no more questions, let us finish up here.

더 이상 질문이 없으시다면 여기서 마치죠.

If you have no questions, we can end now. Feel free to ask any further questions via email.

질문이 없으시면 지금 마무리 짓지요. 질문이 더 있으시면 편하게 이메일 주세요.

As we are short of time, let's finish up. You can email me your questions.

시간이 부족하니 여기서 마치죠. 질문은 이메일로 주셔도 됩니다.

My email address is provided here in this slide, so feel free to contact me for any questions.

제 이메일 주소가 이 슬라이드에 있으니 질문이 있으시면 편하게 연락 주세요.

• 질의응답 샘플

Presenter: Okay, this ends my talk. Thank you everyone for coming today. Now, if there are any questions, I will be happy to answer them. Any questions? Yes?

Questioner: (very quietly) Dr. Han, could I ask you how the surveys were set up?

Presenter: I'm sorry I didn't catch that. Could you speak a little louder, please?

Questioner: (louder, clearer) Well, I was wondering how the surveys were set up. You know, did you use a control group?

Presenter: I see... Do you mean you're interested in the procedure of the surveys?

Questioner: That's right.

Presenter: I'm afraid that's really outside my field. I myself was not involved in carrying out the surveys. But I can give you the references afterwards, if that would be helpful.

Questioner: Thank you.

발표자: 자 이제 발표를 마치겠습니다. 오늘 와 주셔서 감사합니다. 이제, 질문 사항이 있으시면 기꺼이 답변해 드리겠습니다. 질문 있으세요? 네?

질문자: (아주 조용히) 한 박사님, 연구조사가 어떻게 만들어진 것인지 여쭤봐도 될까요?

발표자: 죄송합니다만 못 들었습니다. 조금 더 크게 말씀해 주시겠습니까?

질문자: (좀 더 크게 확실하게) 네, 연구조사가 어떻게 만들어진 것인지 궁금합니다. 뭐, 통제그룹을 설정하신 것인지요?

발표자: 네, 무슨 말씀이신지 알겠군요. 연구조사의 진행과정에 관심이 있으시다는 뜻이지요?

질문자: 네.

발표자: 죄송합니다만 그 분야는 제 전문이 아니네요. 제가 직접 그 연구를 진행한 것이 아닙니다. 하지만 도움이 되신다면 나중에 참고자료를 드리지요.

질문자: 감사합니다.

to catch 잡다, 이해하다

control group 통제집단 (실험집단과의 비교를 위해 독립변인과 관련된 실험 처치를 받지 않는 집단)

to carry out 실행하다, 수행하다

reference 참고자료

Part 4

바로바로 응용하는 영어 프레젠테이션 예시

Part 4에서는 실전에서 많이 진행하는 영어 프레젠테이션 예시를 살펴봅니다. 구조와 양식, 표현을 벤치마킹하여 비슷한 상황에서 여러분의 프레젠테이션을 바로 만들어 보실 수 있어요.

하이라이트된 표현을 그대로 사용하여, 상황에 따라 내용을 바꿔 여러분 실정 영어 프레젠테이션에서 바로바로 응용 가능합니다.

Chapter 1
회사소개 투어 (회사소개 발표)

해외지사나 해외팀, 파트너사 방문 시에 회사 시설이나 설비를 안내하며 투어식 발표를 하는 상황에서 유용한 회사 투어 가이드 및 회사소개 발표 샘플입니다.

글로벌 연구원들이 한국을 방문할 때 직원이 회사 소개를 하고 있는 상황입니다.

외국지사나 본사에서 그룹 투어 등으로 회사를 방문하는 사례가 많아지고 있습니다. 의전 등의 측면에서도 문화적인 면을 잘 고려하여 그들이 방문기간 동안 불편함이 없도록 배려해 주어야 합니다. 회사를 대표하여 혹은 그룹으로 투어가이드의 역할을 맡으셨다면 너무 딱딱한 프레젠테이션식 표현보다는 간결하면서도 대화하듯이 청중을 향해 친절하게 안내하는 스피치 톤이 적절합니다. 꼭 웃는 얼굴로 자연스럽게 한 사람 한 사람에게 눈을 맞추면서 이야기하듯 큰 목소리로 청중의 시선을 집중시킬 필요가 있습니다.

1. 프레젠테이션 시작하기 (서론: 인사 및 소개 일정 안내)

Hello everyone. May I have your attention please?

Welcome to Korea, and of course welcome to WGN Auto Company!

Hope you are not jet lagged too badly. Let's have some fun time together.

My name is Jaewon Lee from the HR department. For the next three days, I will be your guide around the plant and R&D center. We hope you enjoy your stay.

For most of you this is your first visit to WGN Auto Company headquarters.

I am confident you will act as a bridge between WGN Auto Korea and WGN Auto R&D Center Global. So, without further delay, let's begin our tour.

As you can see on the itinerary, we will spend about two hours from 10 to 12 noon at the WGN Auto Exhibition. I will give a brief presentation on our company's R&D center there. Five interns at WGN Auto R&D Center will help you with any questions you may have. From 12 noon to 1 pm, we will have a lunch break at the

WGN R&D Resort. In the afternoon, we will visit the Ansan Plant where you will tour each manufacturing stage.

안녕하세요 여러분. 주목해 주시겠습니까?

한국에 오신 것 물론 WGN자동차에 방문하신 걸 환영합니다!

시간차로 힘드시지는 않으시길 바랍니다. 자, 서로 재미있는 시간을 가져 보죠.

저는 WGN자동차 인사부의 이재원입니다. 앞으로 3일 동안 저는 여러분을 저희의 공장과 연구소 투어의 가이드 역할을 맡게 되었습니다. 즐거운 방문이 되시길 바랍니다.

대부분 여러분들에게는 WGN자동차 본사의 첫 번째 방문인 것으로 알고 있습니다.

저는 여러분이 WGN자동차 서울본사와 글로벌 WGN자동차 연구소의 다리 역할을 하시리라 믿습니다.

자 그럼 더 이상 지체 없이 저희의 투어를 시작하죠.

일정표에 보시다시피 10시부터 정오까지 두 시간 동안 WGN자동차 전시회를 둘러볼 것입니다.

제가 거기에서 저희 회사 연구소에 관한 짧을 프레젠테이션을 드릴 것입니다. WGN자동차 연구소에서는 5명의 인턴직원들이 여러분의 질문을 도와드릴 것입니다. 정오부터 1시까지는 WGN연구소의 리조트에서 오찬을 하게 됩니다. 오후에는 저희의 안산 공장에 가서서 각 제조단계를 둘러보시게 됩니다.

jet lagged 시차로 인해 피곤한

plant 공장

headquarters (항상 복수형) 본사

act as the bridge 다리 역할을 하다

itinerary 일정표

exhibition 전시회

2. 투어 중 회사소개하기 (본론)

회사 소개를 하며 자동차 전시장 투어를 진행하고 있습니다. 회사의 연혁을 소개 부분입니다. 연혁을 전달할 때 시제 표현과, 시간 순전개 및 시각자료 사용 표현을 활용해 보세요.

So everyone, this is WGN Auto Company's Exhibition Center.

As you can all see on your right, this plaque tells the history of WGN Auto Company.

Our Chairman Sin Dae-bok founded WGN Auto in Korea back in 1970.

We have focused more on research and development since the 1990's. Since then, our company has expanded globally. We have more than 20 research centers around the world, including two in

Germany. Because Germany is one of the most advanced nations in automobile development technology, we have tried to localize our products in Germany and throughout Europe. And you, researchers in our Global R&D center, have contributed greatly to this day. As you can see on the screen, WGN Auto Company has outperformed our major competitors, namely BMW and Audi. In Korea alone, we have currently about 45% of the market share in the automobile industry.

자 여러분. 여기는 WGN자동차의 전시장입니다. 여러분 모두 오른편에 보시듯이 이 기념 명판은 WGN자동차사의 연혁을 보여 주고 있습니다. 저희 회사의 신대복 회장님은 지난 1970년 한국에 WGN자동차를 설립하셨습니다. 지난 1990년대부터는 연구와 개발에 더 집중해 왔습니다. 그리고 그 후 우리 회사는 세계적으로 확장해 왔지요. 우리는 독일의 연구소 2개를 포함하여, 세계 곳곳에 20개 이상의 연구소가 있습니다. 독일은 자동차개발 기술에 있어서 발전한 국가 중 하나이므로 우리 상품을 독일에서 그리고 유럽 전역에서 현지화하는 데 노력해 왔습니다. 그리고 오늘날까지 저희 회사의 글로벌 R&D센터의 연구원이신 여러분이 아주 많은 공헌을 해 주셨습니다. 이쪽 화면에서 보시듯이 WGN자동차는 우리의 주요 경쟁사, 즉 BMW와 아우디를 능가하였습니다. 한국에서만 WGN자동차는 현재 자동차 업계에서 45%의 시장점유율을 가지고 있습니다.

exhibition center 전시장

plaque 전시판, 기념명판, 장식판

localize 현지화하다

attract 관심을 끌다

contribute 헌신하다

outperform 능가하다

major competitor 주요 경쟁사

market share 시장점유율

automobile industry 자동차 업계

TIP 견학, 투어 시 회사소개하기

공장이나 회사 견학의 경우 회사 소개는 너무 거창하게 할
필요가 없습니다. 특별히 외국의 지사나 본사에서 온 직원
들에게 하는 회사소개라면 그 직원들이 소속된 단체, 지사,
연구소와의 관계에 대해 언급하고 소속감을 주어 공감대를
형성하는 것이 중요합니다. 회사소개는 창업자에 대한 간략
한 소개 및 회사의 주요 업무, 최근의 동향 및 국제적 위상,
시장에서의 점유율 및 성과 등에 대해 간략하게 정리하여
발표하는 것이 효과적입니다. 물론 전시회나 공장에서 직접
둘러보며 전달해야 하는 경우 전시된 그림이나 프레젠테이
션, 동영상 등을 적극적으로 활용하세요.

3. 점심시간 안내하기 (본론)

행사 안내 중 오찬 및 휴식시간을 안내하는 발표 부분입니다. 방문한 청중에게 간단한 회사소개를 전시회 관람을 하면서 진행한 후 오찬을 안내합니다.

All right. May I have your attention please? I hope everyone enjoyed the group tour around the exhibition center. It is now 11:45 so we will be leaving for the WGN Resort to have lunch soon. Actually, it is in the hotel you're all staying at. It looks like the bus is ready to transport us to the resort now. Shall we all head out? It will only be a 10-minute bus ride from here.

(pause)

All right, everyone. Please follow me this way. There are six tables reserved for us. Take a seat. We have a Western style cutlet dish and a Korean barbeque. Let the servers know your choice of dish. Enjoy the meal.

Well, after lunch we are heading to the Ansan Plant and will be departing here at 1:15.

There are many comfortable couches in the lounge along with some complimentary coffee.

So, after you finish the meal, please take a break in the lounge.

We will be spending the rest of the afternoon touring the Ansan Plant. Okay, bon appetite!

좋습니다. 자 주목해 주시겠습니다. 전시회에서의 그룹 투어 모두 재미있으셨기를 바라요. 지금은 11시 45분인데요 곧 WGN 리조트로 이동하셔서 점심식사를 하겠습니다. 사실 여러분이 머물고 계시는 호텔 안에 있습니다. 리조트로 여러분을 안내할 버스가 준비된 것 같군요. 자 출발할까요? 여기서 버스로 약 10분 걸립니다.

(중략)

자 여러분. 이쪽으로 저를 따라오세요. 여기 6개의 테이블이 저희를 위해 예약되었습니다. 앉으세요. 서양식 돈까스 요리와 한국식 바베큐가 준비되어 있습니다. 안내해 주시는 분께 여러분이 선택한 식사를 말씀해 주세요. 식사 맛있게 하시기 바랍니다.

점심식사 이후 저희는 안산 공장으로 이동합니다. 여기서 1시 15분에 출발합니다.

라운지에 편안한 의자와 커피가 무료로 준비되어 있습니다. 그러니 점심식사 후 라운지에서 휴식시간을 갖도록 하세요.

남은 오후일정은 안산공장을 견학하는 것으로 시간을 보내게 됩니다. 그럼 맛있게 드세요!

head out 나가다, 출발하다

bus ride 버스편

cutlet 얇게 저민 고기 요리, 돈까스

complimentary 무상의, 무료의

bon appetite 맛있게 드세요 (프랑스어)

TIP 식사 메뉴 고르기

견학하는 장소에서 다른 장소로 이동할 때마다 앞 견학 장소에서의 특징을 간단하게 정리해 주며 일정 및 장소 이동에 관한 공지를 알립니다. 식사메뉴는 무조건 한국식, 무조건 서양식이라기보다는 선택할 수 있는 사항이 몇 가지 있다면 좋습니다. 견학 첫날은 서양식, 다음날은 한국식 등으로 점점 한국의 문화 등을 자연스럽게 소개하는 것이 좋습니다. 식사 전에는 딱딱한 발표식 어조보다는 부드럽게 화기애애한 분위기를 조성하도록 하세요.

4. 회사 견학 안내 (본론)

회사 견학 전에 공장 시설 및 위치, 역량에 관해 소개하는 발표의 본론 부분입니다.

Welcome back. So how was the meal? Hope you had a nice

break and enjoyed chatting with one another.

I'm sure your three-day stay at WGN Resort will be a comfy one.

So now we are heading toward WGN Auto Company's Ansan Plant. Do you see the light-blue building complex? That is the Ansan Plant. The Ansan Plant primarily produces passenger cars for exports. It rests on a 550 acre site with a 460,000 square meter (m^2) building. We have production lines for machine press, auto frame, paint, assembly, and engine. The Ansan Plant is capable of an output of 40,000 mid- to large-size passenger cars annually. It was established with the goal of manufacturing environmentally friendly cars with safety-first in mind. WGN Auto Company's next goal is to be a leading force in fuel-efficient, hybrid automobiles. Here at the Ansan Plant, they have convenience facilities to create optimal working conditions for researchers and manufacturing workers.

자 다시 반갑습니다. 식사는 어떠셨어요? 알찬 휴식시간 보내시고 서로 이야기도 나누셨던 시간이 되셨기를 바라요. WGN리조트에서 3일간 보내시는 시간이 편안하신 경험이 될 거라 확신합니다.

자 지금 저희는 WGN자동차의 안산공장으로 향하고 있습니다. 저기 하늘색 빌딩 보이세요? 저곳이 안산공장입니다. 안산공장은 주로 수출용 승용차를 제조합니다. 550에이커의 대지위에 46만 평방미터 크기의 빌딩입니다. 저희는 기계압축, 자동차틀, 페인트, 공정, 엔진의 제조 라인을 보유하고 있습니다. 안산공장은 4만 개의 중대형 승용차를 매년 생산할 수 있습니다. 안전을 첫째로 하는 친환경적인 차를 제조하는 목적과 함께 설립되었습니다. WGN자동차의 다음 목표는 연비효율이 좋은 하이브리드 자동차의 선두주자가 되는 것입니다. 이곳 안산 공장에서 우리는 연구원과 생산직원들에게 최적의 업무환경을 만들기 위한 편의시설을 갖추고 있습니다.

chat 잡담하다, 이야기 나누다

comfy 편한 (comfortable)

head toward ~로 향하다

primarily 주로

passenger car 승용차

rest on ~위에 있다

output 생산

environmentally friendly 환경친화적인

leading force 선두주자

fuel-efficient 연비효율이 좋은

optimal 최적인

5. 제품 소개 및 마무리하기 (본론 및 마무리)

  이재원 담당자는 WGN자동차의 주요 제품에 대한 간단한 소개를 합니다. 그리고 회사가 겨냥하는 시장과 비전에 대해 내용을 요약하고 있습니다.

  This is the Eco Technology Department. Our concept is clean, sustainable mobility. WGN Auto Company has been developing electric vehicles that have improved fuel efficiency. WGN Auto plans to increase distribution of these cars to 2,500 units by the end of 2022. Our researchers have been working on the development of electric cars that allow 55% improved fuel efficiency. WGN Auto Company is targeting the environmentally friendly automobile markets. Here on your left, you see our first-generation fuel-cell electric car, the Perrier, and a second-generation fuel-cell electric car, the Novix. These show WGN Auto Company's vision of leading the environmentally friendly automobile market into the future. Well, this concludes the last part of today's tour at the Ansan Plant. Now we will go back to the hotel. Okay everyone, enjoy the rest of the evening with some free time at the resort. Does anyone have any questions?

여기는 Eco기술부서입니다. 저희의 콘셉트는 깨끗하고 지속적인 이동성입니다. WGN자동차는 연비효율성이 개선된 전기자동차를 개발해 왔습니다. WGN자동차는 2022년 말까지 이런 차종의 유통을 2500대로 늘릴 계획입니다. 저희의 연구원들은 55퍼센트 개선된 연비 효율성을 가진 전기자동차의 개발에 임해 왔습니다. WGN 자동차회 사는 환경친화적인 자동차 시장을 겨냥합니다. 여러분 왼쪽 제 1세대 연료전지사용 전기자동차인 피에르, 그리고 제 2세대 연료전지사용 전기자동차인 노빅스를 보고 계십니다. 이런 자동차들은 WGN 자동 차가 미래에도 환경친화적 자동차시장에서 선두주자역할을 할 비전 을 보여 줍니다. 자, 이것으로 안산 공장에서의 오늘 견학의 마지막 순 서를 마칩니다. 이제 호텔로 돌아갑니다. 자 여러분, 리조트에서 개인 시간을 보내시며 좋은 저녁시간 되시기 바랍니다. 질문 있으십니까?

TIP 수치를 사용하여 근거제시하기

회사의 목표, 성과, 비전 등을 제시할 때는 factual date (사 실적인 자료)를 통해 내용을 부각시켜야 합니다. 생산량, 성 과, 매출, 순수익, 수출/ 수입량, 생산성, 효율성 등을 숫자로 제시하세요. 단순히 개인적인 견해가 아닌 수치나 비율로 밝혀진 명백한 사실임을 입증할 수 있습니다.

숫자, 수치 부분에 강조하며 읽는 연습을 하세요.

sustainable 지속적인

mobility 이동성

fuel efficiency 연비효율성

distribution 유통

environmentally friendly 환경친화적인

first-generation 제1세대

Chapter 2
신상품 소개(영업발표)

e-book 기기 신상품을 소개하는 프레젠테이션입니다. 외부 청중을 상대로 상품소개 프레젠테이션을 효과적으로 시작하는 방법에 대해 살펴봅시다.

1. 신상품 발표 시작하기 (서론)

질문으로 발표를 시작하는 기법을 살펴봅시다.

Ladies and gentleman, welcome to today's special sneak peak of our latest, greatest product. How many of you out there in the audience read books? How about the daily newspaper? Quite a few of you do.

In fact, it looks like most of you have raised your hands. Books are wonderful but at times we have too many of them and they take up room in our homes. How about the students who, at the end of the semester, are bogged down with books they will never use again? And, we could definitely save a few kids from sore backs, lugging those books around, right? Well, what we have to show you today will absolutely revolutionize how you think about books. So without further ado, let's turn our attention to the newest and greatest thing, ZenBook10.

신사 숙녀 여러분 오늘 저희의 가장 최신이며 훌륭한 상품 시연회에 참석하신 것을 환영합니다. 여기 여러분 중 몇 명이 책을 읽으시나요? 신문은 어떠세요? 많이 계시네요.

사실 제가 보긴 거의 대부분 손을 들으셨어요. 책은 정말 훌륭한 것이나 종종 우리는 책이 너무 많아 집안 공간을 채우지요. 매번 학기 말마다 다시는 사용하지 못할 교재들 때문에 곤란한 상황에 빠진 학생들은 어떨까요? 그런데 확실한 것은 우리게 책을 메고 다니다 생긴 요통으로부터 아이들을 도와줄 수 있다는 것입니다. 그렇죠? 자, 오늘 저희가 보여 드릴 상품은 여러분이 책에 대해 생각하는 것에 절대적으로 급격한 변화를 가져다 드릴 것입니다. 자 그럼 지체 말고 저희의 아주 새롭고 훌륭한 상품, 젠북10에 집중해 보도록 합시다.

sneak peak (sneak preview) 시사회, 시연회

take up 차지하다

be bogged down with ~로 수렁에 빠지다, ~로 정신없다, ~로 곤란
하게 되다

lug 끌어당기다, 질질 끌다, 억지로 데리고/ 가지고 다니다

revolutionize 혁명화하다, 급격한 변화를 가져오다

2. 신상품의 기능설명 (본론)

신상품의 기능을 효과적으로 설명하는 방법을 살펴봅시다.

Alright, first things first, details. Inside this lightweight device at
only 120 grams, is a library at your fingertips. With 20 gigs it has the
capability to house more books and documents than anyone would
want to carry around, and this keeps the "reading experience" as close
to normal as possible. With its crisp, clear text, images and graphics,
ZenBook10's ten levels of gray scale make reading enjoyable even
on-the-go. It even fits in an average sized purse or bag. Probably the
best feature of all is that ZenBook10 is simple to use and operate.
There are no cables or wires needed. It is completely autonomous.

좋습니다. 먼저 가장 중요한 점은 바로 세부사항입니다. 120그램 정도의 이렇게 가벼운 기기의 내부에는 손끝으로 조절하는 도서관이 있죠. 20기가바이트의 용량은 들고 다닐 수 있는 책의 분량보다 훨씬 많은 책과 서류를 저장할 수 있는 기능이지요. 이 점이 여러분의 "독서 경험"이 정상적으로 유지될 수 있도록 하지요. 산뜻하고 명확한 텍스트, 이미지, 그래픽과 10단계의 그레이 스케일로 이동 중 쉽고 재미있는 독서가 가능하도록 하지요. 보통 크기에 핸드백이나 가방에 잘 들어가는 크기입니다. 아마 젠북10의 가장 뛰어난 구성은 바로 쓰고 운영하기 간편하다는 것이지요. 케이블이나 선이 필요 없습니다. 기기 자체에 이 모든 것이 완벽하게 포함되어 있습니다.

lightweight 가벼운

fingertip 손가락 끝, 쉽게 사용할 수 있는

house 간수하다, 수용, 수납하다

crisp 산뜻한

gray scale 그레이 스케일 (백(白)에서 흑(黑)까지의 명도를 10단계로 나눈 무채색 색표, TV·사진·인쇄의 색 판정에 씀)

on-the-go 이동 중에

autonomous 자율적인, 자발적인

3. 경쟁사 상품과 비교하며 소개하기 (본론)

같은 회사의 이전 상품과 비교하는 경우에는 새롭게 추가된 기능을 중심으로 설명합니다. 같은 회사의 이전 모델과 비교 시에는 어떤 상품이 우월한지에 집중할 필요가 없습니다. 어차피 같은 회사의 상품이므로 추가 기능에만 포커스를 두세요. 타 상품과의 비교 시 우리 상품이 타사 상품에 비교해 우월한 부분에 집중하여 상품가치를 올리는 데 주력합니다.

Now let me introduce new ZenBook 10, the most up-to-date, multifunctional reading gadget. You may wonder why we need another e-book reader. What's the difference from other readers in the market? Well yes, similarly, like all readers out there, the core function of ZenBook 10 is to read e-books and web-based news. ZenBook10 is quite similar to functional design of a typical e-reader in the market. But is it? Let me assure you they are very much different. As you see from this side, ZenBook is lighter by 200 grams and thinner by 5 millimeters than i-book, for example. Here I have the two devices side-by-side and you can see the difference. ZenBook10 is way thinner than the width of a pen whereas i-book is approximately 12 millimeters in thickness. Actually, ZenBook10 is only 7 millimeters! It is as stylish as T-Zet, the thinnest mobile phone available in the market.

That's pretty amazing, right? It can't get any better than that. Did I mention that we are offering ZenBook10 in five vibrant colors? Five vibrant color choices for those of you who don't do "boring". Of course, for those who want to keep it simple, sleek silver is always a nice choice.

이제 여러분께 가장 최신의 다기능 독서기기인 새로운 젠북10을 소개해 드리지요. 왜 우리가 또 다른 이북이 필요한지 궁금하실 겁니다. 시장의 다른 독서기기와 무슨 차이가 있을까요?

그래요 네, 비슷하게도, 시장의 모든 독서기기처럼, 젠북10의 핵심 기능은 이북과 웹뉴스를 읽는 것이겠지요. 젠북10은 시장의 일반적인 전자책단말기의 기능적인 디자인과 매우 비슷합니다. 하지만 정말 그럴까요? 사실 매우 다르다는 것을 확신시켜 드리지요. 이 면에서 보시면, 예를 들어, 젠북은 아이북보다 200그램 더 가볍고, 5미리 더 얇아요. 여기, 두 기기가 바로 옆에 있어 차이점을 보실 수 있는데요. 젠북은 팬의 두께보다 훨씬 가늘지만, 반면에 아이북은 두께가 약 12밀리입니다. 사실 젠북10은 경우 겨우 7밀리입니다! 시장에서 가장 얇은 핸드폰인 티젯만큼이나 멋지죠.

이거 놀랍지 않나요? 이 이상 더 좋은 게 어디 있을까요? 젠북10이 5가지 멋진 색상들로 출시된다는 것을 저희가 언급했나요? 여러분들을 위해 5가지 선택 옵션이 준비되어 있으니, "지루할" 필요가 없답니다. 물론, 심플한 것을 원하시는 분들을 위해, 언제나 좋은 대안으로 마련된 유광 은색도 있습니다.

gadget 기기, 기계
considerably 비교적으로
width 너비
approximately 대략
vibrant 강렬한, 멋진
sleek silver 유성의, 윤이 나는 은색

4. 상품소개 프레젠테이션 마무리하기 (결론)

가급적 위트를 겸비한 말로 마무리하는 것이 좋습니다. 중요한 내용을 다시 한번 강하게 어필하면서 요약하는 전략이 효과적입니다. 제안이나 여운을 남기는 멘트로 청중이 생각할 시간을 주세요. 새로운 아이디어나 의견을 뜬금없이 소개해서는 안 됩니다.

Okay, that leads me to the end of my presentation. Let me wrap up the main features of ZenBook10.

If I haven't convinced all of you, I would suggest that you just take a moment to look at our device closely. I am 100 percent positive that after you spend a few minutes tinkering with ZenBook10, you'll appreciate its simplicity and clarity. My parting wish for you is that our company does not sacrifice quality for low prices; that we are able to offer high quality at a low price. "ZenBook10, reading can't be more creative!" that's where we are heading at. Thank you.

네 좋습니다. 이제 발표의 결론을 언급할 부분이네요. 젠북10의 주요 특징을 정리해 드리지요.

아직 여러분을 확신시켜 드리지 못했다면, 가까이 저희 기기를 한 번 보시기를 제안해 드리고자 합니다.

여러분이 젠북10를 잠시 동안만 살펴보시면, 기기의 간편함과 명료함을 아시게 될 것이라고 100% 확신합니다. 끝으로 당부 드리고 싶은 말씀은 당사는 낮은 가격을 위해 품질을 포기하지는 않는다는 것입니다. 저희는 저가로 고품질을 제공할 수 있습니다. '젠북10, 더 이상 창조적일 수 없는 독서'가 저희가 나아갈 방향입니다. 감사합니다.

tinker with 조작하다

appreciate 감동하다, 감사하다, 인식하다

simplicity 간편함

sacrifice 희생하다, 포기하다

Chapter 3
스타트업 피칭

많은 스타트업들이 투자 및 파트너 유치, 네트워킹을 위해 국내외 피칭 이벤트에 참여하고 있습니다.

피칭(Pitch)은 일반 프레젠테이션보다 발표시간이 5분 내외로 불필요한 연결 표현, 안내 표현은 삼가고 핵심만 전달합니다.

1. 회사소개 및 관심 끌기 (서론)

스타트업 피칭의 서론은 짧고 핵심만 전달합니다. 회사 소개 중심으로, 배경과 회사의 혁신 제품이 해소하는 문제를 언급하세요.

(소개)

Hello, I am John Lee from FlexAd, a transparent LED panel producer.

We are living in Glass Age where transparency is everywhere. One of the major areas of glass usage is in advertising.

What about the existing LED products for advertisement? The conventional LED display boards and LED bars are opaque, quite challenging to be used in glass-covered buildings and display windows. They are heavy and costly with high maintenance required. LED glasses, although partially transparent, are still heavy and costly. So it's quite challenging to have flexible designs for delicate advertising impact.

안녕하세요. 저는 투명 LED패널 제작업체, 플렉스에드의 존리입니다. 우리는 투명함이 어디나 존재하는 유리 시대에 살고 있습니다. 유리를 사용하는 주요 분야 중 하나가 바로 광고 분야인데요.

현존하는 광고용 LED제품은 어떻지요? 기존의 LED(발광다이오드) 디스플레이 보드와 LED바는 불투명하죠. 그래서 유리전광 빌딩이나 진열창에 사용하기 꽤 어려워요. 무겁고 고가의 운영비로 가격이 비싸요. LED유리는 부분적으로 투명하지만 여전히 무겁고 비싸요. 그래서 정밀한 광고 효과를 위한 유동성 있는 디자인을 만들기가 어려워요.

transparent 투명한

conventional 전통적인, 기존의

opaque 불투명한

high maintenance 고가의 운영(비)

delicate 정밀한, 세밀한

2. 해결 방안 및 제품 소개 (본론)

피칭의 본론에서 앞에 언급한 문제의 해결점을 제품 소개와 함께 설명해 주세요.

제품은 하나만 설명하고 핵심 내용만 강조하세요. 기술적인 것에만 집착하지 말고, 시장에서의 가치, 사용자 편의 등에 포커스를 주세요.

(해결 방안)

So, we solve these problems with our FlexAd.

Our transparent LED panel has a transmittance rate of 81%. This simply means almost completely transparent like glass. They are, light and thin which allows flexibility in design and size for delicate features of advertisement. Plus, it's easy to install and maintain.

(상품소개)

Here you see our transparent LED advertisement installed on glass display windows. The details and transparency of the LED panel maximize the advertising impact. Distinguished like some artwork!

그래서 플렉스에드가 이런 문제를 해결합니다.

저희의 투명 LED패널은 81%의 투과율을 지니고 있어요. 간단히 말씀드리면 유리와 같이 거의 완벽하게 투명합니다. 패널이 가볍고 얇아 광고의 세밀한 구조를 위한 디자인과 사이즈의 유동성을 가능하게 합니다. 추가로, 설치와 관리가 쉽습니다.

여기 보시면 유리 전시창에 설치된 투명 LED광고를 보세요. LED 패널의 디테일과 투명함이 광고의 효과를 극대화해 줍니다. 예술작품처럼 뛰어납니다!

transmittance rate 투과율
flexibility 유동성
delicate 세밀한
distinguished 뛰어난, 빼어난

3. 시장에서의 기회와 경쟁사와 비교 (본론)

제품 소개 후에 시장의 현황, 점유율, 경쟁사 제품과의 비교 우위를 설명해 주세요.

(기회)

This is a massively growing market, where we foresee more growth in the future.

The world glass usage as a building material is on the rise, reaching up to 120 thousand kilo tons.

The expected annual growth rate of display ad market in the domestic market alone is about 40%. The total global market size of digital signage was 11. 2 billion dollars in 2020, and this figure keeps increasing.

(경쟁사 비교)

Compared to a major competitor in the market, FlexAd's LED Panels demonstrate strength in transmittance, energy efficiency, durability and maintenance.

이 시장은 매우 성장하고 있으며, 미래에 더 큰 성장을 예상합니다.
세계적으로 빌딩재료로 유리 사용이 증가추세로 12만 킬로 톤에 달합니다.

전시 광고 시장의 예상 연성장률은 국내시장에서만 약 40퍼센트입니다. 세계 총 디지털 전광판 시장의 규모는 2020년에 112억 달러로, 이 수치는 계속 증가하고 있습니다.

시장의 주요 경쟁사와 비교했을 때, 플렉스에드의 LED패널은 투과율, 에너지효율, 내구성과 관리 측면에서 강점을 보여줍니다.

massively 매우, 크게
foresee 예상하다
durability 내구성

4. 비즈니스 모델과 회사의 성과 알리기 (본론)

회사가 추구하는 사업 모델과 지금까지의 성과에 대해 설명해 주세요. 비전문가도 알아듣기 쉽도록 전달하는 것이 중요합니다.

(비즈니스모델)

Our business model is composed of two major channels: platform model and infrastructure sales.

Basically, from the hardware side, we sell and lease our LED panels and lighting displays, via both B2B and B2C channels. As for our platform model, we expand our outdoor advertising business models by installing the product and developing IoT-based contents in the installation. We estimate this transparent LED panel display market to be big enough for our stable growth. And we have a good chance to be a market leader.

(회사성과)

Our technology has been appreciated by many clients, investors, and field experts. And our lists of awards and media coverage prove that. We also have patents and government certifications that certify our technology.

저희의 비즈니스 모델은 두 개의 채널로 구성되어 있습니다. 플랫폼 모델과 인프라 영업입니다.

간단히 말씀드리자면, 하드웨어 부분에서는 저희는 기업 대 기업(B2B) 그리고 기업 대 소비자(B2C) 유통망을 통해 LED패널과 조명판을 판매, 임대하고 있습니다. 저희의 플랫폼 모델에 관해서는, 상품을 설치하고 IoT기반 콘텐츠를 설치물에 개발하며 저희의 외부 광고 사업모델을 확장합니다. 투명 LED패널 디스플레이 시장이 안정적인 성장을 하기에 충분히 크다고 예상합니다. 그리고 저희에게는 시장의 선두주자가 될 좋은 기회가 있습니다.

저희 기술은 많은 고객, 투자자, 현업 전문가로부터 인정을 받아왔습니다. 저희의 상장과 매스컴 보도의 목록이 이점을 증명합니다. 또한 저희 기술을 증명하는 특허와 정부 인증서를 갖고 있습니다.

infrastructure 인프라, 설비
market leader 시장의 선두주자
appreciate 인정, 감사하다, 즐기다
expert 전문가
media coverage 매스컴 보도
certification 인증서
certify 인증하다

5. 앞으로의 계획 및 팀소개 (본론)

앞에 소개한 제품 외에 미래 핵심 사업이나 제품이 있다면 언급하시고, 이런 회사의 근본에는 역량 있는 인력이 있음을 팀소개로 알려주세요.

(다른 기회, 대안)
In the next 5 years, we are planning to build an IoT based

advertisement contents and templates with accumulated customer data using user interface AI technology. This will allow more affordable and efficient display advertisement design and installation.

(팀소개)

We are a team of experts from management, production, R&D, sales and marketing.

We are a dream team that strives hard for excellence and dedication in what we do best.

다음 5년간 저희는 인공지능 사용자 인터페이스 AI기술을 사용한 축적된 고객정보로 IoT기반 광고 콘텐츠와 양식을 만들 계획입니다. 이로 인해 더 저렴하고 효과적인 디스플레이 광고 디자인과 설치가 가능해집니다.

저희는 운영, 제조, 연구개발, 영업과 마케팅 전무가로 이뤄진 팀입니다.

저희가 가장 잘하는 것에 뛰어나고 헌신을 하는데 최선을 다하는 드림팀입니다.

template 양식
accumulate 축척하다

affordable 저렴한

dedication 헌신

6. 피칭 마무리 (결론)

이 피칭을 통해 이루고자 하는 목표와 청중의 기억에 남기고 싶은 최종 메시지를 전하면서 피칭을 마무리합니다.

(목표)

In this growing market, we are looking for partners and investors to share our visions to grow together.

(행동강령 및 마무리)

We are FlexAd that makes your advertisement into a piece of art with our transparent LED panels.

For more talks, please come visit our booth, and look for me, John Lee.

Thank you!

이 성장하는 시장에서 저희는 비전을 공유하고 함께 성장하기 위해 파트너와 투자자를 찾고 있습니다.

지금까지 투명 LED패널로 여러분의 광고를 예술품으로 만드는 플렉스에드였습니다.

더 이야기를 나누고 싶으신 분들은 저희 부스에 오셔서 저, 존 리를 찾으세요.

감사합니다!

a piece of art 예술품

연구 및 조사 내용을 기반으로 하는 발표는 제안을 하거나, 국제 컨퍼런스 등에서의 학술 발표에서 많이 사용되는 양식입니다.

1. 학술, 연구 발표 시작하기 (서론)

대외적으로 진행하는 학술 및 연구 발표의 서론은 더 정중한 발표 표현을 사용하세요.

연구 내용 소개 외 행사 및 주최측에 대한 감사의 인사를 하는 것도 좋습니다.

Good afternoon, ladies and gentlemen. Thank you for attending my session. I am Professor Ji-hyeon Choi from the department of consumer studies at Seoul National University.

It's a great honor to be here and to have an opportunity to present my research in this esteemed conference.

Before I begin, I would like to thank the Korea Institute of Nutrition for supporting this research.

Today I will brief you on my research on consumer preferences on nutritional snacks, which was recently published on the Journal of Consumer Behavior. The purpose of this research is to suggest healthy snack alternatives that consumers would actually enjoy and appreciate. The overview of this talk is as follows: survey design, results, and marketing implications.

안녕하세요 신사 숙녀 여러분, 제 세션에 참여해 주셔서 감사합니다. 저는 서울대학교의 소비자학부서 최지현 교수입니다. 이런 높이 평가되고 있는 학회에 제 연구를 발표할 기회를 갖게 되어 영광입니다.

제 발표를 시작하기 전에 이 연구를 지원해 주신 한국 영양학 연구소에 감사 인사를 드립니다.

오늘 저는 최근 소비자행동 저널에 실린 영양가 있는 간식에 관한 소비자 선호도에 관한 제 연구를 간략하게 설명해 드리겠습니다.

이 연구의 목적은 소비자들이 진정으로 즐기며 인정하는 건강 간식 대안품을 제안해 드리는 것입니다. 오늘 발표의 개요는 다음과 같습니다. 연구 디자인, 결과, 그리고 마케팅 영향 순입니다.

consumer studies 소비자학
esteemed 높이 평가되고 있는
alternative 대안(물품)
implication 영향, 의미

2. 연구, 조사 방법 및 결과 설명 (본론)
- -

First of all, let me explain our research design. We conducted quantitative analysis by first-level interviews and then surveys to collect data. Our survey was conducted with 800 respondents across Korea from March 20 to June 10, 2021. Of the total sample, 49 percent were male, 51 percent were female. The respondents were comprised of all demographics. The ages of these participants ranged from 15 to 60 years old with the largest sample taken from the 25 to 35-year-old category. So, the first question we asked was whether consumers have preferences over certain brands of healthy snack alternatives. We asked them to choose from five major healthy snack brands. The survey addressed topics such as taste, quality, and overall value.

As you see from the survey, more than 65 percent of our respondents have either heard of or tried the nutritional food items from these companies. Of the 65 percent, a whopping 75 percent said they were not so satisfied with the taste of the nutritional snacks.

먼저 저희의 연구 디자인을 설명해 드리지요. 저희는 일차 인터뷰 이후 데이터 취합을 위한 조사를 통해 정량 분석 조사를 진행하였습니다. 저희 조사는 2021년 3월 20일부터 2021년 6월 10일까지 한국 전역에 걸쳐서 500명을 대상으로 이루어졌습니다. 총 샘플 중 49퍼센트는 남성, 51퍼센트는 여성이었습니다. 대상자들은 모든 인구집단으로 이루어져 있습니다. 조사 참가자의 나이는 열 다섯 살부터 60세까지로 구성되어, 주로 스물 다섯 살부터 서른 다섯 살까지의 대상이 가장 많은 샘플을 차지합니다. 첫 번째 드린 질문은 소비자들이 건강식으로 드시는 간식 중에서 선호하는 상표가 있느냐는 것이었습니다. 그분들에게 다섯 개 주요 건강 간식 상표 중에서 고르도록 했습니다. 조사는 맛, 품질, 전반적인 가치와 같은 주제를 다루고 있었습니다.

조사에서 보시는 바와 같이, 응답자의 65퍼센트 이상이 이들 회사의 영양 식품에 대해 들어봤거나 실제로 먹어 본 적이 있었습니다. 이 65퍼센트 중, 많게는 75퍼센트나 되는 분들이 영양 간식의 맛에 만족하지 못했다고 말했습니다.

accumulate 모으다, 축척하다

respondent 대상자, 참석자

demographic 인구통계, 인구집단

participant 참석자

TIP 조사 분석 프레젠테이션의 도입부

시장조사를 기준으로 한 프레젠테이션이나 발표는 설문 결
과를 바탕으로 이루어지기 때문에 조사 대상에 따라 결과에
큰 차이가 생길 수 있습니다. 따라서 조사 대상이 누구인지,
어떤 연령대의 직업군인지 등에 관한 조사대상 및 응답자에
관한 상세정보를 도입부에서 미리 밝혀 주어야 합니다.

3. 마케팅 방법 제안 (본론)

연구 결과만 설명하고 끝내기보다는, 이 연구를 통해 활용할 수 있는
분야, 더 보안될 수 있는 부분을 언급, 제안하며 본론을 정리합니다.

So, what can we derive from this research? I would say that our
survey results were somewhat surprising. First, consumers are
willing to purchase healthy snack alternatives as long as they taste
as good as or even better than the existing snacks. Most nutritional

snack producers have somewhat overlooked the taste part, so further food engineering research is needed. Second, consumers don't necessarily go for 'cheap.' If the product has the nutritional quality and good taste, they don't hesitate to purchase it. But this behavior changes if the healthy snack alternative starts to cost 25% more than the conventional snack product. This is the point that marketers should take into consideration in pricing.

Lastly, I believe our future research will be improved if we increase the pool of respondents to more than 1000 people. This will definitely reduce sampling errors in the future. I believe our findings will help marketers and producers of nutritional food products to revamp their R&D and production.

그럼, 이 연구를 통해 무엇을 얻을 수 있을까요? 저희 조사 결과가 약간 놀라웠다고 말씀드릴 수 있겠습니다.

먼저, 소비자들은 기존의 간식 제품만큼이나 아니면 더 맛이 좋다면 건강한 스택 대안품을 구매할 의사가 있다는 것입니다. 대부분의 영양가 있는 간식 제조사들은 맛 부분을 다소 간과한 것 같은데요. 그렇기 때문에 식품엔지니어링 연구가 더 필요합니다. 두 번째로, 소비자들은 꼭 싼 것만을 찾지 않는다는 것입니다. 만약 제품이 영양적 품질과 풍미가 좋다면, 구매를 주저하지 않습니다. 하지만, 이 행동은 만일 건강한 간식 대체품이 기존의 간식 제품보다 25퍼센트보다 비싼 경우 바뀝니다. 이 부분은 마케터들이 가격측정 시 고려해야 할 사항입니다.

마지막으로, 저희의 향후 연구는 대상자 풀을 1000명 이상으로 증가한다면 개선될 것 같습니다. 이렇게 하면 표본오차가 명백하게 줄어들 것입니다. 저희 연구결과가 영양식품제품 마케터와 제조사들이 그들의 연구개발과 제조를 개선하는 데 도움이 되길 바랍니다.

existing 현존하는

conventional 기존의, 평범한

hesitate 망설이다

take into consideration 고려하다

sampling errors 표본오차

revamp 개선, 개조하다

4. 연구, 학술, 조사 발표 마무리 (결론)

학술발표 프리젠테이션을 요약하면서 애쓰신 분들에게 감사를 표시합니다.

To sum up, I hope our research results have positively indicated that there is room in the market for more competitive nutritional snack products.

Before I finish, let me mention some of important names that played a key role in this research. A big thanks to our lab members and head researcher, Dr. Chang-sup Song who made this presentation a success.

Thank you all. If you have any questions, I would be pleased to answer them.

정리하자면, 저희 조사 결과는 경쟁력 있는 영양간식 제품을 위한 시장에 여지가 있다는 긍정적인 암시를 던져 주고 있습니다. 마치기 전에 이 연구를 하는 데 핵심 역할을 하신 주요 기관 및 인사 몇 분의 성함을 말씀드리겠습니다. 이 발표를 성공적으로 할 수 있게 해 주신 우리 연구소 맴버와 수석 연구원이신 송창섭 박사님께 깊은 감사를 드립니다.

여러분, 감사합니다. 질문이 있으시면, 흔쾌히 답변드리지요.

TIP 학술발표 결론

학술발표의 마지막 슬라이드에 프리젠터의 이메일과 이름을 넣어, 질의응답 시 미처 답하지 못하거나, 추후 연락을 취하고 싶은 분들에게 연락처를 알리도록 합니다. 연구 인원이 발표자 외에 많은 경우 후원자 및 관계자, 핵심 인력에 대한 감사의 마음을 전하며 마무리하면 좋습니다.

Chapter 5

교육 프레젠테이션

사내에서 직원들을 대상으로 교육 및 오리엔테이션을 하는 교육 위주의 프레젠테이션 양식입니다.

인사부에서 외국인 직원들에게 식스시그마 (Six Sigma) 교육에 관해 안내해 주는 발표입니다.

1. 교육 발표 시작하기 (서론)

Good morning everyone, and welcome to the Human Resources Department's Six Sigma training. How is everybody doing today? I hope you all are excited because we have a full day of six sigma education ahead of us. Let me start off by introducing myself. I am

Bum-soo Jang, from the HR department in Seoul Office. I am regional training manager for the Asia Pacific area. I have been working at JP Construction for fifteen years. My career actually included overseas bidding projects here at Sydney office for three years back in 2015 to 2018. So, I am very happy to be back in Sydney to say hello to my colleagues and friends.

The training you will have today is divided into three parts. The first part is a six-sigma overview, which I will begin in just a few minutes. The second part is the actual six sigma training, which will take the majority of the day. The last part will consist of a summary and a creating a timeline for implementation for each department. Of course, we will take questions all throughout the training, so feel free to ask anything at any time.

좋은 아침입니다 여러분. 인사부의 6시그마 교육에 참석하신 것을 환영합니다. 다들 기분은 좀 어떠신지요? 오늘 하루 종일 6시그마 교육을 받아야 하기 때문에 여러분 모두 기운이 넘쳤으면 좋겠군요. 먼저 내 소개부터 하겠습니다. 저는 서울오피스 인사부의 장범수입니다. 저는 아태지역의 지역 교육 매니저입니다. 저는 JP 건설에서 15년간 일해 왔습니다. 사실 2015년부터 2018년까지 여기 시드니 지사에서 3년간 해외프로젝트 입찰 프로젝트를 했었죠. 그래서 다시 시드니에 돌아와 동료와 친구들에게 인사할 수 있게 되어 기쁩니다.

오늘 여러분이 받게 될 훈련은 세 파트로 나뉩니다. 첫 번째 파트는 6시그마 개요로 몇 분 후 시작하겠습니다. 두 번째 파트는 실제적인 6시그마 훈련인데, 아마 오늘 대부분의 시간이 여기에 소요될 것입니다. 마지막 파트는 정리와 각 부서의 실천에 대한 시간표를 만드는 것으로 이루어집니다. 물론 훈련 과정 동안 질문을 받을 테니 언제든 주저하지 말고 질문해 주세요.

regional training manager 지역 교육 매니저

colleague 동료

majority of ~ 대부분의 ~

consist of ~로 구성되다

implementation 이행, 실행

2. 청중의 주의를 끌기 (본론)

발표자는 청중의 주의를 불러 일으키기 위해 수사적인 질문들을 던집니다. 특별히 교육적인 콘텐츠는 이해하기 어려울 수 있으니 쉽고 재미있게 설명하기 위해 농담이나 질문을 덧붙이면 좋습니다.

So, let's get the show on the road with a brief overview. Okay, let me see hands... How many of you have heard of six sigma? Okay, almost everyone, good. Second question, how many of you know what six sigma is? Okay, wow, good. So, does anyone want to volunteer and tell me what the objectives of the six-sigma education are? Nobody? Okay, no problem. It's actually very confusing, isn't it?

We've all heard about six sigma. We all know that it is supposed to magically increase profits, but what are the actual objectives? Well, let's talk about that right now. As you can see here on slide 2, six sigma is a tool, a system of practices, developed by Motorola that applies to all business functions: design, manufacturing, and sales and services. The objective is to optimize our Total Quality Management process by eliminating defects in the system.

자, 그럼 간단한 내용요약을 시작하도록 합시다. 좋아요, 손 들어 보세요…. 여러분 중 6시그마에 대해서 들어 본 분 계시나요? 좋아요, 거의 전부 다군요, 좋아요. 두 번째 질문은 여러분 중 6시그마가 무엇인지 아시는 분 계시나요? 그래요, 와, 좋아요. 그럼, 6시그마 교육의 목표가 무엇인지 저에게 말씀해주실 자원자 계신가요? 아무도 안 계세요? 괜찮아요. 사실 매우 헷갈리죠, 안 그래요?

우리 모두 6시그마에 대해서 들어 봤습니다. 우리 모두 그것이 기적처럼 이익을 늘려 준다는 것을 알지만, 실제 목적이 무엇일까요? 글쎄요, 지금부터 이야기해 봅시다. 여기 슬라이드 2페이지에서 보시는 것처럼, 6시그마는 도구이고, 실무의 체계입니다. 모토로라에서 개발했고 설계, 제조, 영업과 서비스까지 모든 비즈니스 기능에 적용하고 있죠. 그 목적은 시스템상 결함을 제거하여 종합품질관리(Total Quality Management) 절차를 극대화하는 것입니다.

brief overview: 개관, 정리, 요약

be supposed to ~해야 한다

confusing 혼란스러운, 헷갈리는

systematically 시스템적으로, 구조적으로

eliminate 없애다, 제거하다

defect 불량품, 결함

optimize 최적화하다

3. 핵심 용어 정의 내리기 (본론)

교육 발표에서는 새롭게 도입되는 용어나 아이디어를 명확하게 정의해 주며 핵심 개념을 풀어 가도록 합니다. 단어나 용어를 프레젠테이션에서 풀어 해석하는 스킬을 배워 봅시다.

Well, in the design function, it focuses on what we call CTQ or Critical To Quality. This means that the six-sigma design function focuses on design attributes that are most important to the customer. Of course, another key six sigma concept here is what we call DFSS or Design for Six Sigma. This means that the design should focus on CTQ but also meet process capability. That is, we should not have to redesign our manufacturing system to accommodate a new design. You'll be hearing these acronyms, CTQ and DFSS, a lot today.

Next, in the manufacturing function, six sigma focuses on Quality Assurance. This includes stable operations, which ensures consistent, predictable processes. Eventually, you can improve quality and eliminate serious problems and defects. In sales and services, six sigma focuses on the customer by improving cycle time and accuracy, and by reducing cost.

자, 디자인 기능에서, 그것은 우리가 CTQ즉 Critical to Quality(핵심품질특성)에 초점을 맞춥니다. 무슨 뜻이냐면 6시그마 디자인 기능은 고객에게 가장 중요한 디자인 특성에 초점을 맞춘다는 것이죠. 물론, 여기서 우리가 DFSS 혹은 Design for Six Sigma라고 부르는 것이 또 다른 6시그마 핵심 개념입니다. 이것은 디자인이 CTQ에 초점을 맞춰야 하지만 또한 공정 능력도 충족해야 한다는 것을 의미하지요. 즉, 새로운 디자인을 수용하기 위해 제조 시스템을 재설계해서는 안 된다는 것입니다. 여러분은 오늘 이 약어들, CTQ와 DFSS를 많이 듣게 될 것입니다.

다음으로, 제조 기능에서, 6시그마는 품질 관리(품질 보증)에 초점을 맞춥니다. 이는 일관되고 예측가능한 공정을 보장하는 안정적인 운용을 포함합니다. 궁극적으로, 여러분은 품질을 향상시키고 심각한 문제와 불량품을 제거할 수 있게 됩니다. 영업과 서비스에서 6시그마는 사이클타임과 정확성을 향상하고 비용을 감소하여 고객에게 초점을 맞추죠.

Critical to Quality 핵심품질특성 (상품이나 서비스, 그리고 상품 제조 등의 프로세스가 TQM(Total Quality Management)의 기준에 맞거나 구매자의 구매 기준 Quality에 충족되는 품질 기준. 혹은 구체적으로 명시된 구매자의 스펙을 충족시키거나 넘는 상품의 품질을 의미)

attribute 특성, 속성

accommodate 수용하다, 편의를 도모하다

acronym 약어

ensure 확실하게 하다

cycle time 주기시간, 사이클타임

accuracy 정확성

TIP 프린트물에 프레젠테이션 내용을 다 적지 마라

대부분의 사람들이 발표 내용이 빠짐없이 기록된 프린트물을 배포하는 실수를 저지르곤 합니다. 부족한 영어 실력을 보완하는 하나의 방편이긴 하나 가능하면 피하는 것이 좋습니다. 청중들은 고개를 숙이고 프린트물을 읽고 있는 광경

을 보고 싶지 않다면 말이죠. 프린트물은 가능하면 요점만 정리해서 프레젠테이션 동안 청중들이 발표자의 말에 좀 더 귀 기울일 수 있도록 관심을 유도하세요.

4. 단계적으로 설명하기 (본론)

정의 내린 이론을 단계적으로 중요한 순서대로 설명합니다. 프레젠테이션에서 부연설명을 하는 표현을 응용해 보세요.

So, the basic methodology consists of the following five steps: First, define the process improvement. Second, measure the current process and collect relevant data. Third, analyze to verify the relationship and causality of factors. Fourth, optimize the process using techniques like Design of Experiments, which you will learn about later today. And last but not least, control the process to ensure that any variances are corrected before they result in defects. For example, set up pilot runs to establish process capability, continuously measure the process, and institute control mechanisms. It sounds simple, huh? Ha, ha, just kidding. Don't worry, by the end of today, you will understand them all perfectly.

그래서, 기본적인 방법론은 다음 다섯 단계로 이루어집니다. 첫 번째, 공정 개선 목표를 설정합니다. 두 번째로, 현재의 공정을 검토하고 관련 데이터를 수집합니다. 세 번째로, 요소들 간의 연관성과 인과관계를 분석합니다. 네 번째로, 오늘 나중에 배우게 될 실험계획법(Design of Experiments) 같은 기술을 이용하여 공정을 최적화시킵니다. 그리고 마지막이지만 중요한 단계로, 공정을 통제해서 결함을 유발할 수 있는 어떤 변수도 확실하게 정정합니다. 예를 들어, 실험운행을 세워 공정능력을 확립하고, 지속적으로 공정을 측정하여 관리 메커니즘을 실시합니다.

간단하게 들리죠, 그렇죠? 하하, 농담입니다. 걱정하지 마세요, 오늘 끝나기 전에 여러분은 이 모든 것을 완벽하게 이해하실 겁니다.

verify 검토하다	optimize 최적화하다
variance 변수	defect 결함, 불량품

5. 마무리하기 (결론)

교육 프레젠테이션을 마무리하면서 내용을 요약, 강조하고 이후 일정을 소개해 봅니다.

Now everyone is receiving the same training and we will soon be globally synergized. Our world is getting smaller, which we view as a good thing. We hope that this new knowledge sharing network will enhance our six-sigma effectiveness. And you will always have the necessary information at hand to do your job efficiently, with the customer in mind.

So, that concludes our overview. Does anyone have any questions? None so far? Okay, good. That's it for my part of the training program. I would like to thank you all for your attendance today and wish you the best of luck in your future endeavors here at JP Construction. Now we'll get into the meat of the training program. For this, I am going to turn you over to our qualified six sigma coach from the Hong Kong office, Mr. Mike Lim. Mike?

이제는 모두가 같은 교육을 받고 있으며, 우리는 곧 국제적으로 서로의 활동을 도와 보강할 겁니다. 세계는 점점 좁아지고 있는데, 우리는 이를 바람직하게 여깁니다. 우리는 이 새로운 지식 공유 네트워크가 우리의 6시그마 효과를 높여 주길 바랍니다. 그리고 여러분은 언제나 효율적으로, 그리고 고객을 염두에 두고 일하는 데 필요한 정보를 얻게 될 것입니다.

자, 이제 과정 소개를 마칩니다. 질문 있으십니까? 없으십니까? 자, 알았습니다, 좋아요. 여기까지가 이 교육에서 제가 맡은 부분입니다. 오늘 참석하신 여러분께 감사드리며 여기 JP건설에서 여러분의 도전에 행운이 함께하기를 바랍니다. 이제 우리는 교육 프로그램의 핵심을 다뤄드리지요. 그러기 위해, 홍콩에서 오신 자격을 갖춘 마이크 림 코치님께 넘길 겁니다. 마이크씨?

independently 독립적으로

synergize 시너지, 공동작용을 하다

enhance 개선하다

effectiveness 효율성, 효과

attendance 참석

get into the meat of ~ ~의 메인파트, 중요한 부분으로 들어가다

qualified 자격이 있는

TIP 첫인상만큼이나 마지막 인상도 중요하다

프레젠테이션을 끝낼 때에는 정중하게 감사 인사를 하고 가급적 위트를 겸비한 말로 마무리하는 것이 좋습니다. 강렬한 인상을 심어 주는 것도 좋지만 너무 오버해서도 안 됩니다. 프레젠테이션 서론에서 결론을 강조하였던 톤을 유지하되 근거 자료로 보충된 결론을 다시 한번 강하게 어필하면서 요약하는 전략도 효과적입니다. 제안이나 여운을 남기는 멘트로 청중이 생각할 시간을 주세요. 서론에서 설명한 결론이 맞는다는 것이 본론을 근거로 충분히 보충되었다는 것을 다시 한번 상기시켜 줍니다.

Chapter 6

투자 및 입찰 발표 (IR발표)

잠재 투자자에게 회사의 성과 및 주가 상승 등을 알리며 투자를 권유하는 IR (Investor Relation) 발표 샘플입니다. 스타트업보다는 업력을 인정받은 중소기업, 중견기업의 투자 발표 샘플을 통해 발표 표현 및 구조를 참고해 보세요. 입찰 발표에도 응용할 수 있습니다.

1. 투자 가능성 소개하기 (서론)

청중에게 인사를 한 후 이 프레젠테이션의 제목과 목표를 언급하고 있습니다. 투자 가능성, 회사의 성장 등을 소개합니다.

Good afternoon, ladies and gentlemen. Thank you all for being here today. We have some exciting information to share with you. If you've kept up with the news, you'll know that there has been quite a fall in the market. However, when something hits bottom, there is only one way to go, and that's up. What we are about to delve into is an opportunity to invest in TechLab's future and in your future. Many financial advisors say that this is the time to make a move. TechLab is a concrete investment choice with solid returns. We'll go into more detail on that in a bit.

안녕하세요. 여러분. 오늘 이 자리에 와 주셔서 감사합니다. 여러분과 공유하고자 하는 좋은 정보가 있습니다. 뉴스를 계속 확인해 오셨다면 시장에서 주가가 꽤 떨어진 것을 아실 겁니다. 하지만, 뭔가 바닥을 치면 갈 수 있는 방향은 하나지요. 바로, 치고 올라가는 거죠. 지금부터 상세하게 알려드리고자 하는 것은 테크랩의 미래와 여러분의 미래에 투자할 수 있는 기회입니다. 많은 재무상담자들이 얘기하기를 지금이 행동할 때라고 합니다. 테크랩은 건실한 수익을 보장하는 견고한 투자처라는 것이죠. 잠시 후 이 점에 관해 더 자세히 다뤄드리도록 하겠습니다.

keep up with (사람·시대 흐름 등에) 뒤떨어지지 않다, 지지 않다
hit bottom 바닥을 치다

delve into ~을 철저하게 조사하다

make a move 행동을 보이다

concrete 견고한, 명확한

2. 회사 성과 및 재무사항 설명하기 (본론)

회사를 소개하며 최근 성과를 설명하고 있습니다. 시각자료를 사용하여 세부사항을 분석하는 방법을 배워 봅시다.

TechLab began in the late 80's. We have been a solid presence in the office products niche. Even during the hardest of economic times, investment continues, right? Please take a look at the first slide. You'll notice that TechLab's stock price has fluctuated only slightly over the last three years. In the next slide, you'll see that their profits have risen to 51 earnings per share, up from 24 from three years prior. And, a recent article in Fortune has featured us as a company to keep an eye on. With the release of our much anticipated lasted 3-D laser printers, there should be no doubt that we are a company on the rise.

테크랩은 1980년대에 시작하였습니다. 저희는 사무용품 틈새분야에서 건실한 존재로 자리매김해 왔지요. 가장 어려웠던 경제상황에서도 투자는 지속되지요, 그렇죠? 첫 슬라이드를 보시기 바랍니다. 테크랩의 주가가 지난 3년 동안 약간만 변동하였다는 것을 보시게 됩니다. 다음 슬라이드에서는 회사의 이익이 이전 주당 24에서 주당 51 포인트로 수익이 증가한 것을 보시게 됩니다. 그리고, 최근 포춘지의 한 기사가 저희 회사를 주시해야 한다는 특집기사를 다뤘지요. 큰 기대를 모으고 있는 최신 3-D 레이저 프린트의 출시와 함께 저희 회사가 상승세에 있다는 것은 의심할 여지가 없습니다.

solid 견고한

stock price 주가

fluctuate 오르락내리락하다

earnings 수익

feature 특색으로 삼다, 특집하다, 대서특필하다

keep an eye on 지켜보다, 관심을 갖다

release 개봉하다, 발매하다, 공개하다

doubt 의심, 걱정

on the rise 상승세의

3. 제품 및 영업 성과 설명하기 (본론)

회사의 실적을 그 회사의 내, 외부적 요소를 언급하며 분석하고 있습니다.

시각 자료 등의 활용법, 프레젠테이션에서 분석적으로 정보를 제공하는 표현을 참고해 보세요.

Let us further look at the most recent performance of TechLab. It has been another excellent year for our printer sales, especially the 3-D printer sales. Our sales increased fourfold last year alone, despite growing 3-D printer competition. According to major consumer surveys done throughout the year, TechLab's products are well known for their durability and affordable prices. Our latest 3-D printer has a great potential. We expect this will dominate the market with its affordable price and unique features. Most importantly, TechLab's key management strategy was our outsourcing ability: they have reduced costs by outsourcing components overseas.

테크노랩의 가장 최근 성과를 더 자세히 살펴보죠. 프린터 영업 면에서 특별히 3-D 프린터 판매에 관한 한 아주 훌륭한 한 해였습니다. 저희 매출실적은 증가하는 3-D프린터 경쟁에도 불구하고 작년에만 4

배로 증가하였습니다. 작년에 걸쳐 이루어진 주요 고객조사 결과에 따르면, 테크랩의 상품은 내구성과 적절한 가격으로 잘 알려졌지요. 저희의 최근 출시된 3-D프린터는 굉장한 잠재력을 가지고 있습니다. 저희는 이 상품이 적절한 가격과 독특한 사양으로 이 시장을 장악할 것으로 기대합니다. 가장 중요한 점은 테크랩의 주요 경영 전략은 외주사업 능력에 있었습니다. 부품을 해외 외주사업으로 맡겨 비용을 절감하였습니다.

fourfold 네 배
competition 경쟁
durability 내구성
affordable 감당할 수 있는
steady 안정적인
potential 잠재력
outsourcing 외주, 외주업무
component 구성, 부품

TIP 시각자료가 필요한 이유

알버트 메르비안 (Albert Mehrabian)에 따르면 발표 중 청중이 받아들이는 정보의 55%가 시각자료로부터 오면 정보의 7% 정도만이 문서를 통해 받아들여진다고 합니다. 그리고 영국 와튼 연구소 (Wharton Research Center)의 연구에 따르면 발표 3일 후 발표 내용에 대한 청중의 기억 정도를 비교해 보니 단어나 구 위주로 간단하게 적은 글의 경우 기억률이 10%였던데 반해 시각자료는 50%나 기억되었다고 합니다. 다소 유치하고 단순한 시각자료일수록 청중은 더 쉽고 더 오래 기억한다는 것이 증명된 셈이지요.

4. 투자 이유 설명하기 (결론)

투자 이유를 강조하고 있습니다. 단계적 증거 자료를 제시하고 핵심 내용을 강조하면서 프레젠테이션의 설득 부분을 마무리 짓고 있습니다.

Here we will look at three reasons for your investment decision. First, we look at the market. We would like to invest in a fast-growing market because you, as an investor, need to invest in a market that promises rapid growth. Pretty self-explanatory, right? TechLab fits in this category. The second reason is industry, which is all about sellers. Competition, I mean. Does TechLab have a competitive advantage? Our evaluation says "yes." TechLab has started to dominate the market, but currently its shares are still underpriced. This is thus a perfect time to buy out their shares.

Timing matters. Lastly, we look at our management team. TechLab's management team knows how to execute their business plan. They are well aware of the market and the industry that they are in.

여기, 여러분의 투자 결정을 위한 세 가지 이유를 보여 드리지요. 먼저, 시장을 한번 보세요. 저희는 빠르게 싱장하는 시장에 투자하기를 원합니다. 그 이유는 여러분은 투자자로서 급성장을 약속하는 시장에 투자할 필요가 있기 때문이죠. 꽤 명백하지요, 그렇지요? 테크랩은 이런 기준에 부합됩니다. 두번째 이유는 바로 전반적으로 판매자에 관한 산업분야이죠. 즉 경쟁을 의미합니다. 테크랩은 경쟁우위가 있을까요? 저희의 평가는 바로 '그렇다'입니다. 테크랩은 시장을 장악하기 시작했으나 현재 이 회사 주가는 아직 적정치 이하입니다. 따라서 이 시기는 이 회사 주식을 사기 아주 적기이지요. 타이밍이 중요합니다. 마지막으로 저희의 경영팀을 살펴보죠. 테크랩의 경영팀은 그들의 사업계획을 어떻게 실행해야 하는지 알고 있습니다. 그들은 시장에 대해 그리고 그들이 속한 산업분야에 대해 잘 알고 있습니다.

fast-growing 급성장하는
rapid 급한
self-explanatory 명백한, 말할 필요가 없는

under-evaluated 과소평가된

competitive advantage 경쟁우위

dominate 장악하다, 지배하다

execute 실행하다, 이행하다, 집행하다

Chapter 7

마케팅 발표

마케팅 부서에서 시장조사를 기반으로 현재의 문제와 해결방안을 제시하는 내부 직원 대상으로 진행하는 프레젠테이션입니다.

1. 마케팅 프레젠테이션 시작하기 (서론, 본론)

Hello, everyone. My name is Na-yeong Lee, and today I would like to present recent problems at CafeBean through a market survey and provide possible solutions to them. Before I begin, let me mention some important names that played a key role in this research. First, a big thanks to Mr. Frank Kim, our business consultant, who provided management support. Also, a special thanks to our key task force team leaders, Sung-soo Park and Hana Lee.

Okay, let's get the show on the road, shall we? The bottom line of today's presentation is to outline the problems and then to explore various methods for overcoming these problems.

Before we lay out our solutions, we would like to introduce our survey methods and results. Our survey was conducted with 2000 focus-group respondents across Korea in 2020. Of the total sample, 49 percent were male, and 51 percent were female. The ages of these participants ranged from 18 to over 65 years with the largest sample taken from the 25 to 35-year-old category.

안녕하세요. 여러분. 제 이름은 이나영입니다. 오늘 저는 카페빈의 최근 문제점을 시장조사를 통해 제시하고 가능한 해결방안을 제시해 드리고 싶습니다. 먼저 시작하기 전에 이 연구에 큰 역할을 맡아 주신 분들을 언급해 드리고 싶습니다. 먼저 경영조언을 주신 저희 비즈니스 컨설턴트인 프랭크 김님께 감사를 드립니다. 특별히 저희 테스크포스팀의 리더이신 박성수 이사님과 이하나 이사님께 감사의 마음을 전합니다.

자, 그럼 시작해 볼까요? 오늘의 프레젠테이션의 핵심은 문제제기를 해 드리고 그 문제들을 해결할 수 있는 다양한 방법을 찾는 것입니다.

우리의 해결방안을 전해드리기 전에 먼저 조사의 방법과 결과에 대해 말씀드리지요. 저희의 시장조사는 2000명의 포커스그룹 참가자들에게 2020년 한국 전역에서 이뤄졌습니다. 총 샘플 중에서 49퍼센트는 남성 51퍼센트는 여성이었습니다. 참가자들의 연령은 18세부터 65세로 가장 많은 샘플은 25세 35세의 범주에서 채택되었습니다.

market survey 시장조사

task force team (TFT) 태스크포스팀

respondent 참가자, 응답자

bottom line 핵심

lay out 펼치다, 전하다

conduct 이행하다, 수행하다

range 범위, 이르다

category 범주

2. 시장 조사 결과 및 수치 설명 (본론)

시장조사를 중심으로 회사의 문제점을 지적 해결방안을 전달합니다. 시장조사의 내용을 청중에게 설명하기 전에 회사에 관한 간단한 설명을 합니다.

CafeBean is a well-known brand of coffee. We have been

promoted as an exclusive product for people who love ground coffee. Our coffee is distinctive with a strong and slightly bitter taste. Our prices are almost the same with or slightly more expensive than other ground coffee brands. However, in the last two years, CafeBean's share of the quality ground coffee market has declined by 26%. In order to find reasons for our downturn, we conducted market research.

The focus group results reflected our concerns. When we asked whether CafeBean is expensive, about 66% of people answered "yes." When asked whether CafeBean was of good quality, about 72% of the respondents said "yes." Interestingly, 83% of the respondents think CafeBean is old-fashioned.

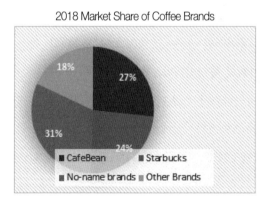

2018 Market Share of Coffee Brands

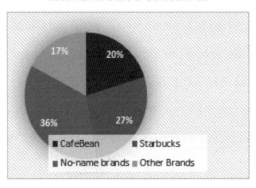

2020 Market Share of Coffee Brands

17%	20%
36%	27%

■ CafeBean   ■ Starbucks
■ No-name brands ■ Other Brands

Focus Group Results

Do you think CafeBean is …	% of people answering 'yes'
Expensive?	66%
Good quality?	72%
Old-fashioned?	83%

　카페빈은 커피브랜드로 잘 알려졌습니다. 원두커피를 좋아하는 소비자들에게 독점적인 상품으로 홍보되어 왔습니다. 약간 쓴 듯 강한 커피맛이 저희의 특징입니다. 저희 커피상품의 가격은 다른 원두커피 상품과 비슷하거나 조금 더 높습니다. 그러나 지난 2년 동안 카페빈의 고품질 원두커피시장에서의 점유율이 26%정도 감소하였습니다. 이런 침체에 대한 이유를 찾기 위해 저희는 시장조사를 실행하였습니다.

　포커스그룹 결과는 저희의 염려사항을 반영했습니다. 카페빈 상품이 비싸냐는 질문에 약 66%의 사람들이 '그렇다'고 대답했습니다. 카

페빈이 좋은 상품 가치가 있냐는 질문에 약 72%의 응답자가 '그렇다'
고 대답했습니다. 재미있게도 83%의 응답자들은 카페빈이 시대에 뒤
처졌다고 생각합니다.

promote 홍보하다, 승진하다, 판매를 촉진하다

exclusive 배타적인, 독점적인

ground coffee 원두커피

distinctive 눈에 띄는

downturn 하강, 침체

old-fashioned 구식의, 오래된, 시대에 뒤떨어진

2018 커피브랜드 시장점유율

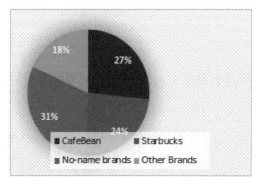

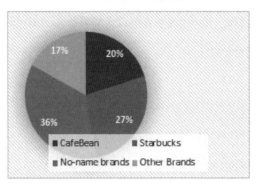

2020 커피브랜드 시장점유율

17% 20%

36% 27%

■ CafeBean ■ Starbucks
■ No-name brands ■ Other Brands

포커스그룹 결과

카페빈이 다음과 같다고 생각하십니까?	'그렇다'라고 대답한 응답자 (%)
비싸다?	66%
품질이 좋다?	72%
시대에 뒤떨어진다?	83%

3. 시장 조사 중심으로 회사의 문제점 지적하기 (본론)

시장조사를 중심으로 발견된 문제점을 설명하는 발표 본론 부분입니다.

Now let's move on to the next point and talk about the limiting factors to CafeBean. Based on the market research and analyses from our consultants, we have found 4 contributing factors. First is brand loyalty. Recently, consumers have become less loyal to brands and more price conscious. They are willing to buy lower-priced coffee products. Coffee no longer represents gourmet but a casual drink. This trend has been proved by the recent rise in the market share of no name coffee brands. Second is price. Supermarkets and street coffee vendors are selling under their own label, similar products to CafeBean, at much lower prices. Apparently, many consumers seem to think our products are overpriced. Third, 'copycat' products. Now, there are many more ground coffee brands which sell at prices 20 to 30 percent lower than CafeBean. Those brands include Mad For Coffee and Cafe Mania. Their new market share has been on the rise. As fledgling coffee brands, they have been very active in advertising and commercial campaigns. Fourth and last is our brand image. Many respondents answered that our brand no longer represents "up-to-date" and "exciting."

이번에는 카페빈이 겪고 있는 한계에 관한 사항으로 넘어가겠습니다. 시장조사와 컨설턴트의 분석을 바탕으로 저희는 네 가지 원인제공사항을 발견하였습니다. 첫 번째 사항은 브랜드 충성도입니다. 최근에 소비자들은 브랜드를 고집하기보다는 가격에 더 민감합니다.

커피상품도 저렴한 것을 원하죠. 커피는 더 이상 진미가 아닌 캐주얼한 음료를 상징합니다. 이런 경향은 최근 상표가 없는 상품들의 시장점유율의 증가로 입증되었습니다. 두 번째로 가격입니다. 슈퍼마켓과 커피점포들은 카페빈과 비슷한 상품들을 그들의 자체 상표로 훨씬 낮은 금액으로 팔고 있습니다. 확실한 점은 많은 소비자들이 저희의 커피가 필요이상으로 비싸다고 느끼는 것 같습니다. 세 번째로 모방 상품입니다. 현제 많은 원두커피 브랜드가 카페빈보다 20-30퍼센트 낮은 가격으로 판매되고 있습니다. 매드포커피와 커피매니아라는 브랜드를 포함합니다. 이들의 시장점유율이 증가하고 있습니다. 새롭게 시작한 커피 브랜드로서 그들은 광고와 상업캠페인에 굉장히 적극적입니다. 마지막으로 네 번째 사항은 저희의 브랜드 이미지입니다. 많은 응답자들이 저희 상품이 더 이상 "최신"이나 "신나는" 것을 상징하지 않는다고 대답했습니다.

contributing 기여하는, 원인을 제공하는
brand loyalty 브랜드 충성도
price-conscious 가격에 민감한
gourmet 진미, 특별한 음식
copycat product 짝퉁, 비슷한 상표, 모방 상품
fledgling 성장하고 있는, 아직 새로운, 미숙한
up-to-date 최신의

4. 회사의 문제점에 대한 해결방안 제시하기 (결론)

파악한 문제점을 직시하여 해결 방안을 제시하고 논리적인 이유를 제시합니다.

Let us provide some possible solutions. First and foremost, we must reposition our product. CafeBean should change its brand image to appeal to different market segments. How do we do it? We need to have our target segment in mind with changes to taste, packaging, logo, labeling and distribution methods. Second, we can create our own brand label products, which will be distributed separately to supermarkets and wholesalers. We can allow supermarkets to sell CafeBean under their own brand labels. At the same time, we continue to market the CafeBean brand. Lastly, we need to change our somewhat outdated, traditional brand image. We should develop a new advertising campaign to relaunch the brand. We need to target the 25 to 35 age consumer age bracket whose spending patterns are impulsive and often driven by trends, product image and brand loyalty.

지금부터 해결방안을 제시해 드리도록 하겠습니다. 먼저 저희는 우리 상품의 위치를 조정해야 합니다. 카페빈은 브랜드 이미지를 바꾸어 여러 시장고객층에게 끌릴 수 있도록 해야 합니다. 어떻게 해야 할까요? 저희의 목표 고객층을 고려하여 맛, 포장, 로고, 라벨, 유통방법 등에 변화를 생각해야 합니다. 둘째, 우리만의 브랜드의 라벨 상품을 만들어 슈퍼마켓이나 도매업자에게 별도로 유통시켜야 합니다. 수퍼마켓 등에서 카페빈의 상품을 그들의 브랜드 라벨로 판매할 수 있도록 합니다. 그와 동시 카페빈의 브랜드를 시장에 내놓아야 합니다. 마지막으로, 우리의 구식이며 전통적인 브랜드 이미지를 바꿀 필요가 있습니다. 브랜드를 다시 출시하기 위한 새로운 광고 캠페인을 개발해야 합니다. 저희는 25세에서 35세의 소비자 연령층을 공략하여야 합니다. 이 연령층의 소비자들의 구매패턴은 충동적이며 주로 유행, 상품 이미지, 상품 충성도에 의해 만들어지기 때문이지요.

reposition 자리를 옮기다, (상품을) 조정하다

appeal to ~에 호소하다, 인기가 있다

target segment 목표 고객층

distribution 유통

outdated 오래된

relaunch 다시 출시하다

bracket 층, 계층

spending patterns 구매패턴

impulsive 충동적인